容 融 荣
——融教育探索新征程

吴鸿春 主编

上海科学技术文献出版社
Shanghai Scientific and Technological Literature Press

主　编

吴鸿春

副主编

冯　嬿　孟宪尧　隋文同

编　委

（以姓氏笔画为序）

江　春　肖　玲　张　懿　陈伟英

徐辰敏　黄睿智　解宜辉　潘道浩

目录

序 篇 / I

01 规划引领 /001

上海市东辽阳中学五年发展规划（2016—2020年）………校长室/002

区域义务教育阶段随迁子女生涯教育课程研究方案
　　　　　　　　　　　　　　　　　　　………生涯教育项目组/012

融·育德之道
　　——基于随迁子女学情的德育工作实施方案………校长室/021

2018年"中考背景下课堂教学改进工作研究小组"成员校工作计划
　　　　　　　　　　　　　　　　　　　　　　………校长室/028

传承廉洁文化　深化学校内涵
　　——东辽阳中学廉洁文化进校园建设方案………校长室/031

东辽阳中学关于上海市进一步推进高中阶段学校考试招生制
度改革背景下加强学校建设的工作方案………校长室/035

02 项目驱动 /039

融入真情，感动校园，幸福共享………冯　嬿/040

关于基层党组织"微党课"的实践与研究………吴鸿春/043

学以致用　且思且行………吴鸿春/048

融，研有道
　　——杨浦区随迁子女教育协作组工作推进报告………吴鸿春/051

I

形成办学特色,创建新优质学校
　　——东辽阳中学"新优质学校"创建的实践探索 ……………… 吴鸿春 /055
初中进城务工人员随迁子女家庭教育指导的实践探索 ……冯　嬿 /062
共同的家园,共同的志愿
　　——以志愿者服务为载体,培养弱势群体积极心理品质 ………冯　嬿 /068
走向"融文化"的"融研修"机制实践探索 ……………… 隋文同 /073
杨浦区"教育创新"子项目之"基于'融入教育'的师资培训
新机制实践研究"研究方案………………………………… 隋文同 /077
融入教育,智慧的创生
　　——"心理导航与生涯规划"校本项目探索与创新 ……… 隋文同 /083
心理导航,让"融入教育"走进孩子心田
　　——东辽阳中学心理拓展型课程教研活动案例 …………… 隋文同 /087
弘扬中华武术传统,助力融入教育新发展 ………………… 隋文同 /092
行规教育:随迁子女的"助融剂"
　　——基于随迁子女学情的行规教育"九化"策略 ………… 潘道浩 /094
生如夏花
　　——东辽阳中学公共安全体验教室共享案例 ……………… 潘道浩 /098
品牌项目在提升工会工作质量中的作用和影响
　　——"感动东辽阳人物"评选活动的思与行 ……………… 陈伟英 /101
以语言文字规范化　促学校办学内涵发展 ………………… 江　春 /104
基于核心素养的劳动教育课程群研发与实施 ……………… 肖　玲 /109
基于"融教育"视野下少先队综合素质评价的探索 ……… 徐辰敏 /114
"融治理"的温度 …………………………………………… 解宜辉 /116
书香氤氲满校园
　　——学校"图书馆阅读"管理与指导 ……………………… 江晓君 /120

03 **教师发展**　/123

(一) 导研

基于随迁子女学情的初中数学学案设计与使用研究报告 … 肖　玲 /124

基于随迁子女学情的英语课堂"导学活动"设计与实施 …… 龚惠兰 /134
基于随迁子女学情的语文学案教学实践研究 ………… 钟树德 /160
课内外教学有效衔接的实践研究
　　——基于随迁子女学情的学案与校本作业探索 …… 台玉蓉 /174
巧设材料导学活动,打造劳技智慧课堂
　　——以"认识织物"为例 ……………………………… 黄睿智 /186
巧妙融入人物角色,激活英语课堂教学 ………………… 朱沁雯 /192

(二) 教学

中考改革背景下"融入"教育教学的思与行 …………… 孟宪尧 /199
以读促教,以想促悟
　　——《天上的街市》教学案例 ……………………… 陈伟英 /204
初中劳技"创智课堂"教学实践研究 …………………… 黄睿智 /211
激发兴趣·团结协作·尊重差异
　　——体育特长生的体育课堂教学有效性初探 …… 夏旭禧 /217
我的"片段写作观"
　　——语文课堂教学中片段写作的应用与探索 …… 江晓君 /224
设计有效的教学活动 …………………………………… 黄　蕾 /228
书香致远,淡墨冶人
　　——中国三大古典名著导读教学方法探究 ……… 付秀丽 /230
受欢迎、有实效的初三化学复习课 ……………………… 徐敏花 /233
基于随迁子女初中低年级学生英语朗读习惯培养的实践研究 … 朱沁雯 /238
抓好课堂教学,提高教学质量 …………………………… 董艳萍 /245

(三) 育人

新中考背景下,立足成才,随迁子女生涯教育的思考与实践 … 吴鸿春 /247
走进百年复旦,畅想美好未来
　　——东辽阳中学联手"牵手上海"志愿者组织举行"大学体验日"活动　隋文同 /250
诚信如阳 ………………………………………………… 付秀丽 /254

培育诚信好少年 …………………………………… 潘道浩 /257
施爱于细微之处 …………………………………… 朱　群 /261
阅读为本,活动为优
　　——浅谈读书活动在班级管理中的作用 ………… 江晓君 /264
朱老师的"邮局"
　　——家班共育案例 ………………………………… 朱沁雯 /269
走进学生的内心世界 ……………………………… 颜　瑛 /273

（四）读书
永远走在"胜任"的路上
　　——我的教育叙事四则 …………………………… 隋文同 /275
好的孤独 …………………………………………… 肖　玲 /279
读《德政之要》有感 ……………………………… 江晓君 /281
读《丰子恺》有感 ………………………………… 缪　莺 /284
读书写作慰平生 …………………………………… 钟树德 /286
且思且行,风雨兼程
　　——有感于《西南联大行思录》………………… 张　懿 /290

04 收获成长　/295
学校荣誉（2015—2018）………………………………　294
教师荣誉（2015—2018）………………………………　297
学生荣誉（2015—2018）………………………………　301

05 市级课题　/001
基于民族文化认同的初中校本课程研发与实践 ……… 吴鸿春 /304
初中随迁子女融入社区实践研究 ……………………… 冯　嬿 /309

序 篇

上海市东辽阳中学，原名凉州中学，建于1958年10月。学校地处上海中心城区东北部——杨浦区定海路街道，是过去有名的上海"穷街"。2003年2月，凉州中学与辽阳中学合作办学，更名为东辽阳中学。2006年6月，与贵阳中学合并，建立新的东辽阳中学。2009年9月，学校迁入现址——贵阳路254号。

2009年10月，杨浦区挂牌成立一支由进城务工人员随迁子女占比例较高的16所公办中小学和1所国家级重点职业技术学校组成的课题研究协作组，学校被确立为杨浦区进城务工人员随迁子女教育课题研究工作协作组组长单位。

2010年，学校被列为区青少年融入教育指导基地。我们秉持"融入教育"的办学理念，其蕴含"容·融·荣"的丰富内涵。容：海纳百川，有教无类，有容乃大；融：梦想起航，无融则滞，共融共进；荣：自信发展，乐群向上，万卉争荣。

2012年3月，杨浦区教育局出台《推新、联新、提质——杨浦区区域推进"新优质学校"项目实施方案》，将我校列为区首批新优质创建学校之一。

2013年2月，学校加入区校园"体育生活化"实践研究联盟体。学校被区教育局推荐参加上海市"身边的好学校"宣传活动。6月7日，全国第六届民工子女教育研讨会在我校圆满闭幕。我校"走进戏剧"社团应邀赴北京参加中央电视台少儿频道"看我72变"创意节目比赛，喜获全国冠军和最佳创意奖。同年，我校还成功承办"师爱无涯，共享蓝天"杨浦区教育系统庆祝第29届教师节主题活动。

2014年3月28日，杨浦区教育局党委副书记王芳等陪同合肥市六十六中学校长王鹏芹一行，来校考察随迁子女教育工作。6月28日，上海市沪东青少年将棋活动中心在我校揭牌成立。8月28日，时任上海市委群众路线教育实践活动第九督导组组长何卫国一行考察指导我校随迁子女教育工作，对学校表示赞赏。

2015年10月21日,山东省济宁市教育局访问团一行来校学习考察区域进城务工人员随迁子女教育情况。

近年来,作为上海市中华优秀传统文化研习暨非遗进校园优秀传习基地、市摔跤重点学校、沪东将棋青少年活动中心,我校以新优质项目为引领,不断彰显"融入教育"的办学特色,初步构建起以"琴"(行进管乐)、"棋"(将棋)、"书"(生存宝典)、"画"(麦秆画)、"术"(摔柔、花样跳绳、高尔夫)为标志的校本课程体系,全方位提升学生核心素养,培育一专多能的融入教育特色教师群体。

校学生社团在上海市中小学生救护比赛、民防教育征文大赛、阳光体育大联赛,以及柔道、劳技创意木工等多个方面的市区比赛中获上百项等第荣誉。"骑兵"行进管乐团2017、2018年两次受邀参加"中华号角——上海之春国际音乐节管乐艺术节",获评"中华杯"优秀管乐团队展演示范乐团和优秀乐团等,多次受邀参加区残疾人运动会等展示活动。2018年6月2日,学校管乐队受邀参加上海国际传奇球星邀请赛开幕式表演。

近年来,学校先后成功举行随迁子女教育课题研究协作组年会、区本课程"生存宝典"区级研讨、"融·育德之道"校本德育区级展示、区体育学科创智课堂交流展示活动,承办杨浦区教师进修学院中学教研室主办的2017年"杨浦教育创智季"——中学劳技学科"学习活动"设计主题教研活动、杨浦区中小学班主任研修共同体家园工作坊展示等。

学校师资队伍结构比较合理。我校现有上海市名师后备、区学科带头人1名,高级教师3名,区骨干教师4名,上海市优秀园丁3名,市智力助残先进个人3名,市未保先进个人1名,市尊老敬老好领导1名,区优秀班主任1名,区十佳班主任1名,区德育先进个人2名。

党员教师先锋模范作用显著,3名党员干部在区教育局轮岗,

4名党员获市金爱心教师奖。教师队伍中,区师德标兵提名1名,区师德标兵1名,1人获上海市劳技教学比赛一等奖,1人获劳技全国教学比赛一等奖,此外,还有多位教师获百花杯等第奖。

学校沪籍学生中考合格率连续11年保持100%,2017学年沪籍学生中考优秀率高达67%,50%的随迁学子顺利考上了"中高职贯通"学校。

学校现为上海市文明单位、市安全文明示范校、市行为规范示范校、市智力助残先进集体、市教育系统模范教工小家,杨浦区教师教育机制创新核心校、区生命教育校外联合实训基地校、区行为规范标兵校、区德育先进集体、区科研先进集体等。学校多年办学绩效考核为优秀,多次承接美国、新西兰、日本、德国来访等外事活动。

目前,学校还承担"基于民族文化认同的初中校本课程群研发与实践"等三项市级课题研究及多项区级课题的研究和探索。

ONE
PLANNING LEAD

01
规划引领

上海市东辽阳中学五年发展规划

(2016—2020 年)

校长室

一、时代背景与发展基础

(一)时代背景

《国家中长期教育改革和发展规划纲要(2010—2020 年)》提出了"优先发展、育人为本、改革创新、促进公平、提高质量"的工作方针,要求把教育摆在优先发展的战略地位,把育人为本作为教育工作的根本要求,把改革创新作为教育发展的强大动力,把促进公平作为国家基本教育政策,把提高质量作为教育改革发展的核心任务。《上海市中长期教育改革和发展规划纲要(2010—2020 年)》提出了"为了每一个学生的终身发展"的核心理念,把"促进公平、追求卓越、推动创新、服务发展"作为工作方针。

《杨浦区教育改革与发展第十三个五年规划纲要(2016—2020 年)》提出了"全面完善'为每一位学生的成人、成才奠基'为核心理念的杨浦教育价值体系""全面推进教育综合改革试验""全面建成基础教育创新试验区""全面提升学习型城区品质"的发展目标。

东辽阳中学地处定海路街道,东外滩的开发为学校未来发展提供了极大空间。学校必须未雨绸缪,进一步提升进城务工人员随迁子女"融入教育"的品质,从管理、德育、教学、科研、课程、环境等角度全方位策划,创造性开展"融入教育",全面提升教师软实力,引领学校由"融入"走向"融合"。

(二)发展基础

1. 学校概况

东辽阳中学是一所具有近 60 年历史的公办初级中学。其间学校历经更名、合并、迁址等变革。学校现有 12 个班级,在校学生 220 人,其中随迁子女占比达 92%。学校教师 52 人,其中 35 岁以下教师 12 人,占教师总数 23%,中学高级教师 2 人,中学一级教师 28 人,中高级教师占比为 58%,本科学历教师占比达 100%,硕士生 2 人,约占教师总数的 4%。

2. 办学优势

(1) 从真实的问题出发,"融入教育"研究成为学校新的发展契机和原动力。杨浦区成立了由进城务工人员随迁子女占比例较高的16所公办中小学和1所国家级重点职业技术学校组成的课题研究协作组,学校成为课题研究协作组组长单位和融入教育指导基地。多年来,学校以"融入教育"课题为引领,聚焦随迁子女"融入教育"问题,整合资源、汇聚合力,开展区域随迁子女教育工作的对策研究和区域推进机制研究,为区域优质均衡发展做出了积极探索和有益尝试,也必将成为学校可持续发展的原动力。

(2) 从"融入教育"的多维度出发,形成了以"心理导航"为特色的"融入教育"校本化、课程化的路径,促进学校特色形成。学校初步构建起适应随迁子女教育需求的校本化课程体系,主要包括:预备年级《心理导航:融入上海篇》、初一年级《心理导航:生命的旋律篇》、初二年级《心理导航:沟通与合作篇》、初三年级《心理导航:生涯教育篇》等。目前,该课程读本作为区"一校一品"特色课程建设成果在区域内推广。通过"心理导航"课程学习,学生向善乐群的品质逐渐养成,学校教学水平不断提升,截至2015年,沪籍学生中考合格率连续八年达到100%。

(3) 从诊断教师现实状况出发,着力提升教师的教育境界,成就教师"适应性"教育能力。校本课程由学校统筹规划,教师自主实施。任课教师对学生参与学习情况进行评价,并对自己的教学反思总结,以利于今后的校本课程建设。学校每学期召开一次校本课程研讨会,展示教师的成功经验、学生的学习成果,解决存在的问题,及时总结校本课程的实施情况。由此,教师"融入教育"的理念与能力得到进一步提升。

学校曾获上海市安全文明单位、市智力助残先进集体,区科研先进集体、区德育先进集体、区行为规范示范校、区校本研修先进单位、区教育信息工作先进集体、区语言文字示范校等荣誉。学校多年被杨浦区教育局考核为办学优秀单位。《解放日报》《文汇报》等媒体,先后报道我校随迁子女教育取得的成绩。学校现为上海市中华优秀传统文化研习暨非遗进校园十佳传习基地、沪东青少年将棋活动中心、上海市摔跤重点学校,并率先成立了全区首个中小学班主任研修共同体家园工作坊、区首支公办初中学校行进管乐队。

3. 存在问题

(1) 家庭教育指导工作需要进一步加强。目前我校随迁子女占学生总数达92%,其父母的家庭教育意识普遍比较淡薄,家庭教育的方法不是很多,能力也比较欠缺。由此,学校需要加强对家庭教育指导工作的研究。学校要系统性设计家庭教育指导课程,重点涵盖指导家长提升教育意识、增强教育方法和重视孩子行为规范和学习习惯养成等内容。

（2）教师教育教学能力需要进一步提高。教师队伍建设虽然取得了一定进展，但是面对新的形势和挑战仍然有待进一步提高。目前学校缺少区学科带头人和区骨干教师；教师队伍的结构仍需进一步优化；教师自我发展的内驱力、科研能力存在着不平衡性；教师"适应性"教学水平有待进一步加强。

二、办学理念与发展目标

（一）办学理念

我校秉持"融入教育"的办学理念，其蕴含"容·融·荣"的丰富内涵。

容：海纳百川，有教无类，有容乃大；

融：梦想起航，无融则滞，共融共进；

荣：自信发展，乐群向上，万卉争荣。

学校办学要基于"融入"，着眼于"融合"，不断彰显"融入教育"的办学特色；要高举"自信"旗帜，大胆跨越自卑心理的桎梏，促进学生从"融入"走向"融合"；引导教师树立开放、包容的心态，不断提升适应性教育能力，促进学生全面发展。

（二）发展目标

1. 学校发展目标

努力将学校办成"理念先进、管理精细、质量较高"，"融入教育"特点明显的新优质学校。

理念先进： 坚持"融入教育"，师生悦纳，合作共进；形成兼容并包，共融共进，万卉争荣的良好校园文化。

管理精细： 重细节、重过程、重基础、重具体、重落实、重质量、重效果，初步探索出以随迁子女为主要教育对象的初中办学模式与策略和新优质学校的推进机制，为推动整个区域基础教育的优质均衡发展做出新贡献。

质量较高： 通过"琴"（行进管乐）、"棋"（将棋）、"书"（生存宝典）、"画"（麦秆画）、"术"（摔柔、花样跳绳）等校本课程建设和实施，使学校的教育水平不断提高，促进学生健康快乐地成长。

2. 学生发展目标

以"为了每一个学生的未来奠基"为宗旨，深化"融入教育"，传承优秀民族文化、践行社会主义核心价值观，使之成为"厚德自信、勤奋好学、合作阳光"的有个性、有特长的合格初中生。

厚德自信： 心胸开阔，严于律己、宽以待人；关爱他人，与人为善，自尊自爱，自强自立。

勤奋好学：学习有目标、有要求，踏实认真，努力做好力所能及的事情；积极主动，不怕吃苦，敢于迎难而上，掌握一技之长。

合作阳光：具备感恩达观的阳光心态，懂得团结协作；践行阳光行为，自主自强、敢于担当、乐群向上。

3. 教师发展目标

进一步提高教师的责任感与使命感，不断提升教师教育境界，切实转变教育教学方式，使之成为"师德高尚、业务精湛、包容尊重、勇于创新"的人民教师。

师德高尚：以大局为重，乐群奉献，阳光向上，勇于担当。

业务精湛：怀有较为强烈的职业憧憬，形成自己的教学特点或风格；一专多能，受学生喜欢，教育成效明显。

包容尊重：有教无类，与时俱进，尊重学生的个性与创造；胸怀若谷，与同伴能够和谐共处，互学共进。

勇于创新：积极融入学校的教育教学改革中，善于发现问题，改进方法，探索对策，形成成果。

三、工作措施

（一）行政管理

1. 目标

（1）努力加强校级与中层领导班子建设，廉洁自律、好学勤奋、职责分明、锐意进取，不断提高管理质量与工作效率；

（2）依法办学、以德立校，初步形成新型办学模式的运作机制，进一步健全学校各项规章制度，完善校本管理、校本研修、校本德育三位一体的管理模式；

（3）学校文明办公、文明相处、文明生活氛围浓厚，争创上海市文明单位。

2. 措施

（1）干部队伍建设项目

从学校实际出发，建立和完善干部的选拔、培养、使用、考核机制和干部聘任制，实行干部年终述职制；逐步引入干部竞聘上岗的选拔机制，实行优秀青年教师部门轮岗制；将思想政治素质高、业务素养好、管理能力强、具有服务意识的中青年教师充实到干部队伍，优化干部队伍。

（2）人事制度改革项目

学校人事管理遵循平等公正、宽严协调、奖惩并举的原则，盘活教师资源，激活教师内需。全面实行人员聘任制，进一步完善推行岗位聘任合同，形成用人双向选择、人员能进能出、干部能上能下的用人机制，不断完善学校绩效工资方案，并予以规范实施。

(3) 教师业务档案制度建设项目

配合社会职称评定和职务培训的改革,进一步健全学校相应的教师业务档案制度和校内评价体系,不断规范学校教师校本研修工作手册的使用和管理,帮助学校全面地、动态地掌握教师教育教学情况,为学校教师队伍建设的精准发力提供借鉴,使学校管理更加科学化、规范化和制度化。

(4) 师德主题教育项目

以师德教育、星级组室创建等为突破口,以开展"两代楷模激励我成长"师德主题教育系列活动为契机,大力开展校园精神文明建设,整合学习资源,开展教职工喜闻乐见的群团活动,使学校的硬件环境、软件管理、教职工的素质均达到相关的要求。

3. 达成标志

(1) 学校干部能够独当一面,形成自己部门的活动品牌与工作特色;

(2) 干部队伍结构合理,干部培养工作跟进有序;

(3) 学校新评定的高级职称教师不少于2人,学校中高级职称占比趋于合理;

(4) 涌现出校、区、市先进典型人物和组室集体。

(二) 德育工作

1. 目标

(1) 以"融入教育"为主线,完善德育专题教育,树立"人人都是德育工作者"的观念,营造浓厚的德育工作氛围;

(2) 培养自尊、自强、自信、自立、阳光的合格初中生,张扬个性,发展特长,促进身心全面发展,使每位学生具有健康的心理品质,良好的读书习惯,努力成为中华民族优秀传统文化的传承者与社会主义核心价值观的践行者;

(3) 打造一支学科结构均衡、年龄分布合理,学习型、智慧型的班主任队伍。

2. 措施

(1) 主题教育月项目

贯彻"两纲"精神,将传承中华民族优秀传统文化与践行社会主义核心价值观相结合,与良好行为规范、学习习惯养成相对接,深化开展主题教育月活动。不同年级列出相应目标、项目和内容,开展具有我校"融入"特点的主题教育月活动,探索建立主题教育月学生活动评价机制。

(2) 随迁子女融入社区实践研究项目

以学校为区生命教育校外实践联合实训基地校为契机,积极开展随迁子女融入社区的实践研究,研发《融入社区指导手册》及相关校本德育课程,联手社会公益组织,分年级予以实施,探索建立学校、家庭、社区三位一体的融入教育联动机制,形成德育合力,助推随迁子女真正融入上海。

(3) 班主任研修共同体家园工作坊项目

以杨浦区中小学班主任研修共同体家园工作坊为平台,聘请市、区知名德育专家为导师,组织丰富多彩、富有实效的培训活动,充分发挥工作坊的示范引领、辐射孵化功能,鼓励班主任积极参加相关培训、研讨、交流活动,促进学校班主任队伍整体素质的提升,使班主任队伍在区域内形成一定的知名度。

(4) 随迁子女家庭教育研究项目

以初中随迁子女家庭教育指导研究为载体,畅通家校交流渠道,探索教育合力,提高家庭教育指导质量,促进学校教育发展。定期开办家长学校,每年开展"家园家庭"评选、家长开放日等活动,研发《家庭教育指导读本》,不断提升家长家庭教育理念和技能,使家庭教育与学校教育相得益彰。

(5) "两馆"建设项目

充分发挥学校生命安全健康教育体验馆功能,鼓励学生积极参加实践体验系列活动,掌握日常生命安全防范技能,努力培养学生生命安全健康意识;充分发挥"真爱梦想"生涯教育体验馆功能,培育学生融入社会的积极阳光心态,并具备一定的生涯规划能力与金融素养,为学生主动融入上海助力。

(6) 班会校本课程化项目

班会课程化是根据学生道德品质认知、形成和发展的需要,根据学校德育的整体目标和推进步骤,将班会按照课程的特征进行规范和设计,形成班会课程体系,从而使班会成为相对稳定有效的教育模式。班会课程化体系从认知—感悟—践行的循环规律出发,科学系统地规划整体学段的班会主题和内容,并使其保持渐进性,保证实效性,培养随迁学子良好的道德品质。

3. 目标达成标志

(1) 制定主题教育月学生活动评价表并予以实施;

(2) 《融入社区指导手册》规范使用;

(3) 组建家园工作坊,定期开展培训活动,学校有不少于2名班主任成为区班主任高研班学员,至少1名成为区优秀班主任,班主任队伍学科结构均衡、年龄分布合理;

(4) 编制《家庭教育指导读本》;

(5) "两馆"运作有序;

(6) 分年级研发班会校本化课程并予以实施。

(三)课程开发与建设

1. 目标

(1) 更加贴近学生的实际需要,关注学生的兴趣爱好;

(2) 构建以"融入教育"为特色,"琴"(行进管乐)、"棋"(将棋)、"书"(生存宝典)、"画"(麦秆画)、"术"(摔柔、花样跳绳)为代表的校本课程体系,凸显校本课程的"科学性""适切性""开放性""选择性"等特点,丰富学生学习经历,促进学生全面发展。

2. 措施

(1) 生命体验课程项目

依托区生命教育校外实践联合实训基地校和区生命安全教育基地校,以两纲为主线,统整学校教育教学资源,建构生命体验课程项目,提升学生生命素养和品质。

深化开展生命主题教育月活动,注重顶层设计,创新形式,提质增效,不断丰富学生成长经历,增强生命意识。

采用多媒体资源观摩、文本学习、现场演练以及场馆体验等形式,培养学生珍爱生命的意识,提升自我防护的技能。

(2) "融"教学课程项目

以语文、数学、英语学案教学的研究与实施为突破口,各学科尝试进行分层教学,加强基础型课程校本化实施的针对性,降低"融入"坡度,提升学生个体的学力水平。

完善文化艺术、科学技能、心理导航与生涯规划、阳光体育四大类拓展型课程,凸显"琴"(行进管乐)、"棋"(将棋)、"书"(生存宝典)、"画"、(麦秆画)、"术"(摔柔、花样跳绳)"融"课程特色,研发行进管乐、沪剧、摔跤等校本课程,学生可以根据自己的兴趣、需要、特长等进行选修,掌握技能,提升综合素养。

完善稼园种植探究课程,立足物理、化学、生物学科特点,学生在教师指导下进行生活探究,培养学生善于发现与创造的良好生活品质。

3. 目标达成标志

(1) 行进管乐、沪剧、摔跤、布艺等特色课程运作规范有序;

(2) 编制完成"生存宝典"区本课程两册教学设计;

(3) 有 1 到 2 门特色课程成为区域共享课程;

(4) 形成探究型课程资源包。

(四)教学和科研工作

1. 目标

(1) 加强"融入教育"的研究与实践,全面提升学生综合素养,进一步提炼形成

"融入教育"办学经验。重点提高初三学生的合格率和优良率,关注中高职贯通升学率,加强预备年级学生的学习、行为等习惯的培养,使每个学生都能不断进步。

(2) 坚持研训一体,深化随迁子女为主要教育对象的初中教学模式与策略研究,继续开展教师"适应性教育"校本研修,创新培训机制与形式,提升教师适应性教育与教学能力。

(3) 创造性开展学校语言文字规范化工作,全面提升学校"融入教育"办学内涵与水平。

2. 措施

(1) 区新优质学校建设项目

高举"融"文化旗帜,集聚"融入教育"办学优势,继续以心理融入教育为突破口,充分整合学校、家庭、社区、园区资源,不断拓展融入教育空间,积极构建学生喜闻乐见的"融"课程群,全面推进"融"课堂教学变革,不断彰显"融入教育"特点,成为区域名副其实的一所新优质学校。

(2) "区域教师教育方式、机制创新的行动研究"核心校建设项目

依托"区域教师教育方式、机制创新的行动研究"项目平台和优势,积极开展基于初中"学案"教学的校本行动研究。因应随迁子女生情,聚焦学案教学研究,课堂诊断,促进教师的教学反思;课例引领,有效促成同伴互助;研训合一,低成本实现专业引领;行政推动,整体提升校本教研品质。

(3) 区"创智课堂"试点校建设项目

紧紧围绕区"创智课堂"试点校建设项目,继续强化国家基础型课程的"二度开发",以语文学科为先导,以学案教学设计与实施为突破口,着力学习兴趣激发、学习习惯养成、学习方法指导等,不断优化教师课堂教学行为,促进学生学习方式的转变,培养善于倾听、敢于交流、能够合作的良好学习品质,努力使课堂成为师生创生智慧、共同成长的乐园。

(4) "中青年教师研修班"项目

加强教师队伍梯队建设,优化师资队伍结构,努力提升教师专业素养和教学技能。聘请区域学科导师,以个人学习实践、同伴合作互助、专家专业引领、项目小组研究等形式进行项目推进,研发培训课程,助推教师业务能力提高,提升课程、课堂品质。

(5) 语言文字规范化工作项目

创造性开展推广普及普通话和语言文字规范化工作,使之融入教学工作中,融入学校的校园文化和人文教育中,并不断探索语言文字规范化工作长效化管理机制。

(6) "心理导航与生涯规划"深化项目

依托心理教研组，深化"心理导航与生涯规划"项目实施，聚焦"生存宝典"区本课程实施，探索课程运作经验，逐步扩大到班主任层面的课程教学，努力营造学校心理健康教育良好氛围，并初步建立起区域特色课程共享机制，为区域学生身心健康、融入上海保驾护航。

3. 目标达成标志

(1) 完成区新优质学校展示；

(2) 完成语、数、外、理化等学科学案汇编；

(3) 学科教师进入百花杯、小荷杯决赛不少于2人；

(4) 举行市、区级教学交流展示不少于2次；

(5) 定期举行"生存宝典"区本课程区域交流展示；

(6) 成功创建区语言文字规范化示范校。

(五) 校园建设

1. 目标

加强校园"融"文化环境建设，不断完善校园基础设施，进一步美化、优化校园环境，努力将学校打造成为温馨的家园、成长的乐园、和谐的校园，实现凝聚人、教育人、发展人的教育目标。

2. 措施

(1) 校园"融"文化新景观建设项目

聚焦"融"——共同的理念、共同的追求、共同的表达，全方位、立体化营造整洁优美的校园文化环境：让每块墙壁会说话、让每块草坪能育人，努力让校园"融"文化升华为全体东辽阳人的精神符号和行动坐标。

(2) 文化设施创设项目

开辟和完善阅报栏、宣传栏、黑板报、图书室、阅览室等思想文化教育阵地，使学生随时随地受到感染和熏陶，并将其打造成为校园"融"文化中一道道灵动的育人风景，成为师生共融共进的生动见证。

(3) 基础设施完善项目

进一步加强和完善学校信息化设施、体育基础设施、图书馆设施，以及各类体验室和专用教室等建设，优化教学，促进学习，服务师生，不断提升学校硬件建设水平，为学校现代化教育教学提供更广阔的发展平台和空间。

3. 目标达成标志

(1) 参加杨浦区教育系统校园文化新景观评选活动获等第奖；

(2) 建成学校中小学生命安全教育体验馆和"真爱梦想"生涯教育体验馆。

四、保障条件

(一)组织领导

进一步加大力度组织学习,讨论办学思想、办学思路,保证全校思想、舆论、行动的基本统一。学校将本规划作为学校教育教学工作的行动纲领,并加以贯彻执行。成立以校长为组长的规划管理领导小组,具体实施"五年规划"的全程管理,各分管领导、处室、教研组具体落实,全员参与。

(二)制度落实

制定激励机制、监督机制、评价机制,保证学校各项制度能够真正得到落实;建立学校对部门领导工作的问责制、各部门对本部门工作人员的问责制,并予以落实;加强目标管理,保障目标制定得科学、实际、可操作,每学期进行细化和分解,并拿出实现目标的可行计划,定期进行阶段性的检查和评估,最终保障目标得以顺利实现。

(三)师资支撑

进一步开展教职工凝聚力工程,形成科学、有效的教职工激励机制,最大限度地调动教职工,尤其是骨干教师的积极性,努力建设一支品德好、观念新、学历层次高、教科研能力强的师资队伍。

(四)后勤保障

以"服务"为宗旨,以提供良好的物质保障和优质的教育教学环境为重点,强化后勤工作人员素质,增强协作意识,提高办事实效。合理配置资源,提高教育经费的使用效益,为学校发展目标的实现提供物质保障。

(五)资金投入

学校要保障在优质学校建设中教育、教学活动资金的投入;保障发展过程中设备的购置;保障合理的报酬分配,以激发广大教师的工作积极性和创造性。学校经费开支和硬件建设应努力确保各年度规划实现所需的资金,根据统筹兼顾、确保重点的原则,在力所能及的范围内逐步加大投入。

2016 年 2 月

区域义务教育阶段随迁子女生涯教育课程研究方案

生涯教育项目组

为深入贯彻落实国家和上海市《中长期教育改革和发展规划纲要(2010-2020年)》关于"建立学生发展指导制度"的意见精神,根据《上海市教育委员会关于加强中小学生涯教育的指导意见》,杨浦区致力于"将生涯教育作为发展素质教育、推进教育公平的重要途径",努力遵循科学性、发展性、一体化原则,立足本区的实际情况,开展中小学生涯教育,增强中小学生生涯规划的意识与能力,培养自尊自信、积极向上的个性品质,促进学生的健康成长与终身发展。

生涯教育本身是一个连续不断的过程,贯穿人的一生,因此学校中的生涯教育应实现大中小幼有机衔接。高中阶段是生涯教育的关键阶段,但只有在小学阶段进行生涯启蒙,在初中阶段开展生涯探索,才能实现高中阶段科学有效的生涯规划。因此,义务教育阶段的生涯教育同样是非常重要的。

杨浦区有较多的随迁子女,多年来一直在随迁子女的融入教育方面努力前行。在不断的实践思考中发现:融入教育让随迁子女更好地适应上海的学习、生活,但在融入的同时,他们还需要更加客观地认识自己,能够根据自己的特点和客观条件,做出适合自己的选择,做出适合自己的未来规划,减少迷茫感,避免盲从性。而这些教育目标的实现,则需要生涯教育的有效指导,需要生涯教育与融入教育的有机结合。

一、课题背景与意义

在新型城镇背景下,我国城市化进程不断推进,人口结构也随之变迁,有大量的农村人口向城市流动的现象,进城务工人员在城市中的生活与发展问题受到了大量的关注与重视,同时其子女的教育问题又是最为核心的一个关注点。处在义务教育阶段的学生正是生涯教育的启蒙阶段和成长阶段,该阶段是学生的兴趣和能力的培养的一个关键期,是为义务阶段后开展生涯教育进行积累的阶段,也是为生涯发展的探索和建立奠定一个基础的过程。生涯教育是帮助学生个体认识现实职业世界,了解个体的兴趣、能力、价值观等,让他们未来能够对自己的职业做出适当的选择、规划与准备的教育。

《国家中长期教育改革和发展规划纲要（2010—2020年）》指出，"关心每个学生，促进每个学生主动地、生动活泼地发展，尊重教育规律和学生身心发展规律，为每个学生提供适合的教育。努力培养造就数以亿计的高素质劳动者、数以千万计的专门人才和一大批拔尖创新人才。"早在2010年，北京、上海、厦门等地的几所学校就已开设了生涯辅导课。《中华人民共和国职业教育法》《普通中学职业指导教育实验纲要（草案）》《基础教育课程改革纲要（试行）》《普通中学职业指导纲要（试行）》《职业指导办法》等文本中也都提及了生涯教育有关内容。由此可见，生涯教育越来越受到关注和重视。

而在经济的迅速发展中，来到上海的务工人员也在不断增加，其对子女的教育的关注程度也在不断增强。近年来，上海对随迁子女的教育政策在不断完善，让随迁子女享受到更好的学校教育。杨浦区对随迁子女的教育一直都非常重视，以东辽阳中学为主的随迁子女教育工作中心组，在融入教育方面付出了很多的努力，也取得了一定的成果。但受家庭教育、经济状况、生活环境及固有观念等因素的影响，在日常的教育教学中，我们仍然能感觉到：相比上海生源的学生，随迁子女有两大明显的心理特征。

一、归属感相对较弱。很多随迁子女从小生活在上海，但又因为没有上海户口而感到自己生活在异乡。回到老家，从服饰打扮到生活习惯甚至到价值理念，都与老家人有太多不同。所以这些孩子，尤其到了初二、初三年级，会时常困惑于"我到底属于哪里"等问题。

二、对未来的不确定感相对较强。因为一直生活在上海，也因为父母都需要在上海工作，多数随迁子女不想回归乡土，但到了一定年纪，又需要面临"在上海读职校还是回老家读高中"的选择。哪种选择更适合自己？哪种选择对自己的未来发展更有利？诸如此类的疑问，使得随迁子女对未来的不确定感相对较强。而且选择什么样的职业或者职校、选择什么样的专业基本上都是由父母决定的，对于职业或者所选专业具体是做什么，学生自己也不太清楚，同时对于未来也无法有明确的职业规划。

对于以上现状，随迁子女更加需要学校的生涯教育，引导他们进行自我认知、生涯认知、生涯管理。如何认识自己？如何更好地融入自己所生活的城市？又如何做出适合自己的选择？这些问题的回答，都需要让孩子在生涯教育中获得指导和帮助。

那么以何种形式来开展生涯教育呢？美国职业管理学家舒伯认为，生涯教育课程是促进学生生涯发展最适宜的方式。生涯教育课程的开展，符合现代教育的发展趋势。教师通过这样的课程，可以了解学生，引导和帮助学生达到生涯发展的目的，而学生通过参与这样的活动，能促进他们的自我了解，以及对生涯的认知，提高他们的生涯决策能力。

生涯教育在我国起步较晚，又多集中在高中，而义务教育阶段的生涯教育尚处于探索阶段，针对随迁子女的生涯教育研究更为稀缺。本课题旨在对生涯教育的基本理论和已有的研究文献进行分析，根据《上海市教育委员会关于加强中小学生涯教育的指导意见》，结合对随迁子女的教育教学实践，初步探讨、设计义务教育阶段随迁子女的生涯教育课程。

二、生涯教育理论

"生涯"一词最早出现在《庄子·养生主》，原意是指生命有限度、边际，后指生命、人生。

大多数学者所接受的"生涯"定义是美国学者舒伯（Donald E·Super）的观点。舒伯认为，"生涯"是生活中各种事件的演进方向和历程，它结合了人生的各种职业和生活角色，由此表现出个人独特的自我发展形态。虽然学者们从不同角度对"生涯"进行的定义不完全一样，但基本都认同，生涯的长度是人的一生，宽度是职业与生活，厚度是角色与关系，深度是规划与经历，而且是一个动态、发展、变化的过程。

生涯教育，有广义和狭义之分。从广义上讲，生涯教育包括学校、社会和家庭教育，旨在帮助个体解决整个生涯的发展。从狭义上讲，生涯教育是指在学校内实施的，个体通过参与学校组织开展的各种课程和活动以实现个体的生涯发展。因此，学校的生涯教育课程主要是为了帮助学生个体进行生涯认知、自我认知和生涯规划的专门性教育的课程，以达成个体的生涯发展。

本文选取了部分教育界较为主流的理论作为生涯辅导课程的依据，理论如下：

1. 舒伯的生涯发展理论

舒伯（Donald E. Super）是美国的一位有代表性的职业管理学家。他提出生涯发展在个体早期生活中就已开始，并随着年龄的增长而不断发展。他将个人的生涯发展划分为五个阶段，分别为成长期（growth）0—14岁，探索期（exploration）15—24岁，建立期（establishment）25—44岁，保持期（maintenance）45—65岁和衰退期（decline）65岁以上。舒伯还将成长阶段、探索阶段、确立阶段各分为三个子阶段。其中成长阶段包括幻想期、兴趣期、能力期，探索阶段包括试验期、转变期、尝试期，确立阶段包括诺和稳定期、发展期、职业中期危机阶段。

我国义务教育的年限为九年（多数地区为小学六年，初中三年，部分省市为小学五年，初中四年）。义务教育阶段的学生处于6—14周岁，根据舒伯的生涯发展理论，他们处于生涯发展的成长期。这个阶段孩子需要发展的任务是：自我意识、对外部世界的认识、培养兴趣和技能。

阶段	时期	年龄	主要考虑因素
成长阶段	幻想期	0—10岁	需要
	兴趣期	11—12岁	喜好
	能力期	13—14岁	能力

我们可以看出舒伯生涯发展理论的成长阶段正是我们义务教育的阶段，因此，在这个阶段很有必要对学生进行生涯教育相关课程的输入，让学生对自我有充分的认识，发展自身的兴趣和能力，逐渐形成正确的价值观，了解职业世界，并以此作为试探选择的依据。该阶段是整个人生大周期中的不可或缺的一部分，也是后期探索和建立生涯规划的基础。

2. 金兹伯格的生涯发展理论

金兹伯格（Ginzberg）等人于1951年建立了生涯发展理论，提出个体的成长是一个持续不断变化的过程，随时都需要做不同的抉择。金兹伯格等人依据不同年龄特征，将整个生涯发展历程划分为三个时期：幻想期（11岁以前）、试验期（约11—17岁）、实现期（17岁至成年）。在试验期又分为四个阶段：兴趣、能力、价值、转移。义务教育阶段的学生处于幻想期与试验期阶段，从身心成长角度来看，这个阶段的学生缺乏抽象思考能力，对未来的职业的想法主要靠直觉和想象，是从主观的幻想逐渐向探索自己的兴趣、能力、价值方面转变的过程。

所以，金兹伯格的生涯发展理论同样为义务教育阶段进行生涯教育提供了理论依据，同时也需要根据不同阶段进行相应的课程设置。

3. 人-职匹配理论

该理论也称特质因素理论，是由管理理论的奠基人、被称为"职业辅导之父"的美国波士顿大学教授帕森斯（Parsons）提出，该理论认为个别差异现象普遍地存在于个体心理与行为中，每个个体都具有自己独特的能力模式和人格特质，而某种能力模式及人格模式又与某些特定职业存在着相关性。每种人格模式的个体都有其相适应的职业，人人都有选择职业的机会，人的特性又是可以客观测量的。所谓"知己知彼，百战不殆"，帕森斯教授的人-职匹配理论所讲述的正是这样，个体既要了解自己的兴趣爱好、需求、性格，又要了解职业的性质与要求，这样才能找到与自己相匹配的工作。帕森斯教授创立了可以帮助个体进行职业选择的决策结构，包括以下3个步骤（1）清晰认识自我：个体要清晰了解自身的能力倾向、才能、兴趣爱好、优劣势等。

帕森斯认为这些可以通过心理测评的方式加以了解；(2) 了解工作要求：个体应充分了解目标职业，如该岗位的工作描述、培训要求、学历要求以及其他相关信息；(3) 个人—工作匹配：通过对个人特质和工作要求进行对比分析，做出与个人特质匹配的职业选择。

帕森斯的特质因素理论以及他提出的职业选择的决策结构正是给我们生涯教育课程的出发点提供了相关的理论基础——每一个学生都是独一无二的，都有着自己的兴趣爱好、需求、性格、能力等等，要让学生们真正地了解自己，同时又要了解不同的职业性质与需求，这样才能让学生在成长的道路上有明确的方向和借鉴。这正是在生涯发展道路上的"知己知彼，百战不殆"。

三、随迁子女生涯教育课程的目标

生涯教育课程是以班级或小组为单位，有目的、有计划地实施一定的活动项目，让学生通过主动地参与活动，并体验活动的内涵，以实现学生自我生涯教育和生涯发展的目的。

以《上海市教育委员会关于加强中小学生涯教育的指导意见》为指导，根据生涯教育的相关理论，从随迁子女的心理特点出发，结合杨浦区随迁子女的教育现状及未来规划，本课题确定了义务教育阶段随迁子女生涯教育课程目标。

（一）总目标

1. 学会学习

指个体学习能力的培养。这种学习能力包括理解能力、消化吸收能力、知识系统化的能力，自如地掌握具体和抽象的关系、整体和个体的关系，把知识和行动联系起来的能力。对随迁子女而言，从老家到上海，从上海回老家，从中学学习到职校学习，环境的改变，教材的改变，这些改变对学习能力的要求会更高。只有掌握了真正的学习能力，才能以不变应万变。

2. 学会做事

指个体应付多种情况和参与集体工作的能力的培养。这种能力包括通过技术和职业培训获得严格意义上的资格、社会行为、协作能力、首创精神和冒险精神等。由于父母工作忙碌、经济状况等原因，相比本地生源，随迁子女更需要独立面对学习、生活中的任务或困难，甚至会更早到社会工作，所以他们更需要从小培养学会做事、应对各种问题的能力。

3. 学会共同生活

指个体参与共同生活和合作精神的培养。学会共同生活是解决不同国家、民族和群体之间冲突的途径。随迁子女不仅需要学会与本地人相处，融入本地生活，而且他们彼此往往也是来自不同的地方，还需要互相了解、互相磨合。通过参加共同的项目和活动，使随迁子女了解文化的多样性，了解人的多样性，学会接纳、宽容、合作。

4. 学会发展

指个体适应和改造所处环境的能力的培养。强调尊重人的个性，发展人的个性，使人能够肩负自己的责任，做出自己的决定，解决自己的问题，使人的充分发展得以实现。相比而言，随迁子女的生活环境相对不稳定，尤其到初中阶段还会面临留下还是离开上海的选择问题，学会适应、学会改变、学会抉择都是非常重要的。

(二) 分目标

1. 小学阶段随迁子女生涯教育目标（生涯启蒙阶段）

个体的成长与发展是一个连续的过程。由于儿童年幼，缺乏解决问题的能力，但他们天性纯真，可塑性大，所以生涯辅导应从儿童时代就开始。小学阶段是生涯教育的启蒙阶段，通过观察、模仿、游戏等各类活动，发现学生的兴趣爱好，提高其学习的自信心，使其初步认识社会职业，培养其人际交往能力，初步建立起学生终身学习和发展所需的态度。

(1) 懂得自己的能力、价值和兴趣是将来教育以及职业选择的基础；

(2) 了解通过计划与准备才可以达成自己未来的目标；

(3) 知道现在的学习技巧（如读、写、算）可以运用到未来的学习和工作上；

(4) 对服务他人的各行各业工作能加以描述，并且能了解工作是神圣的，从而能尊敬各种工作的劳动者，知道他们为社会所做的贡献；

(5) 能进一步拓展对于社区、周围世界的认识。相比上海生源，这一点对随迁子女而言更为重要。

分年级目标具体如下：

年级	生涯教育课程的主要目标
一、二年级	学会适应：学会渐渐摆脱对父母的依赖性，适应学校生活。
	学会学习：建立良好的学习习惯，学习有自信。
	学会交往：重视同伴交往，能够与同学友好相处。
	自我认识：能够介绍自己，知道自己的基本特点。
	情绪管理：认识自己的情绪状态，学会表达情绪。
	生涯认知：熟悉自己生活的区域，了解上海的地域文化，拥有自己的梦想。

续表

年级	生涯教育课程的主要目标
三、四年级	学会学习：掌握基本的学习方法，具备一定的思维能力，能够独立完成学习任务，能够认识到现在学习的知识技能可以运用到未来工作学习中去。 学会交往：具备基本的沟通能力，能够尊重他人，有同理心，学习建立真正的友谊。 自我认识：了解自己的兴趣爱好，认识自己的优点和缺点，能够肯定自己。 情绪管理：了解调节情绪的基本方法，能够尝试运用。 生涯认知：初步认识社会各种职业类型，能够尊敬各种工作的劳动者。
五年级	学会学习：能够做好学习计划，主动学习。 自我认识：进一步了解自己的兴趣领域，懂得自己的能力、价值和兴趣是将来教育以及职业选择的基础。正确对待自己的优点和缺点，能够悦纳自我、展示自己。相信自己的潜能，并愿意激发潜能，超越自我。 生涯认知：进一步认识各种职业，有自己感兴趣的职业领域，认识到自己与该职业相匹配的能力；拥有自己的职业理想，并意识到通过计划与准备才可以达成目标。

2. 初中阶段随迁子女生涯教育目标（生涯探索阶段）

随着认知发展的成熟及经验的增加，初中生有能力将幻想的事物落实到实际生活环境中，而且在追寻自我的过程中，会学着在活动中发现自己的兴趣，并拟定计划达到目标，所以初中阶段是生涯教育的探索和计划阶段。应通过生涯教育课程与活动，加强自我认识，培养其按照学习计划进行自我管理的能力，加强其对社会的理解，了解社会分工，认识高中和职业院校的各自特点，激发生涯发展的意识。

相对于本地生源，初中阶段的随迁子女不仅需要进一步深入了解自己和各类职业，还需要相对较早地面临着选择问题：留在上海还是回到老家？选择高中还是职业学校？……这些选择问题，很多随迁子女在初二甚至初一年级就要做出决定，所以他们需要更早学习到生涯规划、生涯决策的相关知识和经验。

六、七年级的生涯教育主要集中在生涯认知方面，因为这个阶段的学生需要适应中学生活，需要增强自我认识、自我管理，需要比小学有更深层面的生涯知识学习。八、九年级的生涯教育主要集中在生涯体验、规划、决策方面，因为这个阶段的学生有一定的自我管理能力，可以进行适度的生涯体验，同时又需要面临各种选择问题，需要学习决策方法，并能够从现实出发做出适合自己的规划。

分年级目标具体如下：

年级		生涯教育课程的主要目标
六、七年级	生涯认知	深入认识自己的兴趣、能力、价值观； 提高情绪管理能力、人际交往能力； 了解不同职业的工作情境、工作流程、产品及其要求掌握的特殊技能； 了解不同内容形式的教育会影响以后对职业选择； 了解不同工作的本质及其对社会的贡献和重要性，了解不同工作对工作者能力、性别等方面的要求； 深入认识到当前的学习与未来职业的重要关系。
	生涯体验	通过校内的基础课程、拓展课程等，探索自己的兴趣、能力和潜力； 具备某一方面的优势或技能，为未来的规划和决策做好准备。
	生涯规划	能够对自己的学业做初步的规划； 能够对自己的梦想或职业理想做初步的规划。
八、九年级	生涯认知	发现自己相对稳定的兴趣和能力； 能够认识到自己的特征与不同职业的匹配度； 初步认识未来要面临的高中教育或职业教育； 认识到生涯规划中的变化性； 学习基本的生涯决策方法，了解生涯决策平衡单。
	生涯体验	走进社区，走进社会，感受真实的工作情境，体验真实的工作状态，以反思自己的兴趣、能力等与职业理想的匹配度，从而帮助自己调整生涯认知、规划。
	生涯规划	能够对自己的学业做长远、细致的规划； 能够对自己的梦想或职业理想做长远、细致的规划； 学会适应变化，调整生涯规划； 学会做出适合自己的生涯决策。

四、随迁子女生涯教育课程的主要类型

1. 生涯教育的通识课程

通过生涯教育的通识课程，引导学生进行自我认识、自我管理，帮助学生了解上海的地域文化，逐步深入了解各类职业的信息，学习生涯规划的科学方法。能够让学生学会如何基于自己的特点确立生涯目标、制定实施个人的目标行动规划，做出适合自己的生涯决策。

2. 生涯教育的实践体验课程（校内篇）

整合学校的特色拓展课程，形成独具风格的校内生涯体验课程。以东辽阳学校为例，在学校组织开展"琴"（行进管乐）、"棋"（将棋）、"书"（生存宝典）、"画"（麦秆画）、"术"（摔柔、花样跳绳、高尔夫）等社团课程中，融入生涯教育的理念和方法，帮助学生积累生涯体验,认识到自己的兴趣、优势,培养自己某一方面的能力,为职业规划和职业选择做准备。

3. 生涯教育的实践体验课程(校外篇)

充分利用社会资源,设计科学可行的社会实践活动,让学生走出校园,进入社区及更广的领域去体验去实践。通过课程,让学生尽可能去感受真实的工作环境,体验真实的工作状态,看到理想与现实之间的距离,深刻认识到每一种职业所需要具备的能力。通过体验,让学生去反思自己的职业兴趣、生涯目标,从而帮助学生做出更适合自己的生涯规划和决策。

五、随迁子女生涯教育课程的实施

1. 学校的每一个部门、每一位教师都要充分认识生涯教育的重要性、必要性

生涯教育是一门综合性的教育。对学校而言,生涯教育不是某一个部门的任务,也不是某一个年级的需求,更不是某一门学科的教育,而是贯穿于整个教育的始终,存在于学校教育的各个领域。因此,学校的每一个部门、每一位老师都要充分认识对随迁子女进行生涯教育的重要性和必要性,意识到在每一个领域的教育教学中都可以时常融入生涯教育的理念或方法,重视生涯教育带给孩子的长期持续性影响,同时积极担当起实施生涯教育课程的职责。

2. 采取专门课程、学科渗透、专题教育、综合实践活动相结合的实施方式

生涯教育的综合性,决定了课程实施的多元化。可以整合已有资源,设置专门的生涯教育课程,对学生开展系统的生涯认知、生涯体验教育。也可以根据各学科不同的学科特征,向学生传授学科知识的同时,简要介绍该学科领域所适合的职业群,让学生知道这一职业领域所需要的能力,所适合的人群特征。在组织社会实践活动时,有意识地增加生涯体验活动,并在体验过程中引导学生增进生涯认知。在学生研究性课题中,也同样可以融入生涯内容,让学生对生涯发展有更深层次的反思和研究。

3. 实施多样化的课程教学方式

在生涯教育课程中,需要实施多样化的教学方式,尽量满足孩子多样化的心理需求。尤其对随迁子女而言,可能家庭所能提供的学习方式是非常有限的,更需要在学校教育中体验更丰富的学习方式。在课堂内,既要有生涯知识的理论传授,更要有生动活泼的生涯活动设计。在社会实践中,让孩子多观察多体验,比如实地参观、职业角色扮演,甚至可以提供短暂的工作体验机会。学校还可以组织进行科学的心理测验、专业的个体或团体咨询,让孩子更客观地认识自己。也可以给孩子建立个体生涯成长记录册,以记录孩子在学习过程中日积月累的反思和成长。

2018 年 11 月

融·育德之道

——基于随迁子女学情的德育工作实施方案

校长室

为贯彻落实教育部《中小学德育工作指南》和《上海市贯彻〈关于培育和践行社会主义核心价值观的意见〉的实施意见》等系列文件精神,特制定本实施方案。

一、指导思想

东辽阳中学地处定海路街道,随迁子女占比高达90%左右。学校根据教育部《中小学德育工作指南》实施要求,从实际出发,秉持"融入教育"核心理念,其蕴含"容·融·荣"丰富内涵——容:海纳百川,有容乃大,有教无类;融:梦想起航,无融则滞,共融共进;荣:自信发展,乐群向上,万卉争荣。倡导师生相融,推动德育与诸育相融,发挥德育在学校工作和学生成长中的导向、动力和保障作用,全面落实立德树人根本任务。

二、工作目标

学校德育工作基于"融入",着眼"融入",彰显"融入"。以行规养成教育为"基石",以德育课程实施为"主体",以组织实施为"关键",着力把学生培养成"厚德自信、勤奋好学、合作阳光"有个性、有特长的合格初中生。

厚德自信——心胸开阔、严于律己、宽以待人;关爱他人、与人为善、自尊自爱、自强自立。

勤奋好学——学习有目标、有要求、踏实认真,努力做好力所能及的事情;积极主动、不怕吃苦、敢于迎难而上,掌握一技之长。

合作阳光—— 具备感恩达观的阳光心态,懂得团结协作;践行阳光行为,自主自强、敢于担当、乐群向上。

三、具体措施

(一)立德树人融入课程育人

整合德育资源,拓展德育渠道,推进德育课程改革,研发实施基于"融入教育"的德育校本课程体系,主要包括生活体验类课程群、阳光体育类课程群、人文艺术类课程群、生命体验类课程群。其内在逻辑和结构如下图所示：

1. 生活体验类课程群——面点制作、阳光小铺、种植，学会生活技能，体验劳动快乐

"多面手"课程：通过学习，要教会学生制作饺子、馄饨、包子、馒头、葱油饼、鲜肉月饼等点心，让学生掌握一定制作美食技能，增加对传统美食文化的了解。

"阳光小铺"课程：开设"阳光小铺"课程。阳光小铺由各班级轮流负责，货物由班级学生自己采购，货品柜上放有收银盒，无人看守。拿货、付款、找零全由同学们自主完成。如果有同学一时忘记带钱，可先提货后付款，这些靠大家的自觉诚信。阳光小铺每天的营业时间为7：30—17：00，负责小铺管理的同学每天都会对当天的营业情况进行统计，并于第二天向全校师生公布。学校希望"阳光小铺"能引起更多学生对诚信问题的关注，通过自身的亲身实践，努力使诚信内化为一种习惯，融入生活中的每一个细节。与此同时，"阳光小铺"课程还能间接对学生进行生涯教育，培养学生们的自主意识、服务意识与创业意识。

"稼园、跬园种植"课程：通过大调研活动，我们察觉到我校的随迁子女大多数都出生在上海，他们对家乡的土地早已陌生，渐渐变得四体不勤五谷不分。如何提升劳动热情，培养认真负责、不怕困难的劳动态度，养成珍惜劳动成果的好习惯？根据实际情况，学校因地制宜，在学校后操场开辟了有土种植园——"稼园"和无土栽培园——"跬园"，每年定期开展"收获节"，使学生们可以享受收获的快乐。学校希望通过这一德育课程让学生亲近土地、热爱土地，进而热爱自己的家乡。

2. "阳光体育类"课程群——高尔夫、柔摔、笼式足球,掌握体育技能,拥有强健体魄

高尔夫课程:通过课程的实施,我们希望培养学生自律、尊重他人、静心思考的良好品质,让他们的人生变得优雅、向上,也为其今后职业规划奠定一定基础。

柔摔课程:该课程以武健身,以武扬德,以武励志,以武促学。作为上海市柔摔重点学校,学校希望利用这一平台,培养出更多更好的具有武德的学生,使他们真正成为德智体全面发展的国家需要的栋梁之材。

笼式足球课程:学校与范志毅团队合作,因地制宜,力图通过这种规则简单、安全系数高的体育项目让每一个学生感受到运动之乐。该课程从2018年开始在预备年级中普及。

3. 人文艺术类课程群——麦秆画、水墨吹画、教育戏剧、行进管乐、将棋,提高学生审美能力,提升生活品味

麦秆画、水墨吹画课程:学校外聘杨浦区非物质文化遗产继承人陈奇荣作为指导老师。该课程从预备年级开始普及,初二、初三以社团形式运作,希望他们毕业后能够有机会发挥一技之长,传承非遗文化,甚至能开设起自己的麦秆画和水墨吹画制作坊,成为自身谋生的一门手艺。

教育戏剧课程:随迁子女大多害怕展示、不自信、不敢表演,针对这一现象,我们研发教育戏剧课程。这是一门集表演与教育于一体的课程,学校期待在实施这个课程的过程中给学生提供自我展示的平台,提升他们的自信心。

行进管乐课程:行进管乐课程对我们的学生来说是一门"高大上"的艺术课程,我们的学生无基础、无乐器,我们期待在课程实施过程中,能帮助学生提高艺术修养,养成不怕苦、不怕累、团结协作的好品质,

将棋课程:将棋有着内涵丰富的礼仪规范,该课程可以培养学生自信、冷静、善于思考的优良品质。

4. 生命体验类课程群——心理导航之"生存宝典"、健康安全技能宝典,增强安全意识,实现自我悦纳

"生存宝典"课程:我校研发了《生存宝典》校本教材两册,上册针对预备、初一年级,旨在让随迁子女了解所处的上海都市新环境,触摸上海,学会与周遭的人对话,努力学会在新的生活环境和新的生命历程中积极适应和愉悦发展。下册针对初二、初三年级,旨在通过生涯教育帮助学生清晰认识自我,认识当前学习和未来人生发展的关系,激发学生学习兴趣与动力。

健康安全技能宝典课程:作为区健康安全联盟校,为了促进随迁子女的健康安

全意识，我们建造生命安全体验馆，逐步开发一系列安全体验课程，如：消防安全、交通安全、居家安全等，引导学生树立生命健康安全意识。

(二)立德树人融入文化育人

积极推进现代学校文化制度建设，构建以学生发展为核心、适应时代要求的校园文化。加强教风、学风、校风建设，依托校训、校歌、校旗、校徽等彰显精神内涵的文化载体，塑造核心价值观，增强学校凝聚力和向心力。将学校文化融入学校管理全过程，形成全体师生广泛认同和自觉遵守的制度规范。每个学年都要打造一个能体现浓厚人文精神，彰显向上精神风貌的学校"融"文化新景观或者新亮点；每学年都要开展温馨教室的评比，营造良好班级文化氛围，时时处处无声胜有声地提醒学生举止要文明得体，规范学生在校行为。要根据学校"融·容·荣"的办学理念，结合文明校园创建活动，因地制宜开展一系列校园文化建设活动，使校园秩序良好、环境优美，校园文化积极向上、格调高雅，提高校园文明水平，让校园处处成为育人场所。充分利用学校报刊、文化墙、广播电视以及图书馆等文化教育载体，营造积极向上的校园人文环境。

(三)立德树人融入活动育人

从学生实际出发，学校将传统美德中尊敬师长、关心他人等爱心教育、责任感培养与理想信念教育、仪式教育相结合，开展具有我校"融入"特点的主题月教育活动课程。在主题月活动课程中，对不同年级列出相应目标、项目和内容，由各年级和学校德育部门共同设计活动方案，开展每月一主题的主题教育月课程，如：读书月、科技月、艺术月、诚信月、文明月、感恩月、安全教育月、生命教育月等。开展读书交流、名人探析、写亲情信、爱心义卖、帮困助残、敬老爱"弱"等各种活动。我们还根据不同年级学生特点，研发《东辽阳中学家园手册》，更好地记录学生成长的足迹，发掘其自身闪光点，不断进行总结和反思，并对学生主题月活动实践情况进行评价渗透。

(四)立德树人融入实践育人

分年级研发《融入社区指导手册》，整合社区（场馆、企业、高校、街道等）资源和专家、志愿者力量，以"社区体验""社区服务""社区实践"的形式推进项目开展。社区体验——结交上海小伙伴，采访上海居民，了解上海饮食习惯、生活习惯、节日风俗等民风民俗；走进居委会，感受熟悉其功能，增强对上海文化的了解和认同。社区服务——开展环保志愿者服务活动，培养学生环保意思；开展交通安全志愿者服务活动，提高学生交通安全意识；走进社区敬老院，培养学生尊老意识；走进"阳光之家"，培养学生关爱弱势群体意识。社会实践——走进大学城，感受大学文化氛围，激发读书热情；走进场馆，深入了解上海的文化，上海的过去与现在，亲近上海，热爱上海；走进企业，了解企业创业历程与文化，通过面试模拟，了解用人单位的需求，学会初步规划职业生涯。

联合真爱梦想公益组织，建造真爱梦想教室，利用真爱梦想公益组织课程资源优势，开设金融理财课程，让学生在课上以小组为单位，齐心协力，共同设计理财方案，了解金融知识。所有德育内容的设计与实施，我们都力求能紧贴学生所需，期待做到管理模式科学化、评价制度多样化、德育过程主体化、内容课程化、活动综合化、结果实效化，以期实现让我们的学生"融（上海）得精彩，回（家乡）得成功"的美好愿景。

（五）立德树人融入管理育人

建立由校长、书记、德育主任、团队干部、青保老师、心理老师和年级组长组成的领导小组，定期研究学校德育活动的开展、学生行规以及特殊学生的教育等问题；建立行为规范教育工作小组，定期召开年级教育教学情况分析会，共同研讨学生的思想教育、行规教育和教学工作情况，找问题、想对策，使教育工作更有针对性。

完善行为规范制度建设，完善行规教育例会制度，通过德育工作领导小组、工作小组例会制度、班主任工作例会制度，定期研究学生的行规情况，及时纠正学生行为。完善行规教育"三多"抓落实制度。"三多"，即：多讲讲，班主任每天多讲讲行规，德育处利用相关时机多点评点评行规；多查查，检查员到各班级多查查，德育处、执勤老师到各班级多看看；多抓抓，利用"啄木鸟"与"闪光镜"活动多抓抓不文明现象，多亮亮闪光典型。

（六）立德树人融入协同育人

学生良好行规养成需要家、校合力。学校将以2018年立项的市级课题《基于融入教育的家庭教育指导实践研究》为载体，积累相关素材，筹备研发《家庭教育指导读本》，同时通过家长学校、学校开放日、家访、学校报刊——《新颖报》、家教经验交流、给家长的一封信等多种形式，向家长宣传正确的家庭教育思想，掌握教育子女的科学方法，努力缩小随迁子女家庭教育与学校教育要求之间的差异。学校还在探索开展优秀家长评选活动，以这样一种家长示范家长的方式，提高家长群整体的素养，形成"融入教育"合力。

四、组织实施

（一）加强组织领导

突出"以人为本"的育人理念，进一步建立完善校内德育管理网络，在校长总负责、班主任具体负责、共青团少先队通力协作的德育管理机制的基础上，更好地形成齐抓共管的合力，积极创新德育精细化管理模式，健全日常监督制度。使德育活动项目化、项目流程数量化，不断细化每个环节，优化和关注学生品德形成的过程，使其在循序渐进中实现内化和提升。

发挥学生主体作用。采用多种形式，增强队员自主管理，促进学生"内化"道德准则。建立行规示范员队伍，检查队员们的日常行为规范；德育处编制《东辽阳中学学生成长周记本》，让学生在上面记录一天的生活，反思自己的言行，在反思中提升自己；设立诚信小卖部、诚信试场等平台，提高学生自我管理、自我服务意识，约束自己行为。

(二)优化德育骨干队伍

以师德规范为核心，以提高班主任的业务素质为突破，在全校范围内广泛开展师德建设系列主题教育活动，形成教书育人、管理育人、服务育人的良好氛围。激励教师与时俱进，不断成长。强化教育工作者的育人责任，充分发挥课堂教学的主渠道作用，将中小学德育内容细化落实到各学科课程的教学目标之中，融入渗透到教育教学全过程。让德育工作真正贯穿到学生学习成长的方方面面，真正做到全员育人、全程育人、全面育人。

重点抓好班主任队伍建设，构建班主任队伍科学管理的机制，在建立班主任岗位职责规范、严格考核的同时，建立文明班级、优秀班主任评比制度，进一步强化考评激励机制，不断提高班主任工作的积极性。努力造就一支"讲奉献、素质优、业务精"的德育工作者队伍。抓好共青团、少先队基层组织建设，加强学生干部的业务培训，提高学生干部的工作能力，充分发挥好学生干部在学校德育工作中的作用。以班队活动为载体，丰富学校德育内涵，拓展学校德育的空间。

(三)评价方法多元化

行规流动红旗要一周一评，以此促进学生良好习惯养成，同时通过"行规项目免检"的方式激发学生集体荣誉感，形成人人自我规范、处处示范争优氛围；举行主题月"每月一星"评比，如"文明礼仪之星""感恩之星"等，把"每月一星"的优秀事迹做成展板展示在校园内，正向引导学生行为习惯，促进良好校风形成。

"学高为师、身正为范"，教师的形象应该成为学生学习的榜样。一方面在老师群体中开展"寻找身边的微尘"活动，查找、反思、修正教师行为。另一方面组织进行"感动东辽阳人物"和"家园教师"评选，放大"闪光点"，捕捉"动人细节"，让教师形象成为学生学习的榜样。

(四)完善经费保障机制

加大德育工作经费投入力度，设立中小学德育工作专项经费，切实保障德育队伍培训、德育科研、德育课程开发、德育基地建设、重大主题活动等重点工作的顺利开展。不断改善德育工作条件，加强德育工作场所、设施、设备建设，提高德育工作的现代化水平。

(五)加强舆论宣传

充分利用各类媒体，加强对学生德育工作先进典型的报道，动员社会、家长关心、支持、参与学生德育工作。积极推进德育信息化建设，充分借助网络、微博、微信等现代传媒手段，搭建德育工作交流平台，宣传推广德育工作先进典型。采取多种形式，大力宣传师生践行社会主义核心价值观的先进事迹，为学生德育开展营造良好的舆论氛围。

2019 年 4 月

2018年"中考背景下课堂教学改进工作研究小组"成员校工作计划

校长室

作为区首批新优质学校,学校将积极主动对接上海中考改革精神和区域行动计划要求,深化实施融入教育,协作共研,积极探索课堂教学改进策略,优化教学过程,完善教学评价,提升课堂效益,促进教师在反思中成长,学生在学习融入中获得自信和发展。

一、组织领导

组长：吴鸿春

组员：孟宪尧、江春、隋文同

二、主要任务

基于校情生况,在"融入教育"课堂教学改进中,重点关注教与学方式的转变和课程形态的变革,引导教师树立包容、合作的心态,不断提升其适应性教学能力,全面培育学生的学科核心素养和发展核心素养。

1. 提炼课堂导学经验

在研读课标基础上,改进和完善导学设计,初步形成具有学科特点的课堂导学经验。

2. 聚焦课堂教学评价

基于东辽阳绿色课堂文化评价,研制各学科课堂观察表,促进课堂教学规范,促使教师在反思中成长,向课堂40分钟要效益,努力形成具有校本特点的课堂教学评价系列措施。

3. 构筑融课堂文化

立足课堂导学,聚焦课堂教学评价,探索构筑教与学双向融入适宜、学生学科情感积极、课堂社会关系融洽的融课堂文化。

4. 创新校本研修机制

完善研修制度,打造研训平台,以校青年教师联合会和区教师教育机制创新核心校项目为载体,专家跟进,积极发挥骨干雁阵效应,努力打造形成适应中考新政和学校课程改革的教师专业化发展梯队。

三、实施原则

1. 主体性原则

充分尊重学生的主体地位，根据学生求动、求知、求趣、求异、求新等心理特点进行课堂教学设计，力求使以学习为中心的课堂导学过程适切而生动。

2. 全体性原则

教学中要面向全面，要考虑能够让每一位同学参与其中，对于个别特殊需求的学生，要不落痕迹地维护他们的自尊。

3. 相容性原则

师生要保持人格平等、情感相容、真诚接待、信任合作，努力创设最佳教与学的"心理场"，全方位构建良好的师生课堂社会关系。

4. 活动性原则

导学活动设计上，要因地制宜、因人制宜，灵活采用情境创设、问题辨析、角色扮演、游戏体验、竞赛等形式，积极打造融洽得体的生生互动、师生互动场景，不断培育学生积极的学科学习情感。

四、主要措施

（一）促进共识

专家诊断跟进，开展融入教育系列校本培训活动，增进教师对融入教育适应性教学的理解，加深对中考改革新政的解读。

（二）规划先行

结合学校新五年规划，精心研制个人专业发展规划，做到可量化、可检测，动态跟踪，切实优化师资队伍结构。

（三）改进设计

研读课标，对接绿色指标要求，从"导"字上下绣花功夫，改进导学设计，力求从学习兴趣的激发、学习方法的指导、学习习惯的培养等方面予以落实落地。

（四）慧思慧行

对标区创智课堂要求，给教师搭平台，给学生搭学习通道，俯身倾听，全力培育学生能够倾听、可以合作、敢于交流的融入学习素养和质疑、创新等高阶思维品质，努力形成校本课堂教学经验、策略，适时参加区域交流展示。

（五）评价跟进

学校将根据"全员全科全考"精神的要求，依托课堂观察等手段，从教师教学的主体性、全体性、相容性、活动性等维度进行课堂教学考核；对学生作业的考核中，增加学生减负度指标维度、分层指标维度等内容。

(六)完善管理

在学生个别化辅导基础上,有步骤实施推广分层走班教学管理经验;制定随迁子女升学奖励制度,促进随迁子女教育教学全面发展。

(七)师资研训

以学校青年教师联合会为载体,聘请区域学科导师,研发培训课程,积极提升青年教师专业化水平;依托"区域教师教育方式、机制创新的行动研究"核心校优势,深化开展融入教育背景下校本研修机制创新行动研究,全面提升学校师资队伍水平。

五、实施步骤

(一)启动准备(2018年11月—2018年12月)

1. 成立学校课堂教学改进研究领导小组,研究制订《"中考改革背景下课堂教学改进工作研究小组"成员校工作计划》,明确目标、责任及项目推进路径。

2. 建立工作联系微信群,定期召开项目组会议,上传下达,推进项目。

3. 通过教工大会、教研组、备课组、年级组等层面增进对上海市中考新政的学习和理解。

(二)实践研究(2019年1月—2019年5月)

1. 对接中考改革理念,以融课堂文化为主题,聚焦学生核心素养的培育,系统设计校本研修主题和教研组研修专题,加强课堂教学的研讨和改进实践研究,通过听、评、研活动,加强融课堂教学策略的研究和教研组团队建设。

2. 结合区域创智季活动,适时开展创智课堂展示活动。

3. 注重积累项目过程性资料,完成项目阶段小结。

(三)总结交流(2019年6月)

1. 对前期学校的教学研究进行梳理,形成课堂教学评价的系列措施,总结提炼课堂导学的方法、经验和策略。

2. 收集和积累研究成果和资料,编制课堂教学改进案例集。

3. 在交流展示基础上,结合重大节点,对课堂改进活动中表现突出的教师进行表彰,引导和激励广大教师积极投身教改活动中去。

2018年11月

传承廉洁文化　深化学校内涵
——东辽阳中学廉洁文化进校园建设方案

校长室

一、指导思想

廉洁是中华民族的传统美德,春秋时代的大思想家管仲说过,国家和民众有四大思想支柱,即,礼、义、廉、耻。我校是一所进城务工人员随迁子女学生数量达学生总数90%以上的公办学校,学校为了积极贯彻落实党的十八大关于"积极推动农民工子女平等接受教育"的要求,坚持"融入教育,自信发展"的办学理念,以校园文化建设为载体,将"孝亲感恩、诚实守信"作为"廉洁文化进学校"的切入点纳入到学校整体的教育教学活动中,培养学生自尊、自强、自信、自立的优良品质。

二、组织领导

组长：校长兼书记吴鸿春

副组长：孟宪尧、冯嬿

组员：陈伟英、江春、潘道浩,各班班主任

三、活动目的

通过开展形式多样的反腐倡廉宣传教育活动,提高广大教职工爱岗敬业、廉洁从教的意识；增强全校学生清白做人、规范做事、遵纪守法的自觉性；营造浓厚的校园廉洁文化氛围,形成"以廉为荣、以贪为耻"的精神境界和良好风尚。

四、主要做法

(一)内外兼修,营造廉洁文化育人氛围

立足构建廉洁校园的全局,我们需内外兼修,通过使廉洁文化"内化于心、外化于形、固化于制、示范于行"等手段,营造"以廉为荣、以贪为耻"的浓厚氛围,有力促进校园文化健康发展。

1. 将廉洁教育纳入学校教育计划,切实加强工作实效

不谋全局者,不足以谋一隅。学校首先建立廉洁文化建设组织机构。组成由校长、书记、分管德育副校长、德育室主任、教导处以及班主任等组成的创建小组,做到

有组织、有领导、有分工、有职责、有经费保障,同时制定切实可行的活动方案。其次学校在思考整体发展规划时将"廉洁教育进校园"工作纳入了学校行政计划、支部工作计划、德育工作计划、团队工作计划、工会计划等安排中,努力做到科学筹划、合理安排,使廉洁教育能有机地整合到学校整体工作的各个环节,整合到学校教育教学管理的各个领域,建立起廉洁教育的长效机制。

2. 将廉洁教育纳入学校文化建设,营造立体育人环境

将廉洁文化中包含的孝亲感恩教育和诚实守信教育串成学校德育教育主线,开展每月一主题的教育活动。与此同时,根据不同年级学生的身心特点分层次制订不同的目标要求,有针对性地开展和完善有校本特色的学生德育活动,使活动丰富多彩又系列化,切实增强教育活动的实效性。

学校已经初步构筑符合学校实际的主题教育月活动框架:民族精神教育月(二月)、读书月(三月)、科技月(四月)、艺术月(五月)、诚信教育月(六月)、文明礼仪教育月(九月)、感恩教育月(十月)、安全教育月(十一月)、生命教育月(十二月)。

例如:在感恩主题教育月活动中,预备年级开展"算算亲情帐"为主的系列活动,通过算算亲情账,孩子们明白父母来上海打拼的不易。初一年级开展"我讲身边的感恩故事"为主的系列活动,同学在讲故事和听故事的过程中,被深深打动,潸然泪下。初二、初三年级开展"写封亲情信"为主的系列活动,同学们写下了一篇篇感人至深的文章,也架起了父母与孩子之间的沟通桥梁。感恩月中,我们还根据年级特点,布置感恩作业:预备年级学生为家长端茶倒水、敲背,初一年级学生做家务、扫地、洗碗,初二初三学生为他人做一件好事等。

3. 将廉洁教育纳入学校教育课程,落实学科无痕渗透

每周五下午第二节是"主题教育课",学校德育处根据学生年龄特征以及生理、心理发展的阶段,有针对性地从"廉洁"的内涵与外延中选择相应的内容,把握适宜的程度,分层实施,将"廉洁教育"课程化。预备年级倡导"做行为合格的人",从"习惯,做人的根基""友爱,做人的本性""明礼,做人的形象""健康,做人的本钱"四方面入手;初一年级倡导"做品德优秀的人",从"守法,立德的保险"、"节俭,立德的储蓄"和"尽责,立德的增值"三点切入;初二年级倡导"做境界崇高的人",包含"诚信,立德的根本""笃行,立德的基础""气度,强大的开发"三方面内容;初三年级"做一个有理想的人",按照"理想,强大的牵引""信念,强大的支撑"和"理性,强大的调控""生涯规划"四个板块实施。

同时,在学科教学中我们组织政治、语文、历史等学科的教师共同探讨如何以课堂教学为主渠道,有意识地挖掘、渗透廉洁教育,使学生既学到文化知识,又受到廉洁文化的

熏陶,使敬廉、崇洁、诚信、理想、道德等良好行为品质无痕地植根于学生的头脑中。

(二)以人为本,创新廉洁教育活动形式

我们遵循教育教学规律,根据学生身心特点和认知能力,借助校园文化生动活泼、灵活多样的形式,挖掘学校教育资源,力争使廉洁教育做到具体化、生活化、趣味化,避免成人化和政治化,让学生在润物细无声中感受到廉洁的重要,自觉把廉洁作为自己为人处世的立身之本。

1. 设立"诚信试场"

学校在每学期的期中和期末考试中设立无人监考的"诚信试场"。由每位学生根据自身的情况,向个人主动向班主任提出申报,然后各班根据申报情况,适时开展同学互评,对加盟"诚信试场"的学生名单将会在学校内张榜,同时学校给加盟"诚信试场"的学生家长发一封贺信。学校通过"诚信试场"的设立,旨在为学生和老师搭建一个展示相互信任的平台,让学生在这种相互信任的氛围中完成对自己知识和人格的考验,更好地培养学生的诚信品质,引导和树立良好的学风、考风,在全校形成诚信的氛围。

2. 建立"阳光小铺"

我校的"阳光小铺"诞生于2012年,这是一项创新的诚信教育平台。"您投入的不仅是钱,还有诚信"。在阳光小铺一侧挂有一本意见簿,本子用来记录着同学们的想法与建议。随着时间的推移,现在的小铺有了新变化,换上了崭新的货架,文具种类也增加了不少;除此以外,同学们积极主动地精心打扮"阳光小铺",货架上摆放着绿色植物,装点精美的装饰。一下课,同学们就纷纷前来选购文具,很多文具仅一个课间就被抢购一空,场面相当火爆。小铺由各班级轮流负责,货物由学生自己采购,货品柜上放有收银盒,无人看守,拿货、付款、找零全由同学们自主完成。如果有同学一时忘记带钱,可先提货后付款,这些都靠大家的自觉诚信。"阳光小铺"每天的营业时间为7:30—17:00,负责小铺管理的同学每天都会对当天的营业情况进行统计,并于第二天向全校师生公布。

"阳光小铺"不仅是检验一个学生诚信与否的重要载体,更是一个培养学生道德素质的平台,学校希望"阳光小铺"能引起更多学生对诚信问题的关注,通过自身的亲身实践,努力使诚信内化为一种习惯,融入生活中的每一个细节。与此同时,"阳光小铺"还能间接对学生进行生涯教育,培养学生们的自主意识、服务意识与创业意识,可谓一举多得。

3. 开播"新颖"电视台

每月第四周的周三中午是学校"新颖"电视台的播放时间,少先队大队部会充分利用相关的廉洁教育教材，形式多样、循序渐进地开展各类活动。

首先，我们根据学生身心特点、生活体验和理解能力打造人人可参与的互动话题。比如开设"FACE TO FACE"栏目，组织学生围绕自己生活中的经历和大家一起以沙龙的形式讨论分析"为什么我们要拾金不昧？""为什么家长办事要请客送礼？""为什么诚实守信有时反而亏了？"等等问题。由于这些是学生的身边事、亲身事，因此他们有话可说、有感而发，比较容易接受崇廉敬洁的道德理念。

第二，根据中学生年龄特点，我们开设"故事汇"栏目，通过讲故事讲事例的方法引入廉洁教育，力求浅显易懂，避免假、大、空。我们采用了许多由学生自己提供的古今中外正反两方面的事例，由学生进行自我教育，避免了枯燥的一味说教，学生们听得有趣，听得明白。

第三，我们在播讲过程中时刻关注学生的接受理解情况，及时调整形式，创设互动环节，打破呆板的"你播放我收看"模式。我们采用拿着话筒进班级即时采访，让学生通过不同的活动形式接受教育。

"廉洁教育进校园"是学校教育教学工作中的一个重要组成部分，我们充分利用中国历史文化中廉洁教育的宝贵资源，注重提炼其中的廉洁理念，在学校育人工作中全方位地、统领性地进行具有鲜明的民族特色的廉洁教育。学生的这些活动都将记录于《家园——学生成长录》上，成为东辽阳学生在校园学习生涯中闪亮而又值得纪念的一笔。

2015 年 10 月

东辽阳中学关于上海市进一步推进高中阶段学校考试招生制度改革背景下加强学校建设的工作方案

校长室

一、指导思想

《上海市进一步推进高中阶段学校考试招生制度改革实施意见》明确"完善初中学业水平考试制度""完善初中学生综合素质评价制度"和"深化高中阶段学校招生录取改革"三方面的改革措施。这其中，完善初中学生综合素质评价制度，进一步健全初中学业水平考试与综合素质评价相结合的多元招生录取机制，可以说是上海新中考改革方案的一大亮点。

新背景下，作为区首批新优质学校，学校将积极主动对接中考改革要求，着眼学校教育教学转型，探索深化实施融入教育，立足学生成人成才，不断丰富其学习经历和实践体验，提高综合素养，磨砺师生阳光创新的人文底色，努力让每个学生"留得精彩，回得成功"。

二、发展目标

总体目标： 秉持融入教育的办学理念，探索构筑一方师生喜爱的生命家园，努力实现共融共进、万卉争荣的美好愿景，争办学生喜爱、教师满意、家长放心的家门口好学校。

具体目标： 对接中考促改革，从理念、课程、教学、师资、评价、资源以及保障等方面着力打造一所"理念先进、管理精细、质量较高"，"融入教育"特点明显的新优质学校。以"为了每一个学生的未来奠基"为宗旨，全方位提升学生融入社会的核心素养，使之成为"厚德自信、勤奋好学、合作阳光"的有个性、有特长的新时代中学生。进一步提高教师的责任感与使命感，切实转变教育教学方式，培育"师德高尚、业务精湛、包容尊重、勇于创新"的新时期教师群体。

三、主要措施

（一）转变观念，提升理念。要加强融入教育普识，升华融入教育理念。从家庭、心理、课程、教学等不同维度深入开展融入教育系列校本培训活动，增进教师对融入教育的理解；加强中考改革新政的学习宣传，深化教研组课标学习与中考解读；学习贯彻《中小学德育指南》精神、全员德育、全人教育、全课程渗透等,以此不断丰富发展融入教育的内涵,增强广大教工对融入教育的认同。

在此基础上,自上而下,精心研制学校发展规划和个人专业发展规划,做到可量化、可检测,中期评估与动态跟踪,切实提升学校融入教育的内驱力与执行力。

(二)聚焦课堂,提质增效。以绿色指标为指引,研究中考政策与动态,关注学校课堂教学的转型、教师教学视角的转变和课程形态的变革,引导教师树立开放、包容的心态,不断提升其适应性教育境界与教学能力。

对标"绿色指标",继续探索国家课程校本化实施经验,创造性开展导学研究。从"导"字上下绣花功夫,改进学案设计,努力关注学习兴趣的激发、学习方法的指导、学习习惯的养成。

对接区创智课堂要求,给教师搭平台,慧思慧行,给学生搭通道,俯身倾听,全力培育学生能够倾听、可以合作、敢于交流的学习融入素养和质疑、创新等高阶思维品质。

研学中考新政,研思课堂改进,研究中考动态,凝心聚力,下大力气探索走出一条导学、导写、导行的穿越之路,全方位构筑打造师生双向相宜共进的融课堂生态。

(三)立足课程,多元评价。大力贯彻中考改革的综合素质评价机制与多元招生录取机制精神,精心打造丰富适切的校本课程,逐步探索植入生涯指导元素。拓展型、探究型课程探索实施课程学生评价,学生课程综合表现计入学生成长手册,并作为学生各类评优推荐的参考依据等。

研发和完善"琴"(行进管乐)、"棋"(将棋)、"书"(生存宝典)、"画"(麦秆画)、"术"(摔柔、花样跳绳、高尔夫)为标志的"五艺"校本课程群,增强学生对中华传统文化的认同感和民族自豪感,丰富学习经历,体验成功喜悦,收获学习自信;培养兴趣爱好,开发学生潜能,促进学生个性发展,全方位提升学生成才、立足社会和自我发展的综合素养,也为其今后的职业生涯奠定基础。

加大拓展课、探究课对相关学科的支撑,例如名著导读、科学手工、自然笔记、理财知识、行走远方、历史畅游等,通过这些课程学习,使得部分学生在有了基础性知识与能力的掌握后,加深对相关学科的了解,形成一定的继续学习的能力,特别是跨学科学习的能力;设立跨学科教研组,学校科研主任牵头,地理、生命科学学科先行加入,分步实施,不断摸索跨学科工作经验,在此基础上努力探索学生学业评价经验,改进学生评价方式,不断激励学生精神成长。

(四)着眼生涯,系统指导。在融入教育基础上系统设计生涯教育项目,整合学校丰富的拓展型课程资源,协作联动,以区本课程"生存宝典"实施为突破口,帮助其获得积极的都市生存体验,健康快乐地成长,努力学会在新的生活环境和新的生命历程中积极适应和愉悦发展;帮助学生清晰认识自我,认识当前学习和未来人生发展的关系,激发学生学习兴趣与动力,并结合自身优劣势树立人生目标,明确长短期学习规划,唤醒梦想,努力汇聚向上的力量。

与此同时,充分发挥学校生命安全健康教育体验馆功能,鼓励学生积极参加实践体验系列活动,掌握日常生命安全防范技能,努力培养学生生命安全健康意识;充分发挥"真爱梦想"生涯教育体验馆功能,培育学生融入社会的积极阳光心态,并具备一定的生涯规划能力与金融素养,为学生主动融入社会助力。

(五)挖掘资源,协作联动。携手公益组织,精心设计融入社区社会实践课程,激发学生圆梦憧憬,引领学生精神成长,帮助学生拓展视野,丰富社会阅历,使其充分感受到来自社会的爱与温暖,培养社会责任感,进而帮助随迁子女群体树立健康阳光的人生观,同时培育其表达、倾听、合作、分享等核心素养,激发他们对美好未来的憧憬,努力提升职业生涯软技能。

(六)全员全考,评价跟进。学校将根据"全员全考"精神的要求,加大对教师教学中对全体学生关注度的考核,包括:在对教师课堂教学的评价中,制定评价量表突出对全体学生关注度指标;对学生作业的考核中,在坚持以往的教师批阅指标维度同时,将增加学生减负度指标维度、分层指标维度等内容。

对学科学习中部分学生表现出的学习困难状况,将借助于学校心理教研力量,进行个别化分析,实行个别化教育教学,有序推进随班就读学生教育教学工作,制定随迁子女升学奖励制度,以此来推动随迁子女教育教学全面发展。

(七)师资研训,创新机制。加强教师队伍梯队建设,优化师资队伍结构,努力提升教师专业素养和教学技能。以杨浦区中小学班主任研修共同体家园工作坊为平台,促进学校班主任队伍整体素质的提升,使班主任队伍在区域内形成一定的知名度。以学校青年教师联合会为载体,聘请区域学科导师,研发培训课程,助推教师业务能力提高。

依托"区域教师教育方式、机制创新的行动研究"核心校优势,积极开展融入教育背景下校本研修机制创新行动研究,研训合一,整体提升校本教研品质。

(八)信息技术,保驾护航。根据英语学科增加听说测试的要求,学校加大对英语听说能力的教学支持,计算机房电脑添加特定软件,主动对接中考新政下的英语教学要求,并确保各年级每周使用时间;借助于信息科技,与"来了网""芝士网"等合作,加大对学生英语学习的家校互动,提高学生英语学习兴趣,增强教师信息化教育教学本领。

四、保障条件

(一)组织领导

进一步加大力度组织学习,凝心聚力,形成共识。学校将本方案作为学校对接落实中考新政工作的行动纲领,并加以贯彻执行。成立以校长为组长的工作领导小组,进行全程管理,各分管领导、处室、教研组具体落实,全员参与。

(二)制度落实

制定激励机制、监督机制、评价机制,保证学校各项制度能够真正得到落实;制定学校对部门领导工作的问责制,各部门对本部门工作人员的问责制,并予以落实;加强目标管理,保障目标制定的科学、实际、可操作,每学期进行细化和分解,并拿出实现目标的可行计划,定期进行阶段性的检查和评估,最终保障目标得以顺利实现。

(三)师资支撑

进一步开展教职工凝聚力工程,形成科学、有效的教职工激励机制,最大限度地调动教职工,尤其是骨干队伍的积极性,努力建设一支品德好、观念新、学历层次高,教科研能力强的师资队伍。

(四)后勤保障

以"服务"为宗旨,以提供良好的物质保障和优质的教育教学环境为重点,强化后勤工作人员素质,增强协作意识,提高办事实效。合理配置资源,提高教育经费的使用效益,为学校发展目标的实现提供物质保障。

(五)资金投入

学校要保障在优质学校建设中教育、教学活动资金的投入;保障发展过程中设备的购置;保障合理的报酬分配,以激发广大教师的工作积极性和创造性。学校经费开支和硬件建设应努力确保各年度规划实现所需的资金,根据统筹兼顾、确保重点的原则,在力所能及的范围内逐步加大投入。

2018 年 10 月

SECOND
PROJECT DRIVEN

02
项目驱动

融入真情,感动校园,幸福共享

冯 嬿

一、实施背景

我校地处杨浦区定海路街道,是一所进城务工人员随迁子女占比高达90%以上的公办初级中学。教师在随迁子女融入城市的进程中扮演着重要的角色。在学校"融入教育,自信发展"办学理念引领下,党支部也力求通过"融入真情,感动校园,幸福共享"支部党建品牌项目的创建,不断提升东辽阳中学全体教师"融"教育的境界和"融"教学的能力,努力践行社会主义核心价值观,将党的十八大提出的"积极推动农民工子女平等接受教育"精神落到实处。

二、主要做法

1. 以"融"悦读论坛为活源,积淀"融"入

在"融"教育中,教师与随迁子女之间的文化冲突问题比较明显。学校开设"悦读论坛",旨在使老师通过"悦读"书本以睿思。读《于丹〈论语〉心得》,话教育人生;读《窗边的小豆豆》,倾听花开的声音;读于漪《岁月如歌》,让我们的教育美丽如歌;读苏霍姆林斯基《给教师的建议》,聆听大师的声音;读《永远的陶行知》,仰望榜样的光芒;读《不抱怨的世界》,忆教师的幸福。定期举办"悦交沙龙",与特级教师"悦交"以明智,助推教师"登高望远""取法乎上"。

2. 以"融"感动评选为媒介,助推"融"入

教师发展,师德为先。用"感动"留住教育人才,用"感动"引领学校发展。"感动东辽阳校园人物"的评选,"好妈妈、好妻子、好媳妇、好女儿、好丈夫"的"五好"评选,"绿叶奉献、默默耕耘、杏坛先锋、勇挑重担"等"我心目中好老师"的评选……"身边榜样人物"的评选活动,放大教师"闪光点",捕捉教师"动人的细节"。温馨真情的校园故事、教育教学的审视反思、为人处事为学治教的经验方法,值得回味、互勉、借鉴,从而促进教师态度的转变和情感的升华。

3. 以"融"课堂教学为根基,共享"融"入

"融入教育"理念的转变、提升,最终要落实到课堂教学中。我校教师关注到随

迁子女在学习基础、学习方法、学习习惯等方面存在诸多"短板"问题，力图通过教与学方式的改变来激活学生的思维活力，改善其学习方式。教师通过协作共研，对教材进行二次开发，降低"融入"坡度，凸显课程适切性。目前学校的语数外主课教师都开启了基于随迁子女学情的"学案"教学模式，引导学生在课前自主预习，做到量体裁衣、因材施教，让课堂充盈生命的活力，师生在"融"课堂中，各有收获。

三、特色亮点

1. "融感动"润泽教师心灵

以"融感动"为主题的评选活动像春雨一般润泽着教师的心灵，成为我校师德师风建设的有效载体，成为教工培育和践行社会主义核心价值观的有力平台，成为推进学校改革发展的强大精神原动力。

2. "融悦读"睿启教师心智

"融悦读"活动的开展，不仅提升了教师"融"教育境界，而且极大丰厚了教师的"融"文化积淀，使得教师在随迁子女面前展现出良好的素养、风采，从而使他们对上海教师产生亲近感。

3. "融教学"力促教师内涵发展

"融教学"提倡"在课改中提升生命价值，在关爱中提升精神境界"的教师精神文化。"融教学"重点关注的是课堂教学的转型和教师教学视角的转变，教师在"融"课堂中找到新的职业定位，获得新鲜的职业体验和科研成果，工作自信心得到增强。

四、主要成效

1. "融"教育强化教师师德修养

各类评选活动，以先进的事迹感染人、以榜样的力量感召人、以进取的精神激励人，"最朴实、最真实、最感动"，这正是对社会主义核心价值观的有力践行，对于构筑新形势下教师精神高地，实现我们的"校园梦""教育梦"有着重要的时代意义。

2. "融"教育提升教师职业幸福指数

学校"融入真情，感动校园，幸福共享"支部品牌建设项目，帮助教师从困惑与迷茫中走出，逐步确立了乐于承担进城务工人员随迁子女教育的社会责任感与使命感。教师在"融"教育中找到了全新的职业定位，获得了新鲜的教学体验。在新学生新学情的挑战中，提高了教育教学反思能力和知能结构自我调适能力；在随迁子女生活背景与成长故事的"反哺"中，得到了师德品质的净化，提升了职业生涯幸福指数。

3. "融"教育成就学生新优质教育梦想

实现有质量的教育公平的实质是，让每一个学生受到适切而优质的教育，得到充分而有个性的发展。学校的这一党建品牌项目,丰富了义务教育的内涵,赋予"公平"教育新的注解,让随迁子女共享同一片蓝天。"融"教育成为学校发展新的增长点。学校现为区新优质学校试点校。

关于基层党组织"微党课"的实践与研究

吴鸿春

一、研究背景

党支部开展党课教育是对党员进行教育的主要方式。我们党历来重视党的建设,《关于新形势下党内政治生活的若干准则》第九条"严格党的组织生活制度"就明确提到:坚持"三会一课"制度化。"三会一课"中的"课"指的就是"党课"。我校党支部在上党课方面也曾进行过一些探索,如利用网络资源进行在线党课、利用视频资料进行直播党课等,对党员干部的学习教育虽说起到了一定的促进作用,但经过一段时间实践,从实际效果看,发现依旧存在党员缺乏参与性、召集缺乏便利性、形式缺乏创新性、内容缺乏针对性等问题。我校开展这一课题的研究,旨在从党支部与党员实际需求出发,寻找到一条党员欢迎、载体创新、效果夯实的党员教育实践之路,从而完善党组织的自身建设。

二、研究意义与目标

通过研究旨在让普通党员能登上党课的讲台,从一个"被教育者"变成"教育者",把党员的被动学习变成主动学习,激发普通党员参与性教育的积极性,使他们主动参与到党课教育之中,并推动讲课内容的优化,使讲课的内容更能贴近学校教育教学实际,紧扣"需要什么知识""提高什么能力""解决什么问题"的三要素,真正发挥党课的教育作用,增强教育实效,使之成为党员自我教育和自我管理的较佳模式。

我校党支部在认真贯彻"两学一做"学习教育常态化、制度化通知要求过程中,力求把微党课作为党员教育培训的新载体,把"讲理论"与"讲故事""讲身边事""讲身边人"结合起来,做到内容精炼、观点精到、形式精彩,顶天(宣传纲领、传达精神)立地(贴近生活、贴近需求),使之既保留传统党课核心思想,同时也具有明显的时代特征。

三、概念界定

微型党课是党课教育的新模式,它打破了讲课人职务、资历的界限,讲课主题明确,讲课内容精炼,讲课形式多样,是"互联网+"时代对传统党课的有益补充和创新超越。

四、研究成果

1. 拓宽授课主体，打破职务、资历藩篱，凸显"众"

领导干部带头讲党课是我们党的光荣传统。领导干部上党课是发挥领导干部以讲带学、以讲促学、以讲督学的作用，教育和引导党员干部坚定理想信念这个根本，牢固树立全心全意为人民服务的宗旨，做到任何情况下都不忘本、护住根，坚守共产党人的精神追求。但微党课却突破传统党课主要由领导、专家主讲的形式，把讲台交给了普通党员，强调人人参与，每位党员都可以走上党课讲台。它把之前的"被教育者"变为"教育者"，把之前的"一人讲，大家听"变为"人人讲，大家议"。学校的普通党员，他们是党员也是教师，当初之所以能够发展成党员都是因为在教育教学工作中比较出色，所以进课堂给学生上课于他们而言都是再平常不过的事情了，甚至可以说非常拿手，但怎么给同行上党课于他们而言却是比较破天荒的。怎么能够把党课上得好、上得活、上得实，上得让同事们有收获，这势必需要他们首先自己得认真学习大量相关的理论知识，要给听者一碗水，自己要有一股鲜活的泉水，唯腹有"理论"方可气自华。其次需要他们认真梳理自己日常的工作实践，将这些工作实际与所学理论相对应，方能深入浅出、讲清楚、讲透彻、讲出共鸣。普通党员讲党课其实是从学到教的反刍过程。

我校支部共有15位党员，基本上每学年都会安排2—3次的微党课，党员人人都是主讲人，一改过去传统党课，听得多、想得少、看得多、参与少的局面，党员的参与面得到扩大，党员的参与性得到提高，党员之间的互动交流得到增强，党员的自主性得到了提升。

2. 缩短授课时间，主题聚焦、思维碰撞，凸显"精"

微党课的切入点"小"，大主题小切口，以小见大、见微知著，微党课的授课时间基本控制在20分钟以内。这样的微党课在每两周一次的党员组织生活会上就能开展。每次微党课可以先确定一个主题，由1名党员主讲，然后其他党员围绕主讲人的授课内容各抒己见，把"一言堂"转化为"人人议"的微论坛。微党课没有严格的主讲人与听课人身份的界限，微型党课的主讲人在授课时必须准备好授课课件，预先演练，以保证授课时间恰当和授课内容充实，而听者必须认真思考，仔细梳理，与其他人进行互动研讨的同时对自己进行的主讲内容和主讲表现进行对比评价。这种双重的身份达到了"个人学"带动"团队学"的目的，实现了每个参与者动脑、动手、先学、先思的教育目标；"要我学我才学"向"我必须先学"的实际转变，使广大党员通过自我学习与互动教育，有效增强了学习的主动性、系统性，提高了自身的政治理论素养和业务综合能力。一方面因主讲时间不长，主题聚焦，所以主讲者无过多的压力与负担,另一方面也使党课教育得以在学校繁忙的日常教学教育工作之余能够制度化、常态化进行。

3. 创新授课形式,扬长避短、精彩铺陈,凸显"活"

微党课的授课形式可以根据授课党员的个性特长、学识见解等"量身而定"、"量力而为"。授课形式既可以是"互动式",也可以是"案例式",授课内容既可以是纯理论的,也可以是结合身边人、身边事、身边理。授课方法既可以通过制作PPT课件让党课有声有色、出众精彩,也可以借助学校党员微信群以及学校公众号等载体播发党课通知、上传党课课案和相关PPT。2017年我们支部建立了党员微信群,在开展微党课的时候完全可以不受活动地点和参与人员必须统一集中、统一地点、统一时间的限制。

教师的工作特性决定,每年都会有长达一个半月的暑假,很多党员教师会利用这个假期回老家一聚天伦,也会利用这个假期人文行走游览山河……暑假期间每两周一次的党员组织生活如何确保开展,在这之前一直是个瓶颈难题,而现在这样的问题迎刃而解。今年的暑假一边恰逢百年难遇的极端高温,酷暑炙烤,一边又是喜迎19大的召开,学习任务紧急繁重,怎么既能确保学习任务按时有质保量完成,同时又能确保每一位党员都能认真参与?此时利用微信平台开设的微党课功不可没。大家在约定的时间里,同时上线,主讲人上传视屏到平台,各位党员在观看视频之后,可以码字、发语音、发图片,可以群发,也可以私聊……不受空间制约,不受时间限制,怎是一个"活"字了得。

4. 夯实授课内容,以问题为向导,把脉问诊,凸显"实"

"微党课"的内容选择有针对性,以问题为导向,因"人"而异,对"号"入座,除了可以围绕党的重要会议精神、社会主义核心价值体系、"两学一做"推进党员先进性教育等方面进行,还可以结合主讲人自身的工作、思想、学习、生活实际,联系身边涌现的先进典型事例和党员思想认识中的热点、难点和疑点问题,准确选择主题,讲授党课。

在这一年中我们的微党课内容有理论学习类:解读《关于新形势下党内政治生活的若干准则》、解读《中国共产党党内监督条例》、解读《市十一次党代会报告》;有知识普及类:讲解党费收缴使用和管理、党员八项义务等;有反思自省类:以"互联网+的微信朋友圈""教育的真谛""且思且行"等为题;有人文鉴赏类:主题涉及"美,看不见的竞争力""创新思维的与众不同"……主讲人会尽量选择人家关注的热点、难点和疑点,结合学校的日常教育教学工作,紧贴与生活密切相关的知识进行授课,从自身讲起,从身边讲起,学理论、谈实践、学经验、谈得失,做到理论联系实际,既务虚又务实,不但充分发挥了传、帮、带的授课效果,还实现了抛砖引玉,分享提高,把学习成果转化为破解难题的创新能力。

五、研究成效

课题研究开展以来,取得比较明显的成效,学校党员以主人翁的姿态来参加微党课,带来了一种归属感,微党课成为激发党员学习动力的有效方法和促进党员交流沟通的良好平台,真正达到了教育党员、凝聚党员的目的。

1. 在提高教育教学工作效率和加强党员教育之间找到新方法

学校工作繁忙而琐碎,教育教学压力比较大,党员教师在学校里一般又都是骨干教师,中流砥柱,承担着班主任、年级组长、教研组长、中层干部等职务,每天有着固定的教育教学任务,工作负荷比较大。一般的党课,授课时间长,一方面很难把他们集中到一起上党课,另一方面经常性地上党课也不现实。党支部开展微党课活动之后,在授课时间上就能化整为零,20分钟的微党课完全可以由我们自行掌控。另外,微党课的授课内容可以不再局限于党建和党务工作,一切围绕党的中心工作的都可以作为微党课的主讲内容,主讲人先自己深入地学,然后再通过微党课的形式传播给大家,一人学帮助大家学,大家一起共同提高。近几年来,微党课成为我校党支部运用范围最广,使用频率最高的学习载体,也是最受党员欢迎的新形式,成为党员教育管理的新途径。

2. 在创建学习型党组织和学习型个人之间找到新支点

根据学习型组织和学习型社会建设的理论,学习型党组织的"学习"不再以传统的阅读和灌输为主,要由"个体学习"向"全员学习"转变,由"被动教育"向"自主学习"转变,因此创建学习型党组织,就必须要有一个大家都喜爱的新的学习载体,在这个载体中大家都能永葆学习的热情,学而不厌,学而不止,微党课就是这样一个学习载体,学习内容贴近实际需求,学习方式多样灵活,既确保了大家学习的积极性,也确保了学习的效果和学习效率。微党课给了每个党员学习实践锻炼的机会,使大家在思想的熔炉和观点的花园里碰撞激荡、尽情采撷,在授课准备过程中充实提升,在主讲后热烈的交流中感悟自省,微党课发挥着集体的力量,大家自觉主动学习,互相教育。

学校支部目前共有党员15名,占教职工的比例为32%,微党课成为学校党支部集智聚心的有效载体,使党员的先锋模范作用发扬光大,学校近几年已无上访与信访等事件。学校连续九年中考取得百分之一百合格的好成绩,连续五年获得办学显著进步奖,2014年获上海市未成年人保护工作先进单位,上海市五好关工委集体,2015年获上海市智力助残优秀集体,上海市工会小家称号,2013、2014、2015年获办学先进单位。连续六年综合治理考核优秀。2016年学校党支部被评选为杨浦区教育系统先进基层党组织,"融入真情　感动校园　幸福共享"被评为区优秀党建品牌,2017年学校被评为上海市文明单位、上海市安全文明示范校。

党员的先锋模范作用进一步凸显,有3名党员获上海市园丁称号,2名党员获市金爱心一、二等奖,2名党员获优秀支教工作者,1名党员被评为杨浦好儿女,1名党员获区优秀党员称号,1名党员获全国劳技学科竞赛第一名……学校各项工作蒸蒸日上。

参考文献:

专著类:

1. 杨贵方. 党的基层组织实务手册 [M]. 上海人民出版社
2. 邵正平. 党务通 [M]. 上海交通大学出版社
3. 关于新形势下党内政治生活的若干准则 [M]. 人民出版社
4. 中国共产党党内监督条例 [M]. 人民出版社
5. 怎样当好支部书记 [M]. 人民出版社
6. 支部书记工作方法十谈 [M]. 人民出版社

学以致用　且思且行

吴鸿春

从教近三十载，经历、目睹了一些事件，事实告诉我，要当好一名教师，要做好一名称职的管理者，廉洁自律是何等的重要。学校要聚焦教育综合改革，要实现可持续发展，离不开一个基石——一个廉洁从教、廉洁从政的风清气正的氛围。一直以来学校的党风廉政建设和反腐败工作，都是党组织统一领导、党政齐抓共管的重要工作，单位主要负责人都是第一责任人，所以校长绝对有责任、有义务营造这样一种氛围。站在学校行政的角度而言，我认为率先垂范很重要，其身正，不令而行，其身不正，虽令不从。就拿组织生活而言，如何维护严谨的会风，党员、校长必先做表率。凡事预则立，不预则废。事先有所布置与准备，你就能坦然而应对。

前一阶段我校党支部组织全体党员召开了《中国共产党廉洁自律准则》和《中国共产党纪律处分条例》的专题学习会，以微型党课的方式详细解读了《准则》和《条例》的内容。让我感触颇多：

修订后的两大党规，通篇贯穿着"全面"与"从严"两个关键词。覆盖所有中共党员，不留死角，向全党明确划定什么能做什么不能，彰显一种坚强决心；突出重点、删繁就简，坚持正面倡导、重在立德向善。针对全体党员，提出"四个坚持"；针对党员领导干部，围绕"廉洁"二字，从四个方面，提出更高要求，树立了一条道德高线；"一增""一减""一整合"，纪法分开、纪在法前、纪严于法，厘清了一份"负面清单"；严格按照准则和条例办事，把党规党纪刻印在全体党员心上，传递了一个明确信号。

当然，学习是为了更好地践行，更加务实高效开展学校管理工作，作为一名学校党员干部，要身体力行，率先垂范。在此我郑重承诺如下：

一、加强学习

没有规矩，不成方圆，所以学习法规准则尤为重要。要加强"学党章党规、学系列讲话，做合格党员"——"两学一做"的学习教育。学习党章党规，明确基本标准、树立行为规范；学习习近平总书记系列重要讲话，加强理论武装、统一思想行动。

学校的工作是一项服务性强、强度高的工作，作为一名校长，身处热点敏感职位，位于风口浪尖之上，如能自觉把学习作为一种责任、一种意识，把学习作为提高能力素质、推进事业发展的根本之道，那必将成为运筹帷幄、临危不乱、处事不惊的智者。2015学年第一学期我校组织党员干部品《习近平用典》，汲中华文化精粹，悟红烛人生，受益匪浅。这个学期我们读《德政之要》，解修身之本、为政之道、成事之要，以加强个人道德修养。

二、严于律己

祸患常积于忽微，而智勇多困于所溺，所以律己很重要。身为一校之长，要严于律己，起好"班长"作用，带好头，一级抓一级。任何时候、任何条件下，都要安得下心，守得住身，做到慎独、慎欲、慎权，堂堂正正做人，勤勤恳恳工作，清清白白为官，成为广大党员和教师面前的一面旗帜。所以，在长期的工作中，我给自己定下一个处事原则：有利于学生发展，有利于教师发展，有利于学校发展。

三、勇于自省

以铜为镜可以正衣冠，以人为镜可以明得失，以史为镜可以知兴衰；人非圣贤，孰能无过，过而能改，善莫大焉。所以监督反省很重要。作为学校校长，就要自觉接受党组织和群众监督，这不仅是一种胸怀、一种境界，其实也是对自己负责的表现。工作中，坚持阳光操作，坚持政策公开，坚持办事流程公开。但凡学校涉及人财物等重大事件，"三重一大"旨要自己须先了然于胸，勇于自省，敢于直面问题，敢于担当责任！

四、一岗双责

作为一名校级管理者，要牢牢树立"一岗双责"的主体意识和责任意识，即，做好学校行政管理工作的同时还要主动落实好党风廉政建设责任制。要把上级要求自觉转化为具体行动，依法依规从严管党治党。持之以恒推进作风建设，严格落实中央八项规定和"三严三实"要求，巩固和拓展党的群众路线教育实践活动成果，创造性开展学校党员和干部思想政治工作，管好队伍，用好队伍，培养好队伍，自觉落实好"一岗双责"。

五、依法治校

学校章程是学校建设成为中国特色现代学校的制度抓手。《国家中长期教育改革和发展规划纲要》明确提出要大力推进依法治校。学校管理工作既要有法可依，有章可循，更要加强章程的执行力，维护制度的严肃性。身为学校管理者，要带头加强章程的学习，增强制度执行的自觉性，同时要正确处理好人性化管理与制度化管理之间的辩证关系，制度为上，民意为重，权为民所用，努力构建民主法治的和谐校园。

总之，作为一名校级管理者，要紧紧以《准则》和《条例》为遵循，筑牢"底线"，不碰"红线"，努力修炼出一种强大的内心力量，不断磨砺出一种坚定的党性光芒。

艰难险阻，玉汝于成。我们要率先垂范，勇于担当；协作共进，且思且行；努力让我们的师生在教育改革的春天里有更多的获得感。

融,研有道

——杨浦区随迁子女教育协作组工作推进报告

吴鸿春

回眸纵览,从2009年到2016年,八年来,杨浦区进城务工人员随迁子女教育协作组以让每个随迁子女从"有学上"到"上好学"为责任担当,以共筑随迁子女一方喜爱的温暖家园为使命愿景,以融入教育为共同的教育理念。我们从"顺势选择"到"主动适应",我们从单兵作战到抱团取暖,我们砥志研思,勤力同心。

如今,我们深深意识到,从"温暖"到"喜爱",从"融入"到"融合",融入教育,不再仅仅是一种爱的教育与政府关切,更是一种智慧的创生与发展内需。通过协作组工作例会,教师访谈,家长、学生问卷等调研,我们发现基于"融入"的新问题与新需求,将其提炼成为新的研究着力点。主要体现在三个方面: 一是在方向上,融入教育是相互的,随迁子女要融入学校、融入上海,而学校管理者和教师也要主动适应这一群体,作为"指导者"融入他们的求学生涯中,而目前,教师适应性教育水平还有待提升; 二是在空间上,融入教育是学校、家庭与社区三位一体的,课程与教学无疑是融入教育的重点平台和主阵地,而家庭教育指导与融入社区教育不可小觑,值得关注; 三是在内容上,融入教育涉及心理、情感、学习、行为、家庭、生活等方面,国家课程校本化和校本课程建设是统领"融入"内容的基本途径,而课程的有效实施与科学评测有待加强。

两年来,我们总结提炼融入教育经验,诊断洞察融入教育新问题。从适性的教学研究到适切的课程研发,从适宜的师资研训到适度的未来研求,我们如琢如磨,关注"融入"新需求; 我们如切如磋,研究"融入"新对策。课题成果报告《区域进城务工人员随迁子女融入教育的实践探索》获评上海市基础教育改革成果二等奖,东辽阳中学、杨浦小学分校成功跻身区首批新优质学校,长二分校、平四小学为区第二批新优质学校。我们始终聚焦融入教育研究,在"研"字上大做文章,只为让随迁子女们"融得精彩,回得成功",只为全方位打造随迁子女喜爱的温暖家园。我们如何在研字上做文章?

教学上，我们崇尚研究

我们围绕"促进农民工同住子女教育工作内涵发展"国家教育体制改革项目，研究新形势、新背景下随迁子女的融入问题，主动对接区创智课堂建设，以教研联合体形式组群式推进。初中组领衔导学案实践研究，小学组以学科教研联合体的形式开展教学研究。

如，近年来，身为协作组组长单位，东辽阳中学率先开展了以随迁子女为主要对象的"初中学案教学"实践研究，以及依托区域教师教育机制创新项目，着手开展融入教育背景下师资培养机制的行动研究。我们以语文学科为试验，以"诊断把脉"为先导，全面深入课堂，分别从教学方式、师生关系、学习动力三个方面来具体观察、深入了解学情和教情，在此基础上，制订《东辽阳中学基于随迁子女学情的课堂文化评价表》。在专家指导下进一步明确学案设计理念，确立学案编写原则，最终探索出了学案设计体例。

学案设计上力求做到四个"关注"，即，关注学习的现状，关注学习兴趣的激发，关注学习方法的指导，关注学习习惯的养成。

目前，学校语文、数学、外语、物理、地理等学案教学研究，推进有序、有力。通过几年的努力，学校现已编制完成六、七、八年级语文学案，初中英语学案汇编，初中数学学案汇编。数学组"基于随迁子女学情的初中数学学案设计与使用"被成功立项为区级课题，理化组已完成区级课题申报工作。为能更好地推动初中导学教研的组群式发展，学校在协作组教学展示中，以学案教学开设了《旅鼠之谜》《煮酒论英雄》《黄土高原》三堂课，获与会老师、专家一致好评，引发大家对基于"学情"的课堂教学研究与实践的思考和共鸣。其中《黄土高原》这堂课获杨浦区百花杯教学比赛三等奖。

课程上，我们深入研发

我们清醒地意识到，在充满差异和多样性的社会中，统一的课程模式不可能适应不同的学校、不同的教师和学生。我们协作组在对区域学校融入教育大样本需求、调研基础上，通过选择、改编、整合、补充、拓展等方式，对国家课程和地方课程进行再加工和再创造，目前已初步构建起符合融入教育办学特性，彰显学校发展特色的"一校一品"融入教育课程群。如：开鲁新村第一小学的"阳光教育"、齐齐哈尔路第一小学分校的"自信伴我行"、工农新村小学的"责任意识教育"，以及十五中学的"航天教育"、杨浦初级中学的"STEM+"、东辽阳中学的"生存宝典"等。

然而，调研中我们也发现，随迁子女除了在心理品质、学习基础、学习兴趣、学习方法、学习习惯与沪籍学生相比存在着较为突出的短板问题外，家庭教育对学生受教育影响的正相关性也不可小觑。

杨浦小学分校作为区域家庭教育研究基地，多年来牵头"牛牛"系列家庭教育指导亲子课程的开发和实施，目前已完成了系列读本和讲义。

学校在家教课程方面的经验与资源得到了有效辐射，惠及了更多的学校、学生和家庭。总计有15所学校和80位基层教师参培，提升了教师家教指导能力和亲子课程研发能力。完成了市级创新实验室——"家园"亲子活动中心的建设，设立游戏、观影、阅读、展演四大区域，精心设计并组织开展了10余次亲子体验活动，共计120余组家庭受益。《牛牛上学记》数字化课程资源上线并投入使用，共享开放性学习资源。

师资上，我们注重研训

我们明白，教育的成功与否很大程度上取决师资的发展情况。为此，我们通过专家引领、教学研究、课程研发、家园教师的评选与表彰等载体和平台，进行适宜的师资研训。近两年来，协作组成员校涌现出了一批能起引领作用的骨干教师，目前各成员校形成的区骨干教师队伍达20余人，有部分教师正进入名师基地等高端平台进行学习培训。当然我们也清醒地意识到，在诸如名师工作室或市区级的基地培训中，我们能够参与的教师可谓凤毛麟角。因此，最关键的还是要立足协作组自身特点，努力打造自培多元实训平台，以满足协作组成员校广大教师自身发展需求。

于是乎，家园班主任工作坊应运而生。作为协作组组长单位、牵头校，今年在我校挂牌成立了杨浦区中小学班主任研修共同体家园工作坊，它是由区域内十几所以随迁子女为主体生源的中小学组成。工作坊以融入教育背景下的德育课题研究为主线，以线上线下为主要的研修模式，通过专题研讨、专家引领、自主研修、自助研读、实践感悟、课堂实践、个案评析、反思笔耕等途径，力争打造一批在区域范围内有一定知名度的骨干班主任，使之成为促进班主任教育管理工作发展的平台。

本学期，家园工作坊有2名优秀学员被成功推荐参加区班主任高研班学习。

如今，我们欣喜看到，协作组广大教师在随迁子女生活背景与成长故事的"反哺"中，催生了职业使命感，提升了职业生涯幸福指数。教师精神中的"创造的快乐""成就感""愿景"与"责任感"，正促使教师真正成为有生命活力的专业人员，教师能积极主动创设情境驾驭课堂，随机地激发学生学习兴趣，创造生成，这可能和当下区域"创智课堂"的内核有着一定的契合性。

在未来，我们继续研求

创新改变生活，眼界决定未来。众所周知，"核心素养"是学生应具备的适应终身发展和社会发展需要的必备品格和关键能力。

反观我们协作组的工作，不难发现，融入教育研究与实践探索和核心素养的培育有着许多的正相关性，今后我们要努力探索构建融入教育理论体系，深化实施协作组"一校一品"特色课程，努力用丰富的生动的课程关照随迁子女学生的学习生活，不断提升其融入城市的综合素养。

此外，由于随迁子女群体受到中考政策的制约，倒逼我们协作组必须对学生生涯教育问题予以充分的认识，要做好顶层设计，让随迁子女们"融得精彩，回得成功"。作为小学成员校，要注重体验式生涯教育指导，让学生学会对兴趣、专长、特点、能力的"自我认识"，同时可以选择性实施《生存宝典》第一册教材，让孩子们了解上海、触摸上海、喜爱上海；作为初中成员校，要进行教育与职业关系的探索，研究教育与职业的关系，了解职业信息的获得和使用、工作与学习的关系、工作与社会的关系等，还要学习职业决策和进行"职业规划"，并有步骤实施《生存宝典》第一、二册教材；作为中职校，要主动对接社会需求，充分利用公司、企业等社会资源，加强学生职业体验，努力形成一批专业技术人才。

与此同时，随着融入教育的深入实施和发展，对教师教学素养、技能等方面势必提出更高的要求，一专多能成为一种发展需求，这也许会成为今后我们"家园教师"群体普遍存在的一种特质。针对学校教师的教学水平、教师自我发展的内驱力、教师的科研能力和对课改的执行力所存在的明显不平衡性，我们今后要不断加强中小学学科教研联合体建设，资源共享，智慧分享，举行"家园人物"评选，促典型，树新风，努力塑造具有包容心态、合作意识、奋进精神和以助推学子真正融入、全面发展为荣的新型教师文化，不断提升教师适性教育教学水平和能力。

相信，协作组在各级各部门的关心、指导、支持下，将一如既往地砥志研思，戮力同行，用真情与睿智，用执着与专业，为杨浦区的义务教育均衡发展共谋融入教育的办学道路，不断缔造出区域融入教育新的传奇。

形成办学特色，创建新优质学校
——东辽阳中学"新优质学校"创建的实践探索

吴鸿春

2012年3月，杨浦区教育局出台了《推新、联新、提质——杨浦区区域推进"新优质学校"项目实施方案》，将我校列为区首批创建新优质学校之一。六年来，我校以区新优质学校创建为契机，在"融入教育"理念引领下，在育人观念上，回归教育本原，关注每一个学生的差异发展；在课程建设上，根据学生发展需求建立丰富、可选择的课程体系；在课堂教学上，满足每一个学生的学习需求，特别关注学有困难学生的成长支持；在质量评价上，实施以学业质量绿色指标为基础的教育质量综合评价，努力将学校办成"理念先进、特色鲜明、管理精细、质量较高"的新优质学校。

一、新优质学校创建之"实践基础"

1. 学校概况。东辽阳中学是一所具有近60年历史的公办初级中学，其间历经更名、合并、迁址等变革。学校地处定海路街道，现有12个班级，学生287人，其中进城务工人员随迁子女已近学生总数94%。面对这一受教育群体，学校创造性开展"融入教育"，经历了从"融入"走向"融合"的不同阶段，从管理、德育、教学、科研、课程、环境等角度全方位策划，进一步提升了进城务工人员随迁子女"融入教育"的品质。东外滩建设为学校未来发展提供了极大支持。

2. 创建优势。2012年9月，杨浦区成立了由进城务工人员随迁子女占比例较高的16所公办中小学和1所国家级重点职业技术学校组成的课题研究协作组，学校成为课题研究协作组组长单位和融入教育指导基地。多年来，我校领衔的协作组以"融入教育"理念为引领，聚焦随迁子女"融入教育"问题，整合资源、汇聚众力，开展区域随迁子女教育工作的对策研究和区域推进机制研究，为区域教育优质均衡发展做出了积极探索和有益尝试，成为学校可持续发展的内生力。

2016年，在区进修学院德育室和师训部的大力支持下，在我校挂牌成立了杨浦区中小学班主任研修共同体家园工作坊，它是由14所以随迁子女为主初级公办中学和3所小学组成。工作坊以社会主义核心价值观的渗透教育为指引，以"融入教育"

为理念,倡导敬业奉献精神,不断完善培育机制,全方位搭建培训和研究平台,充分发挥其孵化、引领、示范、辐射作用,进一步提升班主任队伍的专业技能和素养。每学期评选出优秀学员,推荐参加区班主任高研班学习,其中,我校共计有3位班主任老师被评为优秀学员。

二、新优质学校创建之"价值追求"

坚持"回归教育本原""育人为本""促进公平"的价值追求,学校秉持"融入教育"的办学理念。办学理念蕴含"容·融·荣"的丰富内涵。容:海纳百川,有教无类,有容乃大;融:梦想起航,无融则滞,共融共进;荣:自信发展,乐群向上,万卉争荣。"融入教育"理念在具体实施过程中体现在三个维度:一是在方向上,融入教育是相互的,进城务工人员随迁子女要融入学校、融入上海,而学校管理者和教师也要主动适应这一群体,作为"指导者"融入他们的求学生涯中;二是在空间上,融入教育是学校、家庭与社区三位一体的,课程与教学是融入教育的重点平台和主阵地;三是在内容上,融入教育涉及心理、情感、学习、行为、家庭、生活等方面,国家课程校本化和校本课程建设是统摄统领"融入"内容的基本途径与物化行为。

坚持"回归教育本原""育人为本""促进公平"的价值追求,学校提出了办学目标——坚持"融入教育"理念,发挥各种积极因素作用,采取针对性措施,在创新管理中力求最优化,努力创设"理念先进、特色鲜明、管理精细、质量较高"的新优质学校,真正办成人民满意的教育。"理念先进":坚持"融入教育",师生悦纳,合作共进;形成兼容并包,共融共进,万卉争荣的良好校园文化。"特色鲜明":"融"创精彩。从"融课程"到"融课堂",从对融入教育的再认识到走向"融文化"的追求,我们着力探索构筑一方师生喜爱的生命家园,师生共享基于新优质学校创建的学校变革探索与实践成果,努力实现共融共进,万卉争荣的美好愿景。"管理精细":重细节、重过程、重基础、重具体、重落实、重质量、重效果,初步探索出以随迁子女为主要教育对象的初中办学模式与策略和新优质学校的推进机制,为推动整个区域基础教育的优质均衡发展做出新贡献。"质量较高":通过"琴"(行进管乐)、"棋"(将棋)、"书"(生存宝典)、"画"(麦秆画)、"术"(摔柔、花样跳绳、高尔夫)等校本课程建设和实施,使学校的教育水平不断提高,促进学生健康快乐地成长。

坚持"回归教育本原""育人为本""促进公平"的价值追求,学校提出了重点发展领域和龙头课题。主要包括"基于民族文化认同的初中校本课程群研发与实践""初中随迁子女融入社区实践研究""基于融入教育的家庭教育指导实践研究"等三项市级课题研究及多项区级课题的研究和探索。在实践中研究,在研究中升华,学校初步找到了一条基于随迁子女生情的内涵发展之路,树立了办学自信。

三、新优质学校创建之"立德树人"

在"融入教育"理念引领下,贯彻《中共中央、国务院关于加强和改进未成年人思想道德建设若干意见》和《中学德育大纲》《中小学德育工作指南》的精神,学校探索"主题教育月活动""心理导航"等德育课程,探索实践具有针对性的校本德育途径,提升德育工作的实效性。

1. 开发实施"主题教育月活动"德育课程。学校从随迁子女的实际情况出发,将民族传统中的尊敬师长、父母,关心他人等爱心教育,以及责任感、自信心培养等教育串成主线,开展每月一主题的教育活动。经过几年的努力探索,初步构筑起符合学校实际的"主题教育月活动"课程框架:民族精神教育月(二月)、读书月(三月)、科技月(四月)、艺术月(五月)、诚信教育月(六月)、文明礼仪教育月(九月)、感恩教育月(十月)、安全教育月(十一月)、生命教育月(十二月)等。在课程实施中,学校根据不同年级学生的身心特点分层次制订不同的目标要求,有针对性地开展具有校本特色的学生德育活动,切实增强教育的实效性。如在感恩主题教育月中,从预备年级到初三年级分别开展"算算亲情帐""身边的感恩故事""写封亲情信"等活动,通过这些活动让学生体会父母来上海打拼的不易,也架起了父母与孩子之间的沟通桥梁。家长们在反馈单纷纷表示,学校的这项活动很好,感觉孩子长大了,希望学校把这项活动延续下去等等。

2. 开发实施"心理导航"德育课程。从"融入教育"的多维度出发,形成了以"心理导航"为特色的"融入教育"校本化、课程化的路径,促进学校特色形成。学校初步构建起适应随迁子女教育需求的校本化课程体系,主要包括:预备年级《心理导航:融入上海篇》,初一年级《心理导航:生命的旋律篇》,初二年级《心理导航:沟通与合作篇》,初三年级《心理导航:生涯教育篇》等。目前,该课程作为区"一校一品"特色课程已升级为《生存宝典》区本课程,并在区域内推广。通过心理导航项目课程学习,学生的"陌生感""自卑心"逐步消融,"乐观开朗""尊师乐群"趋向成为群体性格,课堂学习行为大部向好,多数学生学习兴趣较高,学习困难生比例大为缩减,学生个体特长和技艺得到充分发展,习得技能多样化,随迁子女学生在区市各类比赛中屡屡获奖。

四、新优质学校创建之"课程变革"

2017年,我们先后举行区本课程"生存宝典"区级研讨和"融·育德之道"校本德育课程的区级展示活动。

1. 构建具有内在结构的"融课程"。"融课程"即融入教育校本课程,它充分关注到学生多方面、多层次的需要,根据学生需求和学校实情进行了前瞻性的思考和创造性的设计,逐步构建起基础型课程实施校本化、拓展型课程选择特色化、探究型课程资源主题化的课程建设机制,不断彰显"融入教育"办学特色。

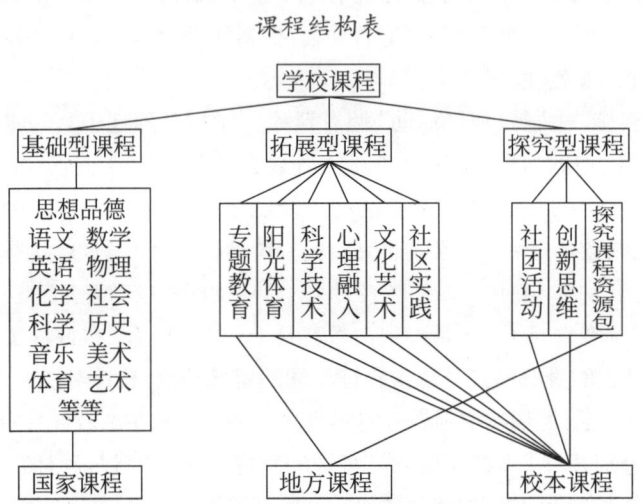

课程结构表

2. 构建具有特色的"五艺"课程群。学校按照校本课程"科学性""适切性""开放性""选择性"要求,开发构建了"琴"(行进管乐)、"棋"(将棋)、"书"(生存宝典)、"画"(麦秆画)、"术"(摔柔、花样跳绳、高尔夫)为代表的"五艺"标志性校本课程群。以"五艺"为标志的"融课程"群的开发与实施,增强了随迁子女对中华传统文化的认同感和自豪感,使其体验成功的喜悦,收获自信,提升核心素养,促进其融入学校和社会。教师适应性教育能力得到提升,一专多能的融入教育特色教师群体初步成形,初步构建起具有包容心态、合作意识、奋进精神和以助推学子真正融入、全面发展为荣的新型教师文化。

"融课程"实施取得明显成效。校学生社团在上海市中小学生救护比赛、民防教育征文比赛、阳光体育大联赛,以及柔道、劳技创意木工等多个方面的市区比赛中获上百项等第荣誉。2013年,学校"走进戏剧"社团受邀参加中央少儿频道"看我72变"比赛,获全国最佳创意奖和周冠军。麦秆画社团多次受邀参加市大中小学生传统文化主题月活动、"非遗走进大世界"、区庆"六一"等展示活动,《麦韵传香,匠心文化——非遗"麦秆画"项目普及传承》获评上海市非物质文化遗产保护工作优秀案例,东方卫视"大爱东方"栏目予以专题报道。校"骑兵"管乐团2017、2018年两次受邀参加"中华号角——上海之春国际音乐节管乐艺术节",获评"中华杯"优秀管乐团队展演示范乐团和优秀乐团等,多次受邀参加区残疾人运动会等展示活动。研发校本教材、读物共计数十册。麦秆画制作和手工布艺2门课程被区教师进修学院立项为区域共享课程。我校还被教育局确立为2017—2019年区级体育传统项目学校。

五、新优质学校创建之"教学转型"

学校开展"融课堂"实践探索与行动研究,凸显一个"导"字,关注课堂中学习兴趣的激发、学习方法的指导、学习习惯的养成,努力培育学生能够倾听、可以合作、敢于交流的学习融入品质。"有教无类""只有差异,没有差生"等理念深入人心,教师教学行为发生转变,教学手段变得多样,教学自信得到增强,在新学情的挑战中提高了教育教学反思能力和知能结构自我调适能力。

"融课堂"的抓手是"学案导学"。"学案导学"以"诊断把脉"为先导,全面深入课堂,分别从教学方式、师生关系、学习动力三个方面来具体观察,深入了解学情和教情,在此基础上,制订《东辽阳中学基于随迁子女学情的课堂文化评价表》,研制学案设计体例。学案设计上力求做到四个"关注",即关注学习的现状,关注学习兴趣的激发,关注学习方法的指导,关注学习习惯的养成。

"学案导学"从语文学科入手。学校聘请杨浦区教师进修学院师训部俞本山老师指导学校语文"学案导学研究"实践探索。通过专家把脉,互动研讨,反思改进等,切实提升语文教师"学案教学"的理念与水平,有效促进语文课堂教与学方式的不断改进。取得经验之后,语、数、外、理化科等教研组全面开展学案导学研究。

每年暑假,学校举行学案导学研究推进交流会,各教研组交流分享,推进研究,聚焦项目,务实研修,获得区进修学院领导的高度肯定。2013年6月和10月,在杨浦区初一年级教研活动和区随迁子女教育协作组教研联合体教学展示中,我校学案教学获与会老师、专家一致好评,引发大家对基于"学情"的课堂教学研究与实践的思考和共鸣。原杨浦区教师进修学院科研室主任王白云给予高度评价:"东辽阳中学从研究中提取温情的东西,正是它的价值所在。课内与课外勾连,找出一条穿越之路,导学、导读、导写、导行,确立研究的支架,学校开展基于随迁子女学情的学案教学研究是一种智慧之举。"

"融课堂"重点关注学校课堂教学的转型、教师教学视角的转变和课程形态的变革,引导教师树立开放、包容的心态,不断提升适应性教育能力。在此背景下,我校教师教学降低门槛,在"课堂导学"上下绣花功夫,着力促进学生的学习融入,取得可喜成效。学校语文组曾获杨浦区优秀教研组、区工人先锋号、上海市写作协会团体会员单位、上海市"鲁迅青年文学"优秀组织奖等荣誉。先后承担区域"经典诵读""创新拓展日""人文行走""图书馆综合阅读""唐调吟诵"等试点项目。学案研发团队被推荐参加"感动东辽阳人物评选"事迹宣讲，并受到教育局和进修学院领导好评。

截至目前，语、数、外、理化科等教研组陆续完成学案汇编共6册，其中《黄土高原》导学课获杨浦区百花杯教学比赛三等奖，黄睿智老师获全国综合实践活动优质课展示（劳技导学）初中组一等奖。学校研究成果报告《以语文学科为试验，促进随迁子女学习方式转变的实践研究》获得杨浦区教育科研成果二等奖。在2017年杨浦区第十二届教育科研成果评选中，我校语文、外语、理化科教研组所申报的导学研究成果共计4项都获得三等奖。学校又获评区十二届教育科研成果先进集体。

六、新优质学校创建之"责任担当"

教师是学校发展的基石，学校的发展离不开教师的发展，教师专业发展水平是学校的核心竞争力。未来几年是学校发展的重要时期，能否做强做大、打造学校教育品牌，关键要有队伍提供支持。

1. 开展针对性的师德教育。学校教师原先教的都是上海学生，随着随迁子女的日益增多，教育对象逐渐发生重大的变化，教师内心开始有了不适应，个别甚至产生厌烦情绪与排斥心理。于是，学校从诊断教师现实状况出发，扎实开展师德教育系列活动，精心创设活动载体，细致规划活动过程，着力提升教师的教育境界，成就教师"适应性"教育能力。

2. 注重树立身边榜样。学校注重树立身边榜样，如每年举行感动东辽阳人物和"五好"（好妻子、好丈夫、好妈妈、好爸爸、好儿子）评选，放大教师"闪光点"，捕捉教师"动人的细节"，不断促进教师情感、态度的转变，提升教师的教育境界，取得了较为突出的效果。

如今，学校教师从困惑与迷茫中走出，逐步确立了乐于承担进城务工人员随迁子女教育的责任担当与使命意识，在随迁子女生活背景与成长故事的"反哺"中，催生了教师职业使命感，提升了职业生涯幸福指数。教师教育的境界和适合本校学情的教学能力切实得到提升，成就了一定数量的"融入教育"特色教师。现我校有学科带头人1名、高级教师4人、区骨干教师6位，去年学校有2位老师参评高级职称全部通过，学校师资队伍结构合理。

结束语：

在以教育公平与均衡发展为导向的教育改革之中，市教委提出了"新优质学校"的创建。六年来，学校突出"人的发展"理念，切切实实地办好老百姓家门口的学校，取得比较显著的成效。2013年学校被区教育局推荐参加上海市"身边的好学校"宣传活动；同年6月，全国第六届民工子女教育研讨会在我校圆满闭幕，学校进行了融入教育办学经验交流；2016年，校园融文化新景观，获评杨浦区第二届校园十大新景观，且独占鳌头。成功举行区体育学科创智课堂交流展示活动，2017年，承办杨浦区教师进修学院中学教研室主办的"杨浦教育创智季"——中学劳技学科"学习活动"设计主题教研活动、杨浦区中小学班主任研修共同体家园工作坊展示等。定期召开随迁子女教育课题研究协作组年会。学校沪籍学生中考合格率连续10年保持100%，优秀率高达67%，有多位同学顺利考上了中高职贯通学校，受到上级和同行肯定。学校现为上海市文明单位、上海市安全文明校园、上海市行为规范示范校、上海市智力助残先进集体、上海市模范职工小家、上海市中华优秀传统文化研习暨非遗进校园优秀传习基地、市摔跤重点学校、沪东将棋青少年活动中心，杨浦区教师教育机制创新核心校、区行为规范标兵校、区法制安全试点校、区科研先进集体、区校本研修先进单位、区教育信息工作先进集体、区语言文字示范校、区"和谐校园，满意工会"单位。学校多年办学绩效考核为优秀，多次举行外事接待活动。

第六届全国"民工子女教育"研讨会闭幕式讲话中，时任上海师范大学党委书记的陆建非教授动情地说道："'共同的价值追求''共同的责任担当''共同的表达内容'，上海理应成为全国民工子女教育的先行者和排头兵。"东辽阳中学将用真情与睿智、用执着与专业，自信迈入融入教育新征程，努力抒写走向"融文化"的融入教育新篇章，切实办好"家门口的好学校"。

初中进城务工人员随迁子女家庭教育指导的实践探索

冯 嬿

随着上海市外来流动人口规模的逐年增大,跟随外出务工家长一起从家乡来到大城市的孩子越来越多,这一特殊群体与他们那些整日忙于生计的父母之间的家庭教育问题日益成为学校所关注的重点。我校进城务工人员随迁子女占比90%以上,本研究从学校实际情况出发,提出学校家庭教育指导的思路和实践探索。

一、进城务工人员随迁子女家庭教育指导的意义

家庭是未成年人接受教育的第一课堂。家庭教育在未成年人的道德养成、习惯形成过程中具有特殊的、重要的作用。学校家庭教育指导是家庭教育成功的基本保证。家庭教育指导实践对于促进家庭教育和学校教育的发展具有极为重要的意义。

1. 研究家庭教育指导是党和政府有关政策的规定

2015年10月11日,教育部印发《关于加强家庭教育工作的指导意见》,提出了要充分发挥学校在家庭教育中的重要作用,将社会主义核心价值观融入家庭教育工作实践,营造良好家校关系和共同育人氛围。因此学校研究家庭教育指导问题,是党和政府有关教育政策的规定,是提高一代人素养,乃至于提高整个中华民族素养的大事。

2. 让家长成为同盟军,是教育工作事半功倍的不二法宝

心理学家彼得洛夫提出,教师如将其教导活动局限于学校范围内,不对学生家长进行工作,那就不会达到希望的结果。事实告诉我们,问题孩子的背后基本上总是有一个问题家庭,一个孩子如果不太好教,问题比较多,这和家长不配合或家长的教育方法不当有关系。因此,无论从理论上还是从实践中,让家长成为学校教育的合作者,才能切实提高老师对孩子的教育效果和教育质量。

3. 家庭教育是学校教育的需要和有机延伸

宋庆龄说:"孩子的性格和才能归根结底是受家庭、父母,特别是父母的影响最深……"在一个人的成长过程中,家庭教育至关重要,是学校教育所不能代替的。如果缺乏家庭教育的研究,那么学校教育就是无源之水、无本之木;要想有效解决学生

教育问题,就必须研究和解决家庭教育问题。因此,丰富进城务工人员随迁子女家庭教育指导的内容、方法,努力缩小他们的家庭教育与素质教育要求的差距,是教育工作者责无旁贷、不可推卸的责任,是保证学生成才的关键,是社会和谐稳定的基础。

二、进城务工人员随迁子女家庭教育存在的问题

学校在调研中发现,进城务工人员随迁子女的家庭教育现状往往不容乐观,主要集中在以下问题。

1. 居住环境较差,学习条件缺乏

我校进城务工人员家庭多数居住环境较差,周边文化教育设施缺乏,学习书籍、资料极少,休闲、娱乐和学习条件缺乏,而且周围人口复杂,环境脏乱,不具备子女学习所应具备的良好环境。

2. 家长素质偏低,家教能力欠缺

我校进城务工人员家长中,其文化程度主要以小学和初中为主,而且部分人小学或初中未毕业。由于进城务工人员自身文化素质不高,在对子女的教育方式上往往有失理性和科学,多数进城务工人员家庭中的教养行为还是以专制型和放任型为主。

3. 教育观念滞后,教育内容单一

部分进城务工人员家庭单纯关注孩子的考试成绩,却忽视了非智力因素在人的发展中的作用,忽视了思想道德、心理素质、劳动能力、生活能力等培养。

4. 家教时间极少,家庭沟通缺失

部分进城务工人员家长起早摸黑忙于生计,根本没有或少有时间关心子女学习,从而与子女有所疏离。部分家长不善于与子女进行思想沟通、感情交流,因而关系不甚融洽。

5. 与学校联系少,家庭教育封闭

家长主动与学校老师沟通少。一些家长认为,把子女送进了学校,培养和教育孩子属于学校的应尽之责。子女能否成才全靠学校老师和孩子自己。由此,家庭教育与学校教育缺乏配合和协调,造成了家庭教育的缺失和封闭。

三、进城务工人员随迁子女家庭教育指导的实践

针对进城务工人员随迁子女家庭教育的现状和存在的问题,学校进行了以下五个方面的实践探索,创造性地开展家庭教育指导工作,取得了显著的成效。

1. 制定《家庭教育指导规划》,保障家庭教育指导健康发展

《规划》以家庭教育与学校教育同步和谐发展为目标,以孩子的成长为着眼点,以提升父母的素质为着力点,建立一支适应当前家庭教育指导需要的教师队伍,促进学校家庭教育指导工作的规范化、制度化、多样化发展。具体的指导目标是:帮助家

长树立正确的育人观,规范家长自身的教育行为,促进家长、学生共同成长;传授家长关于家庭教育的基本知识,指导家长掌握科学的教子育儿的方法;提高家庭教育指导者和管理者的理论水平和研究能力。

为了保证《规划》的实施,学校成立了家庭教育指导领导小组,建立家长委员会制度,同时将家庭教育指导工作纳入学校工作计划之中,政教、教务团队明确相应的家庭教育指导职责。

2. 成立家长学校,确保家庭教育指导常态化开展

学校设置家长学校的工作机构,配置相关人员,制定相关制度。分管副校长和一名家长委员会成员担任家长学校的正、副校长,德育主任和教务主任担任正、副教务长,各教学班的学生家长即为家长学校的基本学员,班主任和部分任课教师为家长学校的"专职教师",聘请区内的教育专家和部分家长代表为家长学校的"兼职教师"。同时制定家长学校工作条例、家长学校章程,以制度来规范家长学校的日常运作。

设定家长学校的教学目标,设计家庭教育指导的教案。家长学校的教学目标分为初、中、高三个级别。初级目标是帮助家长了解学校、了解素质教育,了解什么是正确的"人才观"和"育儿观";中级目标是矫正家长自身在行为习惯上的偏差,帮助家长懂得生活,懂得审美,与孩子一起成长,一起融入都市生活。高级目标是帮助家长掌握正确教育子女的方法,会根据孩子的身心发展规律开展相应的心理健康教育、安全教育、环保教育等,按照不同的教学目标要求设计不同的教案。有的是针对家长某些看似"小"但却普遍存在的问题,在细节上下功夫,例如:个人卫生习惯的养成、洗衣的技巧与保养、不同场合的着装礼仪等;有的是针对家长规则意识差、法律意识淡薄,虽然不普遍但是却犹如危险品般存在的问题,在方向把控上下功夫,例如:"预防未成年人犯罪法与家长的责任"等内容。

3. 丰富家庭教育指导的形式,不同的形式开展不同内容的家庭教育指导

为了使家长学校的教育更具针对性、实效性,家长学校采取共同需求集体指导、不同需求分组指导、个别需求单独指导的方式。集体指导主要采用专家讲座方式集中开展,以普适性的内容为主,如:"为什么好妈妈胜过好老师""和孩子一起成长"等内容,开设讲座的专家们以丰富的家庭教育理论和生动感人的事例,向家长传递科学的家庭教育知识,帮助家长树立正确的家庭教育观念。分组指导主要采用座谈方式分年级开展,以适切性的内容为主,如"当青春期遇到更年期""做一个快乐的观跑者"等,家长学校的专职教师针对孩子在叛逆期、初三备考期的不同心理、生理状况,为家长在家庭教育上提出了具有针对性和指导性的建议,帮助家长与孩子进行有效沟通。个别需求则主要采用一对一的咨询方式,家长学校成立"家庭教育指导志愿

者"队伍,由学校专兼职心理教师、班主任和部分家长代表组成,利用现代信息手段,与家长进行个别交流,有的放矢地针对不同的情况给予个性化的家庭教育指导。

3. 根据不同的教育主体开展不同的家庭教育主题活动,融洽亲子关系,为成功进行家庭教育指导助力

针对学生主体,学校通过"亲情伴我成长"主题升旗仪式、"家庭教育在我心中"主题广播及"快乐心贴心"家庭亲子作业等,提高学生对家庭教育的认识,端正学生对家庭教育的态度,正确理解父母对子女的教育管理和殷切期待。尤其是"快乐心贴心"亲子作业活动,让孩子感受到了久违的亲情愉悦。

针对家长主体,学校组织家庭教育指导交流会。交流会上,有优秀学生的家长谈家庭教育成功的经验,有家庭教育中关于细节教育的案例交流。家长们通过交流对比,受到启发,找到了改进家庭教育的方法。

学校注重学生和家长之间的互动,举办"家校共建绿色桥梁"家长开放日活动,邀请家长参与并观摩主题班会,"沟通、理解""在家做个好孩子,在校做个好学生""父母和孩子的对白""妈妈,你能不能少爱我一点",一堂堂主题鲜明、内容丰富的班会让与会的家长不仅了解了自己孩子在学校的表现情况,加深了对孩子的认识,也了解了学校教育的方式方法,从中获得信息和启发,从而改进家庭教育的方式方法,提升家庭教育的效果。组织开展"家庭、家长、家务"角色互换活动。孩子和家长互换家庭角色,承担不同的责任,在规定的时间内,完成不同的家庭任务。通过活动让学生体验了做家长的艰辛与不易,让家长理解了孩子的困惑与烦恼。活动遵循"体验+感悟=内化"的原则,转变家长的教育观念,帮助家长掌握亲子沟通技巧,同时也使学生感悟到做子女不能仅仅接受来自父母之爱,更应懂得爱的反馈和回报,只有学会感恩,将来在学校里、社会上,才能更好地与周围人相处和合作。

4. 制订《家长行为准则》和《"好家长"评选条件》,督促家长积极参与家庭教育指导

家庭是人生的第一课堂,父母是人生的第一任老师,要让孩子能各方面健康成长,家长具有较高的思想修养和道德行为准则是关键因素之一,从家庭这一角度上讲,家庭教育成败的关键在于家长自身的素养和教育思想、教育行为。我校实施《家长行为准则》,除了对家长政治思想、道德规范方面提出要求外,还要求其认真贯彻《义务教育法》和《青少年保护条例》。希望家长要尊重子女的人格,不要娇惯子女,培养孩子生活自理的能力,培养子女爱劳动的好习惯;要身教重于言教,以自己良好的品德行为启迪孩子的心灵;要积极参加学校组织的各项有关家庭教育的指导活动,不断提高家庭教育水平。

为了激励家长参与家庭教育指导的积极性,学校制定了"好家长"评选条件,开展"夸夸我的好妈妈(爸爸)"活动,在全校范围内推荐、评选和表彰"家园好家长"。对其中典型的事例加以宣传、表扬,旨在通过对好家长榜样的树立,一方面对规范家长的言行举止起到积极作用,同时也通过这种伙伴式的互助,可以更有效地推广家庭教育的经验,提高家庭教育的针对性和实效性。

以上两项内容的制定,促进了学校家庭教育指导工作的深入进行,实施证明,《家长行为准则》的实施和"好家长"的评比,既规范了家长的思想和行为,同时也提高了家长改善和提高家庭教育的积极性。

5. 以家庭教育课研为引领,深化家庭教育指导工作

学校开展"学校教育在家庭教育中的延伸"和"进城务工人员随迁子女积极心理品质培养"的课题研究,旨在探索家庭教育指导的新路子、新方法,构建学校与学生家庭教育互动的新模式,探索通过家校合作促进个性化"因材施教"的教育模式。在课题研究实践中,编制进城务工人员随迁子女家庭教育的调查问卷,抓住母亲节、教师节、重阳节、感恩节四个节日载体构建感恩教育的框架,撰写感恩教育的读本,分层实施"感恩于心,报恩于行"主题教育活动。在课题研究的引领下,带动家庭教育的有效实施,架起"两位一体"合力育人的绿色桥梁,使探索和实践越来越深入,道路越走越宽广。

四、进城务工人员随迁子女家庭教育指导取得成效

我校高举"融入教育"旗帜,坚持问题导向原则,聚焦进城务工人员随迁子女家庭教育最关心最直接最现实的问题,用改革的精神研究问题、解决问题、推动发展、取得实效。

1. 家庭教育指导实践改变了家长的育儿观念,丰富家长的育儿方法

经过实践,我们欣喜地看到了家长在家庭教育理念方面和家庭教育方法上有了较为明显的变化。一位家长谈到,家庭教育不能说教,更不能硬压,要善于引导。当她看到自己的女儿因为电视新闻里贫困家庭的孩子艰苦生活而落泪时,她就及时启发女儿"他们需要帮助",鼓励女儿积极参与学校的爱心义卖活动,培养女儿的爱心和同情心。另一位家长深有感触地说:"家长对家庭的负责、对长辈的孝敬、对他人的宽容、对天下事的关心、对社会大家庭的热爱,家庭成员的相亲相爱、平等民主等,都是家庭教育的财富。家长在家庭教育中,重要的是'读懂孩子这本书'。"有的家长在家长学校参与培训之后说:"即使孩子有时候考试成绩不理想,也不要打骂她(他),要帮助孩子认真分析得失,因为甜酸苦辣都有营养,成功失败都是收获。"还有的家长说:"我们做父母的也要不断提高自身的修养,给孩子一个良好的学习环境,给孩子

营造一个温馨和睦的家。"从这些家长的话语中,我们欣喜地看到学校在家庭教育指导实践所取得的成果。

2. 家庭教育指导实践融洽了亲子关系,让孩子成为更好的自己

因为家庭教育指导实践,促使家长的教育语言慢慢在转变,从"你怎么又没考好""不要惹祸,不要让老师来找我"到"今天学校里有没有发生有趣的事啊""学习上有困难吗,有什么我可以帮的""这个问题我是这样看的……"孩子感受到了父母对他的关心、帮助和支持。在与父母朋友式的互动中,孩子得到了教育,比起空洞的说教效果要强得多,让孩子做更好的自己。

3. 家庭教育指导实践为教师搭建指导沟通的舞台,素质得到提升

教师作为家长学校的成员,是开展家庭教育指导的核心力量,不仅需要具有一定的组织能力、策划能力、还要有较强的调查分析能力、沟通能力。因此,在家庭教育指导不断的实践过程中,教师的学习、探讨、研究、教育能力、表达能力和沟通能力都有了显著提升。

4. 家庭教育指导实践成就了学校新优质教育梦想

学校通过开展进城务工人员随迁子女家庭教育指导的实践和研究,扩展了家庭教育指导的内涵,让学校教育在家庭中得以延伸,从而推动了学校的整体发展。学校成为杨浦区首批新优质学校,学校在 2016 年和 2018 年都被评为上海市文明单位。成效面前,我们更加坚定了今后走学校、家庭两位一体合力育人之路的信心。

共同的家园,共同的志愿

——以志愿者服务为载体,培养弱势群体积极心理品质

冯 嬿

一、活动背景

每个城市的发展,都离不开人的努力和创造,上海也同样如此。随着上海经济与城市建设的快速发展,越来越多的外来务工人员参与到上海的建设中来,他们中有作为人才引进的人员,但更多的是来上海谋生的,有做小生意和在农贸市场卖菜的,有做保洁工和钟点工的,有做建筑工人的,总之,他们的工作很辛苦,他们已成为上海不可或缺的一部分,但同时,他们也是城市弱势群体。此外,社区中还有一部分生活拮据的单亲家庭,有一部分家庭的家庭成员患重病,需要长期治疗,有一部分家庭父母下岗,生活特别困难,他们也是城市的弱势群体。作为学校,我们发现社区弱势群体的子女是一支庞大的队伍,这支队伍需要家庭的亲情,更需要学校的教育和社会的关爱,如果忽略或不平等对待他们,他们的心理将会受到打击。

所以,如何开展社区弱势群体子女思想道德教育,特别是心理教育,将会是促进他们健康成长的重要手段。事实上,社区弱势群体的子女比其他孩子更需要积极的主观体验:幸福感和满足(对过去),希望和乐观主义(对未来),以及快乐和幸福感(对现在)。让他们实现积极主观体验的有效途径之一就是让他们参与学校和社区的志愿者服务活动,让他们感受到作为上海这个城市中的一员的自信,让他们感受到志愿者服务的意义,让他们感受到自己的价值所在。

二、活动要求

志愿者服务是一项高尚而有意义的工作。对于社会而言,志愿者把爱心从一个人身上传到另一个人身上,最终形成一股强大的社会暖流,对社会文明有积极作用;对于志愿者而言,他们丰富了自己的生活体验,尽了一份责任和义务,赠人玫瑰,手留余香,所以志愿者服务对于志愿者自身的成长和提高十分有益。

既然如此,社区弱势群体子女参与志愿者服务就必须在校领导、在专业团队的组

织下有计划地开展，不能三天打鱼两天晒网，想起来做一做，想不起来就搁置一边，这对社区弱势群体子女的耐心和坚持品质的培养是一种阻碍。所以，拓展志愿者服务组织管理模式及运作模式，培养社区弱势群体子女积极的心理品质，是我校长期积极开展的实践研究。

三、活动途径

（一）联合社区，通力合作

社区是个大舞台，是学校活动的延伸地，所以志愿者活动的一个常驻地和实施地就是社区，很多时候，学校都需要和社区做好沟通、交流，为志愿者服务的有效实施提供平台。

（二）精心设计，创新模式

志愿者服务要长期、有秩序地开展，就必须有一个系统的计划、有一个有力的组织，有一个创新的模式。

我校的学生大部分是社区弱势群体，所以志愿者服务的发起、开展更要细致化。经过制度设计，现活动分为以下几个阶段：

1. 认识阶段

团队利用"红领巾"广播、"国旗下讲话"，电视直播等途径宣传什么是志愿者服务，讲述志愿者事迹，播放志愿者影片，请身边志愿者讲述服务心得。利用主题班会和队会讲解志愿者服务的特点、要求和精神。

2. 参与阶段

根据社区弱势群体子女的兴趣、特长，根据学校和社区的实际需要来拟定志愿者服务项目，编订志愿者所属小队和所属中队，为小队和中队起名，选队长。每个志愿者都有一张登记表，填上自己的个人信息，选定自己的志愿服务项目。

根据学校和社区的实际需要，可开展如下志愿者服务项目：

学校：

①一对一结对辅导学习，注明被辅导人姓名和辅导地点。

②辅导低年级队员学习，注明被辅导人姓名和辅导地点。

③新生入学参观团队室时的组织和宣传。

④新生入学第一天的校园介绍。

⑤校园卫生的维护，注明时间和地点。

⑥校园绿化的护养，注明时间和地点。

⑦环保校园行活动（宣传节约用水用电、垃圾分类与回收等）

⑧早操监督、打分，注明时间和地点。

⑨午餐食堂秩序维护。
⑩放学门口安全维护。
⑪校园内爱心义拍活动。

社区：

①社区小交警服务。
②社区卫生公益劳动。
③爱心助老活动。
④社区各项宣传活动。
⑤参与社区爱心义拍活动。

根据社区弱势群体子女的兴趣、特长，可开展朗诵、相声、小品、唱歌、舞蹈、书法、绘画、下棋等项目，开展送才艺进社区活动。

3. 实施阶段

每项志愿者服务都有一个负责人，负责人拟定本项目活动的表格，注明时间、地点、人物、活动内容、自我评价和他人评价。活动内容特别重要，活动负责人可参与，可提供或指导活动内容和要求。活动过程可用照相机或摄像机拍摄记录。

有些活动还需要培训，比如小交警志愿服务，需要邀请交警指导学生正确的交通指挥手势。有些活动要强调注意点，比如爱心助老活动时，要根据老人的实际情况、实际需要开展切实可行的活动。

遇到节日，小队和小队之间可联合开展志愿者服务。比如春节时写春联、包饺子、打扫卫生、才艺展示等活动需要书法小队、唱歌小队、跳舞小队等多个小队一起开展。各个小队也可利用特定的节日，开展与本小队相关的项目，比如劳动节，劳动小队可去菜场、工地、工厂等劳动，还可送温暖给清洁工等。

（三）扎实到位，及时反馈

每个小队、每个成员一个月内开展至少三次志愿者活动，每次活动可与伙伴一起开展。每个中队每个月利用班、队会交流一次。交流时的形式可多样化，比如把本队活动制作成小报，制作成PPT，也可以把活动的内容用小品表演出来，也可以用具体实物来展示成果，比如将废旧物品制作成工艺品。

志愿者服务项目负责人除了从表格中了解别人的评价外，还可去实地调查，同时每个项目的执行小队每个月都要开一次反馈会，了解活动开展的亮点和难点，及时调整活动方式和手段。

学校每学期都要根据志愿者服务内容评选出优秀志愿者服务小队和优秀志愿者服务中队。

四、亮点扫描

——在爱心助老这一志愿服务活动中,同学们结识了一位因车祸失去双腿的独居老人,他们每周六下午定期轮流陪老人聊天,为老人做家务,擦灰打扫卫生,去超市代老人买生活必需品,用轮椅推老人到小区广场晒太阳、与其他人聊天,用零花钱为老人买轻便代步器,逢年过节给老人送插花。他们的行为深深感动了老人,老人委托邻居制作了锦旗,专程送到学校以示感激。

——结对辅导小队在辅导新转来的学生小袁的过程中取得了良好的成效。小袁从小由外婆带大,备受宠爱,他自由散漫,上课影响纪律,因为基础差,作业根本无法完成。一对一辅导小队利用课余和放学后的时间为他补缺补差,在期中考试中,他由刚来时的数学摸底成绩 3 分一跃到 88 分,语文从 29 分跃到 76 分。

——爱心义拍小队用义拍的钱帮助了外来务工子女小曾。小曾是一个家境贫寒的学生。有一个时期全家唯一在外打工维持家庭生活的父亲失去了工作,妹妹也患上了疾病急需开刀,奶奶经检查也得了癌症。新学期开学要订报纸,早已了解情况的班主任偷偷地为他垫上了报纸钱。学校组织春游,小曾很想去,爱心小队的同学知道了他的难处,发起了"帮助身边小伙伴"的献爱心活动,为了怕损伤他的自尊心,小队同学和老师一致约定保密,甚至于不知情的小曾也捐了一元钱。下午班会课上,当凝聚着颗颗爱心的钱转交给他时,他悄悄地哭了。爱心小队同学还专门把捐款剩下的钱建立一个帮困基金,专门用来帮助家境有困难的学生参加社会实践活动或者订阅报纸。

——学校白鸽小队的志愿者同学,在一次外出活动中,看到一名跌倒在马路上受伤的老人,孩子们见状赶紧扶起老人,经询问,了解到他居住在附近养老院,于是,孩子们扶着他回到了养老院,并且在养老院的房间里,给老人端茶送水,还有孩子甚至打电话回家,让父母送来了受伤的膏药。孩子们的行为受到了养老院上下的一致好评,老人拉着孩子们的手颤颤巍巍地说:"谢谢你们这些小囡,你们是真正的志愿者。"

两年来,诸如此类的感人事迹在社区广为传颂,据学校德育部门不完全统计,我们收到包括口头表扬在内的鼓励不下 200 次,反馈表上的居民满意率达到 100%。

五、教育分析

(一)平等教育

志愿者服务的内容很丰富,每个人都可以找到自己可参与的项目。每个人在志愿者服务中都是平等的,都可以找到合适自己的定位。因为爱心是平等的,不分贫富贵贱,所以社区弱势群体子女在参与志愿者服务过程中,心情是放松的,感受到的是付出的快乐,是与小伙伴合作的快乐。

(二)自信教育

很多社区弱势群体子女是自卑的,他们因为家庭原因更愿意掩藏自己的内心世界,而志愿者服务活动因为参与的面很广,所以他们也可享受到参与的乐趣,同时在参与和实施过程中,他们发现了自己的长处,看到别人对自己的肯定、微笑,听到了别人的表扬和鼓励,这对他们自信心的培养非常有益,他们会变得更加乐观。

(三)坚持教育

因为志愿者服务的系统性、可行性,社区弱势群体子女从进校到毕业可一直参与这项活动,有利于他们坚持从事某件事,当然活动中也不可避免地遇到挫折和困难,这时需要自己的毅力和他人的鼓励来坚持到底。

(四)幸福教育

在志愿者服务过程中,社区弱势群体的子女会发现幸福与财富无关。幸福的人不一定是富人,一个穷人也可以是快乐的,有积极状态的人不一定富有,但一定是幸福、快乐和乐观的。活动中对别人的宽容、自己的责任感,自己爱的能力和工作能力都可以是幸福的来源。

志愿者服务是一项积极的活动,一种积极的人生态度,促使弱势群体子女热爱自己、热爱他人、热爱这个世界,拥有更多的快乐和幸福。

走向"融文化"的"融研修"机制实践探索

隋文同

摘要： 学校坚持"回归教育本原""育人为本""促进公平"的价值追求，坚持融入教育的问题导向，致力探索融入教育校本管理经验，精耕细作，春华秋实，不断促进了学校内涵建设与和谐发展。"融教育"普识，"融教学"研训，"融德育"实训，"融课程"开发，学校初步构建起师生关系较为融洽、课程较为丰富适切、学生学科情感较为积极、课堂双向融入较为适宜的融研修机制。

关键词： 融教育　融研修　融文化

我校秉持"融入教育"的办学理念，其蕴含"容·融·荣"的丰富内涵。容：海纳百川，有教无类，有容乃大；融：梦想起航，无融则滞，共融共进；荣：自信发展，乐群向上，万卉争荣。多年来学校在随迁子女融入教育方面做了大量的生动实践和有益探索，为区域优质均衡发展做出了积极探索和有益尝试。我们也清醒意识到，随着融入教育的深入实施和发展，对教师教学素养、技能等方面提出更高的要求，一专多能成为一种发展需求，基于这样的办学理念和认识，我们以区教师教育方式机制创新项目为引领，以区级重点课题"基于融入教育的校本研修机制创新行动研究"为抓手，项目化驱动，扎实开展基于"融入教育"的师资培训创新机制实践探索，从观念、内容、方法、平台等维度全方位构建起师生关系较为融洽、课程较为丰富适切、学生学科情感较为积极、课堂双向融入较为适宜的校园融研修机制。

学校师资队伍不断壮大，目前学校在编教职工48人，其中1人入选第四期上海市双名工程攻关计划名师后备人选，德育学科带头人1名，3位高级教师，3位上海市优秀园丁，4位杨浦区骨干教师，师资结构合理。截至2018年，学校沪籍学生中考合格率连续11年保持100%，优良率高达67%，有将近50%的随迁学子顺利考入中高职贯通学校，受到领导和同行肯定。

一、基于教师群体理念转变的"融教育"普识

从家庭、心理、课程、教学等不同维度开展融入教育系列校本培训活动，增进教师

对融入教育的理解,增强教师对融入教育的认同。利用教工会加强中考改革新政的学习宣传,各教研组围绕基于学科的中考新政开展专题研修,深化教研组、备课组关于课标的学习与中考试题的解读、研判;设立跨学科教研组,学校科研主任牵头,地理、生命科学学科先行加入,每月开展主题研修活动,不断摸索跨学科工作经验。学习贯彻《中小学德育指南》精神,全员德育、全人教育、全课程渗透,不断丰富发展融入教育的内涵,努力提升"融教育"理念与素养。

在此基础上,自上而下,精心研制学校发展规划和个人专业发展规划,做到可量化、可检测,可实行中期评估与动态跟踪;不断完善学校校本研修制度和教研组研修制度,加大教师科研项目化考核力度,努力从教师观念、培训内容和研修制度上进行创新,有效提升学校校本研修工作的内驱力与师资发展的生命力。

二、基于教师专业发展的"融教学"研训

以"诊断把脉"为先导,全面深入课堂,分别从教学方式、师生关系、学习动力三个方面来具体观察、深入了解学情和教情,在此基础上,确立《东辽阳中学基于随迁子女学情的课堂文化评价表》,研制学案设计体例。

以语文学科为试验,教研组间进行经验交流与借鉴,语、数、外、理化科、政史地等教研组逐步推进学案导学研究。

每学期的暑假校本研修举行学校导学研究推进交流会,各教研组交流分享,推进研究,聚焦项目,务实研修,获得区教育学院领导的高度肯定,学案研发团队被推荐参加"感动东辽阳人物评选"进行事迹宣讲广受好评。

三、基于班主任育德能力提升的"融德育"实训

在区进修学院德育室和师训部的大力支持下,我们打造多元自培平台。于2016年在我校挂牌成立杨浦区中小学班主任研修共同体家园工作坊,它是由14所以随迁子女为主要生源的初级公办中学和3所小学组成。工作坊以社会主义核心价值观的渗透教育为指引,以"融入教育"为理念,倡导敬业奉献精神,不断完善培育机制,全方位搭建培训和研究平台,充分发挥其孵化、引领、示范、辐射作用,进一步提升班主任队伍的专业技能和素养。

每月举行培训活动,每学期工作坊评选出优秀学员,推荐参加区班主任高研班学习,目前我校先后有4位老师参加。

与此同时,我们开展基于融入教育的叙事德育行规教育实践研究,分层设计,分类指导,在课题引领下,实践体验中不断提升班主任群体科研素养与育德能力。

四、基于教师一专多能培育的"融课程"开发

围绕办学目标,构建以"融入教育"为特色,"琴"(行进管乐)、"棋"(将棋)、

"书"(生存宝典)、"画"(麦秆画)、"术"(摔柔、花样跳绳、高尔夫)为代表的"五艺"标志性校本课程群,培育一专多能的融入教育特色教师群体。

2018年6月27日,杨浦区新优质学校展示暨区教师教育机制创新项目核心校展示活动中,学校开设趣味沪语、手缝布艺、金融理财等拓展型课程获好评。

五、基于区本课程"生存宝典"的教师培训平台创新

在"心理导航与生涯规划"教育局"一校一品"区本课程基础上,学校聚焦"生存宝典"区本课程实施,依托"触摸上海"市级文化体验室和真爱梦想基金援建的生涯指导体验室,探索课程运作经验。

研发完成《生存宝典》教材2册及与其配套的2册教学设计;设计分年级生命公共安全体验室课程,学生每周走进体验室进行课程实训和体验。学校生命公共安全体验室录像课程代表区教育局参加全国比赛。

2018年3月14日,上海真爱梦想公益基金会来校调研指导,对学校梦想课程的实施和成效表示赞赏,学校被邀为梦想公益华东区域一星级学员做培训交流和经验分享。

六、"融研修"运作机制初步形成

1. 学案导学研发机制:经过多年探索实践,我们形成了从学案体例确立到学科学案研发,从学案教学实践到学案教学评价改进,从教研组学案汇编到教研组经验交流辐射的学案导学机制。在2017年杨浦区第十二届教育科研成果评选中,我校语文、外语、理化科教研组所申报的关于学案导学研究成果共计4项都获得三等奖;学校获评区十二届教育科研成果先进集体、区基础教育教学成果二等奖。

目前"有教无类""只有差异,没有差生"等理念在我校深入人心,并积极贯彻于教育教学中。教学行为发生转变,教学手段变得多样,工作自信得到增强;在新学情的挑战中提高了教育教学反思能力和知能结构自我调适能力。

2. "五艺"标志性课程运作机制:初步构建起以"琴"(行进管乐)、"棋"(将棋)、"书"(生存宝典)、"画"(麦秆画)、"术"(摔柔、花样跳绳、高尔夫、笼式足球)为标志的校本课程体系,在此过程中,教师研发校本教材、读物共计十余册,麦秆画制作和手工布艺2门课程被区教师进修学院立项为区域共享课程,学校还被教育局确立为2017—2019年区级体育传统项目校。

教师适应性教育能力得到提升,一专多能的融入教育特色教师群体初步成形,初步构建起具有包容心态、合作意识、奋进精神和助推学子真正融入、全面发展为荣的新型教师文化。

3. 区中小学班主任研修共同体家园工作坊推进机制:家园工作坊,日益成为探索创建有利于班主任专业发展的新机制,不断助推共同体学校班主任队伍建设,有效促进班主任群体业务水平的整体提升。2017年12月,我校承办杨浦区中小学班主任研修共同体家园工作坊主题教育课展示活动,广受好评。

家园工作坊是激励工作坊学员不断进取、不断创新的基地,我们将努力把其打造成杨浦区乃至上海市的区域班主任工作共同体研修的示范基地。

与此同时,我们也发现学校教师的教学水平、教师自我发展的内驱力、教师的科研能力和校本研修的执行力仍存在比较明显的不平衡性。今后我们要继续加强融入教育研究,关注绿色指标与课程标准;研制学案教学观测指标,进行课堂评价渗透,促进教学规范;压担子,搭平台,专家引领,智慧分享,全方位提升教师适切性教学水平和学案导学的有效性。

此外,目前学校还承担"基于民族文化认同的初中校本课程群研发与实践""初中随迁子女融入社区实践研究""基于融入教育的家庭教育指导实践研究"三项市级课题研究,我们可以将课题与研修有机整合,提升校本研修的针对性与实效性。

从"融教育"到"融德育",从"融课程"到"融教学",从对融入教育的再认识到"融研修"机制的不断研求,师生共享基于新优质学校创建的"融文化"变革探索与实践成果,努力实现师生共融共进,学校万卉争荣的美好愿景。

杨浦区"教育创新"子项目之"基于'融入教育'的师资培训创新机制实践研究"研究方案

隋文同

一、课题概况

（一）课题名称：杨浦区"教育创新"子项目研究方案——基于"融入教育"的师资培训创新机制实践研究

负责人：隋文同

研究时间：2016年9月—2020年9月

二、核心概念界定

融入教育，是指在公平的价值理念下，使进城务工人员随迁子女在学习、生活和心理等方面与本地城市相融合，促进其健康、全面发展的教育。

其内涵应包含三个维度：1. 在方向上，融入教育是相互的，进城务工人员随迁子女要融入学校、融入上海，而学校管理者和教师也要主动适应这一群体，作为"指导者"融入他们的求学生涯中；2. 在空间上，融入教育是学校、家庭与社区三位一体的，课程与教学是融入教育的重点平台和主阵地；3. 在内容上，融入教育涉及心理、情感、学习、行为、家庭、生活等方面，国家课程校本化和校本课程建设是统摄统领"融入"内容的基本途径与物化行为。

三、研究价值

众所周知，"核心素养"是我国教育方针所提出的目标体系，作为具有国际视野与符合中国国情的顶层设计，代表了对我国基础教育"知识核心"时代的发展与超越，是改革、深化素质教育的灵魂。2014年4月教育部印发的《关于全面深化课程改革落实立德树人根本任务的意见》，首次提出了"核心素养"的概念：学生应具备的适应终身发展和社会发展需要的必备品格和关键能力。2016年2月出台的《中国学生发展核心素养（征求意见稿）》指出，学生发展核心素养综合表现为9大素养：社会责任、国家认同、国际理解；人文底蕴、科学精神、审美情趣；身心健康、学会学习、实践创新。"中国基础教育的播火者"、北京师范大学教授林崇德认为，"核心素养是所有学生应具有的最关键、最必要的基础素养,是知识、能力和态度等的综合表现,它可以通过接受教育来形成和发展,且具有发展连续性和阶段性,兼具个人价值和社会价值。学生发展核心素养是一个体系,其作用具有整合性。"强化学生的核心素养是未来基础教育的大趋势。"从根本上来说,承担起学生的学习与发展的,不是每一位教师,而是整个教师团队;不是每一间教室,而是整所学校;不是每一所学校,而是整个社会文化。"

《上海市中长期教育改革和发展规划纲要(2010—2020年)》提出了"为了每一个学生的终身发展"核心理念,把"促进公平、追求卓越、推动创新、服务发展"作为工作方针。《杨浦区教育改革与发展第十三个五年规划纲要(2016—2020年)》提出了"全面完善'为每一位学生的成人、成才奠基'为核心理念的杨浦教育价值体系"。

我校作为杨浦区进城务工人员随迁子女教育课题研究协作组组长单位和区融入教育指导基地,多年秉持教育公平理念,坚持以"融入教育"的实践与探索为抓手,在随迁子女融入教育方面做了大量的生动实践和有益探索,为区域教育优质均衡发展做出了积极探索和有益尝试。学校初步构建起适应随迁子女教育需求的校本化课程体系,教师"融入教育"的理念与技能得到有效的提升,学生向善乐群的品质逐渐养成,学校教学水平不断提升,截至2016年,户籍学生中考合格率连续九年达到100%。

与此同时,随着融入教育的深入实施和发展,"融入教育"对教师教学素养、技能等方面提出更高的要求,一专多能的"融入教育"教师呈现出强烈的个人发展需求,这也许会成为今后我们融入教育教师群体普遍存在的一种特质。与此同时,学校教师的教学水平、教师自我发展的内驱力、教师的科研能力和对课改的执行力都存在着明显的不平衡性,融入教育师资培训机制有待进一步创新。

四、研究目标

通过本项目研究与实践,切实增强适合本校学情的教师专业发展能力和水平,进一步塑造具有包容心态、合作意识、奋进精神和以助推学子真正融入、全面发展为荣的新型教师文化,探索建立以随迁子女为主体生源的融入教育师资培养机制。

五、研究内容

(一)基础研究

1. 研究学校新五年发展规划(2016—2020年);

2. 学校融入教育师资培养现状分析;

3.《区域"十三五"校本研修工作思考》的学习。

(二)理论研究

1. 基于随迁子女学情的教育师资培训机制的理论研究;

2. 基于融入教育的理论研究。

（三）实践研究

基于"融入教育"，坚持"转型升级、创新发展、开放融合、共享成果"的原则，聚焦师资培训机制创新，开展校本行动研究。

1. 教师观念上的更新：对融入教育的认知，对融入教育的认同

融入教育，是指在公平的价值理念下，使进城务工人员随迁子女在学习、生活和心理等方面与本地城市相融合，促进其健康全面发展的教育。

其内涵应包含三个维度：1. 在方向上，融入教育是相互的，进城务工人员随迁子女要融入学校、融入上海，而学校管理者和教师也要主动适应这一群体，作为"指导者"融入他们的求学生涯中；2. 在空间上，融入教育是学校、家庭与社区三位一体的，课程与教学是融入教育的重点平台和主阵地；3. 在内容上，融入教育涉及心理、情感、学习、行为、家庭、生活等方面，国家课程校本化和校本课程建设是统摄统领"融入"内容的基本途径与物化行为。

2. 培训内容上的更新：立足"融入教育"，注重顶层设计

随着融入教育的深入实施和发展，对教师教学素养、技能等方面势必提出更高的要求。同时，随迁子女群体由于受到中考政策的制约，以及其存在的长期性这一客观矛盾的局限，倒逼我们在融入教育问题上需充分认识，做好顶层设计，真正让随迁学子"融得精彩，回得成功"。

3. 在教师培训的实践中创新

（1）培训制度创新

修订完善学校师资队伍建设相关制度，尤其是在培训考核评价和激励措施上充分体现创新的特质。

（2）培训平台创新

"生存宝典"区本课程的研发与实施：依托心理教研组和区域《生存宝典》研发小组，深化"心理导航与生涯规划"项目，聚焦"生存宝典"区本课程研发与实施，探索课程教学模式和经验，并逐步辐射到班主任层面的课程教学，努力营造学校心理健康教育良好氛围，并初步建立起区域特色课程共享机制，为区域学生身心健康、融入上海保驾护航。

公共安全体验教室项目：依托区生命教育校外实践联合实训基地校和区生命安全教育基地校，充分发挥学校公共安全体验教室功能，让老师们直面生命中各种安全问题，懂得公共安全知识和操作技能，研发课程教材与教学设计，为学校更好开展生命安全教育奠基，助力学校融入教育师资培训又一特色的形成。

(3) 培训方法创新：

"融德育"实训：

班主任研修共同体家园工作坊项目：工作坊以融入教育背景下的德育课题研究为主线，以线上线下为主要的研修模式，采用课题引领、专家领衔、校际合作、同伴互助、个人反思等形式，全方位提高十七所共同体学校青年班主任专业能力，提高班主任育德能力，加速班主任成长；不断扩大工作坊对外示范辐射的效应，努力使工作坊成为培养优秀班主任的区域平台，探索建立融入教育背景下区域班主任师资培养的创新机制。

"融社团"体验：

围绕办学目标，在构建以"融入教育"为特色，"琴"（行进管乐）、"棋"（将棋）、"书"（生存宝典）、"画"（麦秆画）、"术"（摔柔、花样跳绳）为代表的校本课程体系过程中，培育一专多能的融入教育特色教师群体。

"融教学"研训：

国家课程校本化实施：我们要以学案教学为载体，切实转变教育教学方式努力提升教研组教师观课、评课等基本科研素养，同时围绕"绿色指标"要求，积极实施《东辽阳中学绿色课堂文化评价表》，促进学案教学的有效实施。

校本特色课程评价渗透：关注教师课程评价素养和能力的培养和提升。融入教育校本特色课程以学生表现性评价为主，考察的主要内容可以是情境应对、即席讲话、主题演讲、问题讨论、社区活动、微报告、小论文等。同时班主任可结合学校自主研发的学生家园成长记录册进行德育评价跟进，"生存宝典"等拓展体验类课程可结合融入社区指导手册开展课程评价。

六、研究策略：

规划引领，专家跟进；上下联动，协作共研；研究与实践并行。

主要采用行动研究、文献研究、个案研究、经验总结等方法。

七、研究步骤：

研究时间：2016年9月—2020年9月

（一）准备与基础研究阶段（2016年9月—12月）

1.《区域"十三五"校本研修工作思考》的学习；

2. 完善课题研究方案；

3. 专家论证；

4. 确立任务分工。

（二）理论与实践研究（2017年1月—2019年12月）

1."融入教育"理论研讨、讲座；

2. 师资培训相关制度建设;

3. 师资培训相关项目实施;

4. 项目阶段性成果交流展示;

5. 项目研究方案优化。

(三)总结阶段(2020年1月—9月)

1. 师资培训制度汇编;

2. 师资培训案例汇编;

3. 相关项目实施方案和成果汇编;

4. 完成课题研究总报告。

八、拟创新点

"基于学校""通过学校""为了学校",我校将因应随迁子女生情,立足学校特点,探索建立以随迁子女为主体生源的"融入教育"师资培养机制,为区域义务教育内涵发展提供一些普适性经验。

九、研究成果

(一)最终成果

基于"融入教育"的师资培训创新机制实践研究报告

(二)阶段成果

1. 师资培训制度汇编;

2. 师资培训案例汇编;

3. 相关项目实施方案汇编;

4. 课程教学设计汇编;

5. 课程教材、读本。

十、研究基础

1. 学校是杨浦区进城务工人员随迁子女教育课题研究协作组组长单位和融入教育指导基地,具有较好的试验平台和资源。多年领衔"促进农民工同住子女教育工作内涵发展"(国家级课题子项目)课题研究,有效提升了区域进城务工人员随迁子女"融入教育"的品质,进一步促进了教育过程的公平。该课题阶段性成果《区域随迁子女"融入教育"的实践探索》获上海市基础教育改革成果评选二等奖。中央电视台、《解放日报》《文汇报》《东方教育时报》等媒体多次报道学校进城务工人员随迁子女教育工作所取得的成绩。学校现为上海市非遗文化进校园十佳研习基地、沪东青少年将棋活动中心。

2. 学校有一支科研意识和能力较强的科研骨干队伍,有健全的科研管理制度。

学校曾被评为杨浦区科研先进集体。研究报告《基于促进随迁子女学习方式转变的语文"适性"课程建设实践研究》获杨浦区第十一届教育科研成果评选二等奖。《基于初中随迁子女的"心理导航"校本课程的开发与实践》获杨浦区基础教育改革成果评选二等奖。"树的四季"创意秀参加央视少儿频道"看我72变"创意比赛获全国冠军、最佳创意奖。《进城务工人员随迁子女教育实践研究》获上海市第五届教育科研成果三等奖。

3. 学校现已成为区首批新优质学校,成为区域教育均衡发展、转型发展的试点校,承担多项试点任务。并率先成立了全区首个中小学班主任研修共同体家园工作坊、区首支公办初中学校行进管乐队等。

4. 学校特聘特级教师张根洪担任学校科研顾问。

5. 作为杨浦区进城务工人员随迁子女教育课题研究协作组组长单位,学校多年来得到了区教育局及市教委相关领导、专家的关心与支持,如原市教委青保处杨永明处长,市教委基教处朱蕾处长,市教委教师奖励基金会史国明处长,原市教科院教科所胡兴宏主任,原区教育局陈爱平副局长,全国教书育人楷模、特级校长谢小双,原区督导室主任、特级教师张根洪,特级教师陈小英,区德育专家俞梅芳,区科研专家方贤忠以及局关工委专家等。

融入教育，智慧的创生
——"心理导航与生涯规划"校本项目探索与创新

隋文同

引言

本项目研究是基于随迁子女生情的"融入教育"的实践研究，主要通过"心理导航与生涯规划"项目的研发、课程化实施，发掘随迁子女及家长与城市学生及家长之间的差异性资源，促进他们相互之间的欣赏与接纳，使随迁子女尽快融入城市，获得家的归属感，更多地从心理、文化以及核心素养培育等方面促进随迁子女更快更好成长，融入社会，自信、自强。

2009年10月，杨浦区挂牌成立一支由进城务工人员随迁子女占比例较高的16所公办中小学和1所国家级重点职业技术学校组成的课题研究协作组，以"促进农民工同住子女教育工作内涵发展"国家级课题子项目研究为引领，汇聚区域合力，扎实开展"融入教育"课题研究与实践，我校作为课题协作组组长单位领衔该课题研究。

我们课题组对区域四所学校做过一次大样本的调研，调查结果显示：随迁学子融入的障碍主要表现在四个方面：一是行为习惯，二是学习基础，三是家庭教育，四是心理。在这诸多融入障碍问题中，我们认为最核心的是心理融入障碍，其突出的表现就是学生自信心不足，与他人沟通交流不畅，学习内部动机不强等，过半数的学生对未来感觉茫然或无所适从。

鉴于此，我校以"融入教育"实践研究为载体，着力研发"心理导航与生涯规划"校本项目，尝试通过有系统、分层次的课程化教育系列研究，来帮助每一个随迁学子更好地"融入"。作为区进城务工人员随迁子女教育教学研究课题组的组长单位，我校更多地承担了牵头研发该项目的任务。

一、初中随迁子女的心理融入障碍的调查分析

1. 自卑心理较严重。心理胆怯，不敢在他人面前表达自己的想法。对"乡下人""农民工""外地人"等称呼敏感，情绪因此易失控。不愿谈及自己家庭和父母的相关情况。

2. 沟通、倾诉意识不足。同学间的摩擦常以"拳脚"的方式解决。与老师的沟通常用"沉默"来回答。不愿与父母分享甚至提及自己的在校生活。

3. 自我展示的意识和能力不强。课堂活动表现消极被动。学校主题活动参与兴趣和表现能力缺乏。各类竞赛评比活动竞争意识与技能欠缺。

二、突破初中随迁子女心理融入障碍的教育对策

1. 探索随迁子女心理融入的方法与技术

团体辅导： 团体辅导是在团体情境下进行的一种心理辅导形式，它是以团体为对象，运用适当的辅导策略与方法，通过团体成员间的互动，促使个体在交往中通过观察、学习、体验，认识自我、探讨自我、接纳自我，调整和改善与他人的关系，学习新的态度与行为方式，激发个体潜能，增强适应能力的助人过程。

班级辅导： 班级心理辅导是以团体动力的理论和团体心理辅导的技术为基础，以解决学生成长过程中的共性问题为目标，以班级为单位开展的一种心理辅导活动。

个别辅导： 个别辅导即辅导老师与学生一对一，就学生的问题或发展进行辅导的过程。每个学生都是一个独立的个体，都有着不同的个性，团体辅导与班级辅导能够解决学生的共性问题，但是我们也不能忽视个体差异的存在。个别辅导能够对个体进行有针对性的辅导，解决个体独特的问题。

同伴辅导： 同伴辅导是指学校鉴于心理健康教育的需要，运用与受辅对象年龄层接近或稍长、有相似经验的学生，经挑选并以短期的培训，以期这些半专业的助人者，即同伴心理辅导员，能够为其他学生提供心理帮助，协助其他同学探索自我、适应环境、促进成长的一种辅导形式。

2. 研发基于随迁子女生情的"心理导航与生涯规划"校本课程系列读本

在区域大样本问卷调研施测基础上，我校选择以"心理融入"课题研究为切入口，成立课题组，开展"初中进城务工人员随迁子女心理融入障碍分析及对策研究"课题研究，关注随迁子女心理健康和积极的人生态度的培养；力求从心理上解决融入城市生活的困惑，促成学生人生价值的提升，努力做一个有素养的、乐观的新上海人。

2011年，该课题被成功立项为上海市"德尚"重点课题。此项课题性质定位在实践研究。经历了这样几个探索阶段：一是构建课程框架，包括心理诊断、心理调适、生涯教育、体能综合训练等；二是配置硬件设施，逐步建立了心理诊断室、心理调适室、生涯教育指导室、体能综合训练室等四个专用教室，并陆续配置和完善各专用教室所需各类硬件设施和器材；三是编制课程读本，学校现已初步编制完成四个年级"心理导航与生涯规划"课程读本：预备年级《心理导航：融入上海篇》，初一年级《心理导航：生命的旋律篇》，初二年级《心理导航：沟通与合作篇》，初三年级

《心理导航：生涯教育篇》；四是研究课程评价,定期通过观课、问卷、访谈等形式,了解教师、学生对"心理导航与生涯规划"课程的意见和建议。目前,该课程作为必修课程在全校各年级开设。

2013年5月22日,《东方教育时报》以《东辽阳中学专设课程,开启进城务工人员子女心门》为题专门报道我校"心理融入"课题研究的探索与成效。

2013年9月至今,我们又在过去研究基础上,进行课程化推进,着力研发《生存宝典》系列教材——针对预备初一年级：第一册"学会共同生活篇(learning to live together)",针对初二初三年级：第二册"学会发展篇(learning to be)"。此外,还启动与课程教材相匹配的"触摸上海"文化体验室、职业生涯体验室等硬件建设,旨在将我校"心理融入"课题研究向纵深推进,进一步增强进城务工人员随迁子女自尊自信自强的主人翁意识,帮助他们发掘潜能并学会生涯规划,提升他们融入学校、融入社区、融入社会情境的生存与发展能力。

三、"心理导航与生涯规划"校本项目的实践创新

该项目的探索实施丰富了义务教育的内涵,赋予"公平教育"新的注解。作为杨浦区"一校一品"优秀课程的心理导航校本项目,已由点及面辐射到整个区县范围,初步实现了优质教育资源的共享共建,并取得了不错的示范性成果。目前,已有杨浦初级中学、上海市十五中学和区内几所小学开始走入我校,近距离体验这项"心理导航与生涯规划"校本项目的教学实践。"心理导航与生涯规划"课程不仅仅局限于课堂,应该是一个综合体,让随迁子女真正走上社会、体验社会,才是"融入"的关键,而课程的后半部分"生涯教育"正是一个好的开始,在目前的客观环境下,"中高职贯通"的新模式还是能为这些进城务工人员子女提供一种积极的未来发展方向。

该项目最大的受益对象无疑是进城务工人员随迁子女,但这并不应成为课程对象划分的明确界限。真正影响孩子学习状况的还是家庭背景,因而一些缺乏家庭教育监督的本地孩子,同样存在类似的心理问题。此项目课程同样面向他们,旨在人性化地让每个孩子开启心门。

多年来,我校以"融入教育"为主旋律,确立"大心理"教育观,聚焦进城务工人员随迁子女心理融入问题,并以此为突破口,课程化推进,初步取得一定成效。

一是学校初步找到了一条基于进城务工人员随迁子女生源的内涵发展之路,提升了教育质量。

我们以"融入教育"为主旋律,重在心理"导航",学校教育质量不因生源的变化而下降,留不住本地块生源的现象也有所缓解。学校的社会认可度不断上升,办学特色正逐步形成。学校现已成为区首批"新优质学校"学校,成为区域教育均衡发展、

转型发展的试点校,承担多项试点任务。中央电视台、《解放日报》《文汇报》《东方教育时报》等媒体多次报道学校进城务工人员随迁子女教育工作所取得的成绩。

二是学校教师从困惑与迷茫中走出,逐步确立了乐于承担进城务工人员随迁子女教育的社会责任与使命感。

教师在协作共研团队的实践研究中找到了新的职业定位,获得了新鲜的专业生活体验和科研成果;教学行为方式发生转变,教学手段多样化,工作自信心得到增强;在新学生新学情的挑战中,提高了教育教学反思能力和知能结构自我调适能力;在随迁子女生活背景与成长故事的"反哺"中,得到师德品质的净化、催生了职业使命感、提升了职业生涯幸福指数。

三是"心理导航与生涯规划"的融入教育,使得学生也发生了实实在在的变化。

学生的"陌生感""自卑心"逐步消融,"乐观开朗""尊师乐群"趋向成为群体性格;课堂学习行为大部向好,多数学生学习兴趣较高;学习困难生比例大为缩减;学生个体特长和技艺得到充分发展,习得技能多样化。

2013年6月,全国第六届民工子女教育研讨会闭幕式在我校举行,学生们淳朴、阳光、自信的表现,赢得与会嘉宾的啧啧称赞。同年7月,我校"走进戏剧"社团应邀赴北京参加中央电视台少儿频道"看我72变"创意节目比赛,喜获周冠军以及最佳创意奖。

与此同时,作为杨浦区进城务工人员随迁子女教育课题研究协作组组长单位和融入教育指导基地,多年来,我校坚持以"融入教育"的实践与探索为抓手,集聚"融入教育"办学优势,以心理融入教育为突破口,充分整合学校、家庭、社区、园区教育资源,不断拓展融入教育空间,积极构建学生喜闻乐见的"融"课程群,全面推进"融"课堂教学变革,不断彰显"融入教育"特点,已成为区域内名副其实的一所新优质学校,有效提升了区域进城务工人员随迁子女"融入教育"的品质,进一步促进了教育过程的公平,在区域内形成一定的影响力。该课题阶段性成果《进城务工人员随迁子女"融入教育"的实践探索》获上海市基础教育改革成果评选二等奖和市第五届教育科研成果三等奖。先后多次举行美国、日本、爱尔兰来访等外事接待活动。

学校现为上海市中华优秀传统文化研习暨非遗进校园十佳传习基地、沪东青少年将棋活动中心、上海市摔跤重点学校,并率先成立了全区首个中小学班主任研修共同体家园工作坊、区首支公办初中学校行进管乐队,还先后承担"区域教师教育方式、机制创新的行动研究"核心校、区"创智课堂"试点校等试点任务。

心理导航，让"融入教育"走进孩子心田
—— 东辽阳中学心理拓展型课程教研活动案例

隋文同

【活动背景与意图】

此次教研活动，旨在展示交流我校心理融入教育成效，进一步助推学校"心理导航"项目课程化进程，更好实现区域课程资源交流与共享。

2009年10月，杨浦区挂牌成立一支由进城务工人员随迁子女占比例较高的16所公办中小学和1所国家级重点职业技术学校组成的课题研究协作组；2010年，在我校设立区融入教育指导基地。我校作为协作组组长单位多年领衔"融入教育"课题研究与实践。

2010年，学校做过一次区域大样本的调研，调查结果显示：进城务工人员随迁子女融入的障碍主要表现在四个方面，一是行为习惯；二是学习基础；三是家庭教育；四是心理。经分析，我们发现在这诸多融入障碍问题中，核心的是心理融入障碍，其突出的表现就是学生自信心不足，与他人沟通交流不畅，学习内部动机不强等。为此，学校着力开展"初中进城务工人员随迁子女心理融入障碍分析及对策研究"课题研究，关注随迁子女心理健康和积极的人生态度的培养；力求从心理上解决他们融入城市生活的困惑，促成学生人生价值的提升，努力做一个有素养的、乐观的新上海人。该课题被成功立项为上海市"德尚"重点课题，其成果获上海市三等奖。

在心理融入课题研究基础上，学校校本特色课程"心理导航与生涯教育"得以开发和实施，该课程在2012年被教育局评为区"一校一品"优秀课程，其成果在2013年杨浦区基础教育教学成果奖评选中获二等奖。2013年5月22日，《东方教育时报》以《东辽阳中学专设课程，开启进城务工人员子女心门》为题专门报道学校"心理导航"课程实施成效。该课程成果也在区首届基础教育教学成果奖评选中获二等奖。

从实施情况看，该课程的价值追求——加强融入教育，促进每一个进城务工人员随迁子女的健康快乐成长，得到了较好落实。一方面，通过心理融入教育，学生的综合素质得到发展，学业成绩取得显著进步；另一方面，"心理导航"课程的实施激发

了教师的工作热情，使教师们勇于、乐于承担进城务工人员随迁子女教育，增强其社会责任感与使命感；此外，通过"心理导航"课程的开发和实施，学校初步找到了一条基于随迁子女生情的合作通道，更好地实现了共同发展。这些也都为我校更好服务协作组成员校，发挥其在区域内的辐射引领作用奠定了重要基础。

【活动设计与实施过程】

一、观课

刘莺老师执教《多样的情绪》。

二、说课

中学生的情绪有以下几个特点：一是情绪活动的丰富性。由于新的需要不断涌现，初中生在自我认识的态度体验上，形成了如自尊、自信、自我、自负等多种情绪体验。情绪活动的丰富性，也导致了中学生情绪更加趋于复杂化。二是情绪体验的跌宕性。中学生情绪激荡，容易动感情，也容易激怒。这种冲动性与他们的生理发育，特别是神经活动的兴奋过程强、抑制过程弱有一定关系。三是情绪活动的心境化。中学生的情绪在时间上比小学生有更长的延续性，一件事情引起的反应能够较长时间地留在心头，这种拉长了的情绪状态则会转为较稳定的心境。四是情绪变化的两极性。中学生情绪变化的两极性具体表现为：复杂与简单共存、强与弱共存、波动和稳定共存、微妙的隐蔽性。

我校的情况更为特殊，全校学生中，有83%的学生为外来务工人员随迁子女。随迁子女相较上海学生而言，更容易产生自卑、孤独、焦虑等不良情绪。另外，这些学生与家长沟通的时间也较少，家长的管教方式一般有两种：简单粗暴或者放任自由，因此学生产生问题之后也无法得到支持，导致不良情绪无处排解。而产生不良情绪后，学生的表现也与家庭相关，呈现出两种常见的现象：一是压抑，二是以简单粗暴的方式表现出来。因此，我选择"情绪"这一主题，希望能够让学生了解自身的情绪，并学会用正确的方式，在适当的场合，用适当的方式将情绪表达出来。

第一个环节：导入

通过暴走漫画中的表情引入，暴走漫画是现在网上十分流行的漫画，许多学生都喜欢看，它就是通过一个个夸张的表情来反映生活中的事件带给人们的不同情绪，贴近生活。让学生看暴走漫画中常见的几种表情，说出这几种表情所代表的情绪，从而引出这堂课的课题：多样的情绪。

第二个环节：感受情绪

让学生回想初到上海到现在曾经体会到的情绪，感受情绪的变化，了解情绪的多样性。

第三个环节：分组游戏

让学生按照情绪卡片自行分组，由此引出四种基本情绪：喜怒哀惧。同时让学生明白，情绪的复杂多样性。并在最后引出情绪的表达。

第四个环节：情境表演

给每组一个情境，让学生通过表演的方式将情境中的情绪表现出来，通过前两组表演，让学生知道情绪的表达方式：面部，肢体，语言。通过后两组的表演，让学生知道，要正确表达情绪。

第五个环节：视频

通过视频，教师小结：情绪除了要正确表达之外，还要适当地表达。

三、研课

(一)颜瑛：关注学生心理诉求

刘莺老师"多样的情绪"这堂课，在教学上充分体现了学生的主体作用和教师的主导作用相结合的原则，能够较好激发学生的学习兴趣和情感体验，较符合初中学生的好奇心理和身心特点。

整堂课是在教师引导下，以活动为载体，让学生在活动中感受、体验、思考、感悟而获得心理成长，形成健全的人格和良好心理品质的教学实践。教学有法，但无定法，教要得法。这是一堂很成功的心理辅导课，因为达到了让每个学生在学习过程中有所动、有所思、有所悟、有所得的教学目标，教学方式得法。这一节心理健康教育活动课具有以下几个方面的优点：

1. 选题合适，适合学生的阶段需求，以及个性心理特征和认知水平。选题合适，就是成功了一半。

2. 总体上而言，本次授课主题明确，活动层次分明，围绕着"情绪"这个主题，环环相扣，层层递进，引入高潮。一堂好的心理课，就应该简洁、内容不复杂，只围绕一个主题有层次地开展活动。

3. 人人都是主角，没有旁观者。这堂课坚持以学生的活动为主，注重体验，尊重学生的人生体验，善于利用学生资源；教师价值保持中立，体现了心理辅导课"关注—倾听—民主—同感"的特点。关注每一位学生是一堂好的心理辅导课的最基本特点。心理辅导活动的设计要充分考虑到每个学生，使每个学生都有机会参与，个个都有体验。

4. 重实践，重分享交流。这堂课充分发挥了学生的主体作用，让学生有所启发，有所感悟，达到了心理辅导课应达到的教学目标。心理活动课要真正坚持活动为主，注重感受，让学生在体验中建构一些自我发展的方法。好的心理课，课堂氛围宽松、自然、真实，学生有机会说出自己的心声，教师认真聆听学生的心声，学生愿意说出心声。哪怕学生说出的想法中有些是不符合道德规范的、错误的，教师也能认真聆听。

在心理辅导的教学中，或许我们很难面面俱到，但至少应成为我们上好心理健康教育活动课的努力方向。教师的教态亲切自然、尊重学生，课堂气氛活跃，学生在学习过程中的主动参与程度较高，教师能及时应用有效评价，给予学生较客观的肯定，尤其对随迁子女学生的肯定，对学生的心理健康有很大的帮助，能使之感受到建立和谐师生关系的重要性，具有良好的教学效果。

（二）姚奇志：关注学生"心理"的健康

青春期的学生情绪不稳定，好兴奋，易激动。本节课关注学生多样的情绪，教会学生学会在合适的场合，用合适的方式表达自己的情绪十分重要，通过这堂课使同学对于情绪能够有理性的认识。

我校学生多为进城务工人员随迁子女，家长忙于生计，对孩子心理情绪关心较少，学校担负了主要的教育任务。学生容易出现不良情绪，因为不懂控制情绪，易出现过激行为，教师有责任告诉学生控制情绪的重要性。

本节课选题针对性强，符合学生的年龄心理特点。本节课聚焦主要情绪的正确表达，重点突出。导入中的暴走漫画轻松活泼，创设了愉悦的课堂气氛，顺利将学生引入学习过程。课堂活动设计合理，游戏活动生动有趣。视频有警示作用。板书"伤害人际关系，损失财产，伤害自己"总结得恰到好处。

由此我联想到最近复旦大学研究生遭室友投毒致死案是网上热议的话题，如果真要从黄洋的不幸个案中检讨中国教育到底缺失了什么，那大概不是什么专业性的"关注学生心理"，而是在更大范围内的人文教育的荒芜与缺失。该指责的不只是大学，而是涵盖整个漫长的儿童、青少年至青年期，从学校到家庭和社会，哪一环都有份儿。

一味注重功利性、技能性知识的大剂量灌输，轻忽人文教育的做法，今天依然普遍。盯着功利性十足的个人目标，在竞争的压力下一路飞奔，其实很容易造成一些高学历人才的精神偏陋或心理失常，在原本只属于常识、常规的人际关系或行事挫折面前，缺少包容心与应对能力，意外折了羽翼。如此事例，并不在少数。若不能反思与改变，而以工具心态说青少年心理学、人格养成，怕只是空谈。

（三）陶静：心理课程学生评价之学生成长"阳光链"

从刘莺老师课中，我们不难看到，这些随迁子女学生有着他们淳朴的一面，回答问题还是比较踊跃，参与活动热情还是比较高的，刘莺老师也能够适时予以肯定和鼓励。于是我想到，鉴于随迁子女学生的心理特点和感受，可以在教学实践中尝试采用"阳光链"的评价形式，及时记录他们平时学习和生活中的点滴进步或可取之处，这既是对他们个体的尊重与激励,也能为我们的教学提供更加鲜活的素材与有效手段。日积月累,"阳光链"串出了学生成长的点点滴滴与成长足迹,也时刻提醒我们教师要用更适切的教学方式和更加有效的课堂教学去关爱这些孩子。

四、课程汇报

科研主任隋文同老师从三方面汇报了学校"心理导航"课程研发及实施情况,即,基于一个现实问题的真实研究,以课程化教育为载体的积极探索,实现学校区域多赢共享的有益实践。

【活动分析与启示】

一、专家点评:区教师进修学院心理教研员　倪京凤

学校多年来扎实开展心理融入教育课题的研究与实践,取得了比较明显的成效,该课题荣获上海市"德尚"课题成果评选三等奖,至今学校已经初步构建起具有鲜明特色的校本德育课程体系。她认为,该堂课符合进城务工人员随迁子女这一群体的实际心理诉求,非常具有建设性意义。课堂上学生真实、自然、阳光的表现让我们感受到进城务工人员随迁子女崭新的精神面貌。从课堂整体效果来看,执教教师颇具心理教师潜质,后生可畏。同时倪老师也客观坦诚地对该堂课提出了一些宝贵建议。大家在思维的交流碰撞中开阔了视野,切实提升了基于进城务工人员随迁子女生情的心理教学认识与理念。

二、专家讲座:原区教师进修学院德育室主任　俞梅芳

俞老师从进城务工人员随迁子女心理教育现状、让学生拥有健康的心理、呵护学生心理的教育使命三个方面阐述了新的教育形势下随迁子女教育工作者树立责任感与使命感的重要性。她强调,教师要转变理念,做到"有教无类",同时要切实提升教师适应随迁子女生情的能力和水平。讲座结合社会热点,素材鲜活,事例生动,观点有力,引发大家深深的思考与共鸣。

此次教研活动,通过课程的观摩、研讨及专家讲座,使大家对当下进城务工人员随迁子女心理教育的现状及其对策有了更深的认识和理解。在办好家门口的优质学校的诉求下,在异地中考高考的新动态下,我们将继续探求"融入教育"的校本课程建设,以期逐步形成更加切合学生实际、更加完善的"心理导航"课程体系,积极创建与该课程相匹配的"触摸上海"体验室,努力帮助随迁子女感受上海文化、融入上海生活。与此同时,要积极探索形成基地课程资源共享机制和基地运作长效机制,充分发挥基地在区域内的辐射引领和服务共享作用,努力让"融入教育"真正走进每个孩子心田。

弘扬中华武术传统,助力融入教育新发展

隋文同

近年来,我校以"为每一个学生的未来奠基"为宗旨,深化实施"融入教育",传承优秀民族文化、践行社会主义核心价值观,努力使每个学生成为"厚德自信、勤奋好学、合作阳光"的有个性、有特长的合格初中生。与此同时,我们积极构建以"融入教育"为特色,"琴"(行进管乐)、"棋"(将棋)、"书"(生存宝典)、"画"(麦秆画)、"术"(摔柔、花样跳绳)为代表的校本课程体系,丰富学生学习经历,促进学生全面发展。

实际上,我校也历来重视体育工作。早在 2013 年,我校在区教育局、体育局的关心和指导下,有幸加入区校园"体育生活化"实践研究联盟体。我们以丰富多彩、学生喜闻乐见的社团活动课程为载体,以学生需求为导向,凸显"一棋一绳"特色品牌,确保学生"每天锻炼一小时",努力让"体育生活化"真正从理念转变为学生的一种实实在在的生活行为和习惯。

经过几年积累,我们已取得了较为突出的成绩。先后获得杨浦区学生健康促进工程先进单位、区阳光体育优胜单位、区体教结合工作优秀集体、上海市跳绳协会成员单位等荣誉。

自 2014 年起,学校与区少体校合作,组织输送田径、摔跤、柔道运动员后备人员,每年都有 7、8 名学生参加区少体校正常训练活动。自此,摔柔成为继我校将棋、空竹、花样跳绳、风筝、绑腿跑等项目之后的新的体育增长点。这其中振奋人心的是,我校薛振同学参加 2015—2016 年上海市摔跤锦标赛等各项比赛获得第一名的好成绩,这也极大鼓舞了我校武术社团学员们的士气和信心。

2016 年 4 月 27 日,我校被确立为上海市摔跤重点学校。上海市摔跤柔道协会副主席夏双喜、秘书长张杰,杨浦区竞训科科长吕华明、副科长陆东琴,区少体校副校长田青等领导与会。学校一定会充分利用好这些平台,培养出更多更好的摔跤队员、更多更好的具有武德的学生,使他们真正成为德智体全面发展的国家需要之才。

自 2016 年起,我校将摔跤、柔道、散打纳入课程,成立学校的武术运动队,参训人数共达 57 人,其中注册运动员 17 人。并配套设立讲武堂,努力做到"两保障",即经

费投入保障和场地器材设施保障，更好满足武术训练和教学安全需要，实训场地共计约 60 平方米，购置器材、设备约 3 万元。

目前，学校武术项目初步形成协同合作，齐抓共管的良性管理体制。学校聘用了两名高水平武术教练担任武术课，并专门负责课余训练工作，配备了 1 名体育专职教师负责课程管理。教导处、体育教研组主抓武术教学教研、武术课余训练、武术教师配备等常规工作；政教处主要负责体育课外活动、校内武术比赛、外出参赛和交流等活动；后勤部门负责经费投入、场地、器材、设备保障。学校领导重视，各部门各司其职、各负其责。

如今，武术校本课程已列入学校课表，每周至少在校安排一次武术健身活动。不仅如此，注册运动员和部分社团成员还在每天（包括双休日）固定时间段参加少体校实训活动。至此，我校在切实保证学生每天一小时阳光体育活动时间基础上，又进一步丰富了学生课外活动内容，并逐渐将其发展成我校阳光体育又一特色项目，成为学校"融入教育"办学的新亮点。

今后，我校将以创建杨浦区体育传统项目校为契机，进一步加强体育传统项目工作的领导，"以武健身，以武扬德，以武励志，以武促学"，不断完善武术工作各项制度，建立武术队队员档案，强化武术教学训练常规管理，定期开展校武术队交流活动，适时研发武术教材，加大经费投入，确保体育传统项目校工作正常有序开展。

弘扬中华武术传统，助力融入教育新发展。相信在上级部门的关心和支持下，我们一定会实现武术项目建设与学校整体发展的和谐共赢，普惠更多随迁学子。

行规教育：随迁子女的"助融剂"
——基于随迁子女学情的行规教育"九化"策略

潘道浩

我校地处定海路街道，随迁子女占学校生源的92%。这些学生来自大山深处、偏远山村，由于家长的文化程度普遍比较低，学生不了解城市文化，缺乏良好的家庭教育，亟须养成良好的行为规范。为此，学校始终把行规教育（即，行为规范教育）作为学生的人生导向，取得了较好的效果，成为随迁子女融入上海的"助融剂"。

我们认为，行为规范养成教育的价值体现在"融入"，主要体现在两个方面：

一是秉持"融入教育"的育人理念。学校的核心理念是"融入教育"，其宗旨就在于使"差异"转变为"资源"，让每一个随迁子女在学习行为、生活行为和心理活动等方面融入学校文化，融入上海文化。在学生行为规范教育中，我们坚持"融入教育"价值理念，将行为规范要求"融入"学生的家庭适应行为、学习适应行为、集体适应行为、人际交往适应行为、社会生活适应行为、自我适应行为。

二是形成行规教育目标。我校制定了明确的学校行为规范教育总目标和分学段的行为规范教育目标。总体目标是：能够传承优秀传统文化、践行社会主义核心价值观，使之成为"厚德自信、勤奋好学、合作阳光"的有个性、有特长、文明守礼的合格初中生。我们根据学生实际情况与成长规律，确定了各年级的行规教育目标。预备年级：行为规范合格；初一年级：学会交友；初二年级：文明守礼；初三年级：责任担当。行规教育既是每个东辽阳学生的第一堂必修课，也是贯穿他们初中四年的教育内容。

行为规范教育必须符合校情生情，我校积极探索适合学生年龄特点和认知水平的行规教育模式，其中包括对其内容与途径、方法与策略、管理与评价的探究。尤其值得一提的是我校行规教育的"九化"策略。

策略一：行为规范管理制度精细化

学生行为规范养成需要精细化的管理制度来保障。我们加强行为规范组织管理。建立由校长，书记、德育主任、团队干部、青保老师、心理老师和年级组长组成的领导小组，定期研究学校德育活动、学生行规以及特殊学生的教育问题等；建立行为规范教育工作小组,每学期定期召开年级教育教学情况分析会,共同研讨学生的思想教育、行规教育和教学工作情况,找问题、想对策,使教育工作更有针对性。

我们完善行为规范制度建设。学校完善行规教育例会制度。通过德育工作领导小组、工作小组例会制度、班主任工作例会制度,定期研究学生的行规情况,及时纠正学生行为。完善行规教育"三多"抓落实制度。即: 多讲讲,班主任每天多讲讲行规,德育处利用相关时间多点评行规; 多查查,检查员多到相关班级查查,德育处、执勤老师多到各班级看看; 多抓抓,多利用"新颖"电视台与"闪光镜"抓闪光典型的推广,抓不文明现象的纠正。

策略二: 行规教育环境浸润化

学生行为规范养成需用优美的校园环境来浸润。学校设计打造的学校"融"文化新景观获评2015年杨浦区十佳校园景观之首。新景观既营造了陶冶情操的优美环境,也体现了浓厚的人文精神,彰显了向上的精神风貌。开展温馨教室评比,在营造良好的班级文化氛围的同时,也时刻提醒学生举止文明得体,规范学生的行为。学校还精心打造美观的绿化,开办学生种植园——"稼园",鼓励学生亲近自然,达到环境与教育的和谐。

策略三: 行规评价方法多元化

学生行为规范养成需用多元的评价方法来促进。我校每周开展行规流动红旗评比,促进学生良好习惯的形成; 用行规免检项目激发学生班级荣誉感,形成人人自我规范、处处示范争优的氛围; 举行主题月之星评比,如"文明礼仪之星""感恩之星"等。其中"感恩之星"在一年一度的感动东辽阳人物颁奖典礼上予以表彰;"主题之星"的事迹做成展板供大家学习与监督,正向引导学生的行为习惯,促进良好校风的形成。每月对班主任进行考核时都有行规教育的内容,行规教育效果明显的老师,年终考核予以加分。

策略四: 行为规范教育课程化

学生行为规范养成需要德育课程做基石。我校是上海市心理健康教育达标校,学校把行为规范教育与心理健康教育整合在一起,开发实施"心理导航"特色课程。"心理导航"课程内容主要包括: 预备年级《融入上海篇》,初一年级《生命的旋律篇》,初二年级《沟通与合作篇》,初三年级《生涯教育篇》等。我们又在"心理导航"特色课程的基础上开发实施了"生存宝典"课程,创建了心理导航教育基地。目前,该课程为区"一校一品"特色课程并在区域内推广。

策略五: 行为规范训练主题化

学生行为规范养成需要主题化训练作路径。我校将爱心教育与责任感、自信心培养等教育串成主线,开展每月一主题的教育活动。如:读书月、诚信月、文明礼仪月等。主题教育月活动与日常主题活动结合起来,如学校每次升旗仪式、体育节、艺术节、科技节、分年级开展仪式教育等活动,都有明确的主题,融入文化内涵,体现人文精神。在实施中,学校根据不同年级学生的身心特点分层次制订不同的目标要求,重点就几项行规进行教育,有针对性地开展具有校本特色的学生行规活动,切实增强教育的实效性。

策略六:行为规范实践活动化

学生行为规范养成需要实践活动来提升。学校重视主体实践活动,有计划组织学生分年级开展实践活动,通过这些活动,让学生在社会实践中增长才干,增强社会责任感。通过学生社团活动,让学生在花样跳绳、麦秆画、抖空竹、摔柔、风筝等传统文化传承活动中规范相关礼仪,增强对社会主义核心价值观的认同。这些活动的开展帮助学生树立了自信心,养成了良好的行规,激发了民族自豪感,更有了承担起传承传统文化的责任意识。

策略七:行为习惯养成自主化

学生行为规范养成需要自主管理来内化。我们崇尚学生自主管理。在行规教育中,坚持学生的"主体"作用,采用多种形式,增强队员自主管理,促进学生"内化"行为准则。通过行规示范检查员队伍,检查队员们的日常行为规范;通过《东辽阳中学学生成长周记》,让学生记录一天的生活,反思自己的言行,在反思中提升自己;通过诚信小卖部、诚信试场、志愿者服务小队等平台,提高学生自我管理、自我服务意识,约束自己的行为。

我们开展"爱心伴我成长"帮教活动。这项帮教活动开展已十余年,帮教学生近200人次。我们要求帮教老师能正面引导,及时表扬。鼓励进步比较明显的学生担任学校检察员或班级小干部,在工作中培养责任感和服务集体的意识;鼓励有特长的学生在校级甚至市、区级平台表演,树立自信,规范行为。

策略八:行为规范合力教育制度化

学生行为规范养成需要家、校、社区的合力做后盾。我们参与研发《家庭教育指导读本》。以"初中随迁子女家庭教育研究"这一课题研究为载体,形成"融入教育"的合力。《家庭教育指导读本》是父母与孩子共同的亲子读本,在亲子沟通的同时,还潜移默化地告诉孩子关于城市生活、学习规范、文明礼仪等方面的知识,帮助他们更快融入城市生活。

我们建立家、校、社区合力机制。学校加大与社区、社区志愿者服务机构合作,引领学生在走进社区、大学、园区的过程中形成良好的行为习惯;定期邀请校内外专家开设家庭教育指导讲座,对家长的教育方式、自身行为等进行指导,家、校、社区形成教育合力,使得教育更具实效。

策略九：教师的"表率与榜样"作用化

学生行为规范养成需要教师的"表率与榜样"来引领。我们重视树立教师身边的榜样。学校扎实开展师德教育系列活动,如"感动东辽阳人物评选""我心目中的好老师"评选等。通过这些活动放大教师"闪光点",捕捉教师"动人的细节",从而不断促进教师情感、态度的转变,提升教师的教育境界,取得了较为突出的效果。

我们开展"家园教师"的评选活动。学校牵头,每年在协作组成员校中评选一批"家园教师",对教育教学工作中取得成绩的教师予以表彰。通过"理论学习""文化浸润""体验互动"的方法,让广大教师在思想上、理论上得到提升,进一步认同协作组"融入教育"的理念。这些活动在宣扬教师师德的同时,也为学生树立了表率与榜样,激励教师严格要求自己的行为。

通过形式多样的行为规范教育,随迁子女在行为上发生了可喜的转变：一是生活习惯养成有成效。预备新生进校前,进行暑期军政培训；进校后,根据学生的年龄特点进行进校、作息、用餐、体锻、卫生、保洁、节粮等方面的训练,收到了较好的教育效果。二是学习习惯有提升。利用课堂纪律检查表,督促学生养成上课专心听讲、积极思考、主动提问的习惯；利用学案督促养成预习、复习的习惯,并相互讨论学会总结学习方法；利用诚信试场,督促学生养成诚信考试的好习惯。三是交往礼仪有进步。通过校班会课、校园广播、"闪光镜"、主题月活动等途径,引导学生懂礼仪,争做文明学生。学生平时孝亲尊师,友善待人,关爱他人。在历次的市、区级接待中,学生文明的言行举止,阳光自信的表现获得同行与来访者的好评。四是公共场合行为规范有提高。全校各班轮流值周,进行礼仪示范；在校园内主要位置设立监督岗,执勤班学生轮流值岗,对课间奔跑、追逐打闹等不文明行为进行监督,促进良好行为规范养成；作为区随迁子女协作组长单位,近年来,我校师生经常参加市、区各级层面的展示,展现出了良好的公共行为规范素养,赢得大家好评。

行为规范教育成为学校内涵发展的"助推器",学校现为上海市文明单位、市安全文明校、杨浦区首批"新优质学校"试点校、区德育先进集体、区行为规范示范校、区雏鹰大队等。我们将继续高举"融入教育"的大旗,探索符合随迁女学情的行为规范教育,更好地发挥这一"助融剂"作用,使随迁学子成为讲文明、守礼仪的中学生,助力其更加自信地融入上海。

生 如 夏 花
——东辽阳中学公共安全体验教室共享案例

潘道浩

人生是对生命不断追求、不断探索、不断领悟和不断前行的过程，是生命的需求与意义所在。随着社会的进步与发展，公共安全教育已成为整个社会关注的重点，如何进一步加强初中学生公共安全教育，提高初中学生应对突发安全事件开展自救自护的能力，成为当下公共安全教育的重要内容。公共安全体验教室的建立应运而生，其功能效用不可小觑，对提升初中学生生命质量有着举足轻重的作用。

东辽阳中学为杨浦区随迁子女教育课题研究协作组组长单位、区中小学班主任研修共同体家园工作坊主持校、区生命教育联合研训共同体、区健康安全宝典研训共同体，并积极参加了区本教材《健康安全技能宝典》的编写与实施。学校建造了高标准的大型的公共安全体验教室，为今后其教育功能的大力辐射创造了条件。以此为基础，学校可以联合开展相关教育活动，使公共安全教育更有质量；学校可以联合开展相关培训，提高教师水平；学校可以积极辐射区域内学校，使更多群体受益。

一、建设概况

东辽阳中学公共安全体验教室于2015年12月建设启动，2016年3月正式启用。学校的设计理念构想：结合学校素质教育，主动与课程相对接，注重功能的延伸，从培养学生的创新精神、实践能力、防灾应急意识、安全应急能力、家庭安全等几方面入手，使上海市青少年（特别是随迁子女）成为受益者、服务者和参与管理者，促进学生全面发展；公共安全体验教室面向区域内初中学生与居民开放，使其在体验过程中培养安全隐患的预防意识，提高安全应急能力，进而提升区域学生与居民生命健康和安全意识。

学校公共安全体验教室面积约为120平方米，功能体验板块丰富，设备配置完善。设有结绳逃生体验区（逃生结绳训练设备、视频展示系统）、消防安全体验区（消防知识展示设备、视频展示系统、多媒体互动系统、仿真灭火体验设备）、急救安全体验区（急救知识展示设备、视频展示系统、多媒体互动系统、急救设备、心肺复苏模拟系统、AED 模拟除颤仪、应急急救生活替代品）、交通安全体验区（交通知识展示设备、视频展示系统、多媒体互动系统、自行车模拟体验设备、仿真道路情景布置）、厨房火灾排查体验区（厨房安全隐患排查系统、视频展示系统）、民防教育区（民防知识展板、民防防护装备）、红十字会区（红十字会知识展板）等多个版块，旨在通过"情景式＋体验式"的方式开展日常安全知识培训和安全技能训练，扩展学生应对突发事件的自救知识，提高学生的安全意识，训练并提升学生的应急处理能力。到目前为止，体验教室已接待各区县相关部门领导、兄弟学校、周边居民等共计520 余人次，起到了较好的辐射作用，为兄弟学校的公共安全体验教室建设提供了积极借鉴，对兄弟学校学生和周边居民的安全意识与安全技能提升起到了积极的推动作用。

二、亮点与特色

东辽阳中学公共安全体验教室针对随迁子女家庭状况特点增加了家庭安全体验板块（厨房火灾排查体验区），让学生了解家庭中存在的安全隐患和独自一人在家易发生的事故，使其能做到及时排查隐患，确保家庭财产与生命的安全。学校还积极整合社会资源，联合区民防办、区红十字会为公共安全体验教室的建设出谋划策，设立专门的民防展示区与红十字会认知展示区域，拓展学生的安全视野，综合提高学生的公共安全意识与技能。

学校公共安全体验教室管理到位。成立了以校长为组长，由德育室具体牵头，专人负责管理，并配备学生志愿者协助的管理体系。

结合校本教材《生存宝典》与区本教材《安全技能宝典》，学校每周三中午开放场馆，供学生体验学习，有两名指导教师进行指导上课，内容包括：

应急救护培训课程（家庭篇）：被困私家车的求助与逃生方法，交通事故的处置级正确的报警方法，出行安全常识，各种天气预报的信号标识，预防食物中毒，预防煤气中毒，预防触电、触电、煤气泄漏的处理方法及急救方法，烧烫伤的处理方法，动物咬伤或抓伤的应急处理，高层和多层建筑发生火灾的逃生方法，伤口（割伤、擦伤）处理和包扎（头部、手部、足部），骨折固定方法（上臂、前臂、腿部），逃生绳的双套结系法，扭伤的自我紧急处理方法，拖行法、轿杆式搬运法，灭火器的正确使用方法等。

应急救护培训课程（校外篇）：心肺复苏，游泳时腿抽筋的紧急处置方法，中暑的正确处理方法，踩踏时的自保方法，遇到雷电、台风等恶劣天气的应对方法，厢式电梯下坠时的自保方法，房屋倒塌或围墙倒塌的应急方法，校外暴力、敲诈、恐吓等事件的应对方法等。

针对初中生特点,立足活动,学校公共安全体验教室的建立,为学生搭建了一个全方位、立体式的公共安全教育平台,为其提供了实体模型演练的机会,这种寓教于乐,让学生真正参与体验的游戏式的教育方式,让学生提升了学习积极性,使学生在不知不觉中学会了相关的安全技能,提高了初中学生应对突发事件开展自救自护的能力。生如夏花,让我们共同用心、用情、用智慧呵护学生生命,使其健康、安全、优质地成长。

品牌项目在提升工会工作质量中的作用和影响
——"感动东辽阳人物"评选活动的思与行

陈伟英

为满足新形势下广大教工的新需求、新期待,杨浦区教育工会在教育系统各单位内开展了"一会一特色"创建工会工作品牌项目活动。对此,我校工会积极响应,精心对标学校所需、职工所盼、工会所能,尽心履职,创造性地开展工作,全力打造工会品牌——"感动东辽阳人物"评选活动,凝心聚力,最大限度地促进学校和谐发展。

一、工会工作品牌项目建设是新时代顺势而为的创新之举

教育兴则国家兴,教育强则国家强。党的十八大报告中有关教育的内容中提出:"加强教师队伍建设,提高师德水平和业务能力,增强教师教书育人的荣誉感和责任感"。2018年教师节宣传庆祝活动的主题就是: 弘扬高尚师德,潜心立德树人。对于教师的职业,韩愈在他的《师说》中早有定位:"师者,所以传道授业解惑也"。他将传道放在授业、解惑之前,足见传道之重要。所谓"传道",要求老师崇德修身、言传身教,传授知识的同时培养学生的人格品质。可见,造就一支"师德高尚、业务精湛、学识广博、身心健康,能够胜任新时代教育改革的优良教师队伍"为目标的师德建设是时代所需。

"感动校园人物"评选活动旨在学习宣传"感动人物"的事迹,放大教师"闪光点",捕捉教师"动人的细节",提升教师的教育境界,弘扬社会主义核心价值观,汇聚正能量,让梦想照进现实。

教师师德的提高不是靠几次简单的说教就能够迅速实现,它靠的是榜样(特别是身边榜样)的示范和引领,靠的是活动过程的激励和"渗透",靠的是"水磨"的功夫。"感动东辽阳人物"评选活动,充分利用校园广播、升旗仪式、教工大会、校园网、短信微信平台、宣传栏等媒介,认真组织,广泛宣传,做好感动校园人物的申报推荐工作。通过民主推荐、师生投票、事迹宣讲、颁奖典礼等不同形式,让师生们参与活动,深切意识到,感动来自平凡,榜样就在身边。我校"感动校园人物"评选活动作为杨浦区师德建设优秀项目,自2008年开展以来,到2018年共举办8届,共评选出61

位感动人物，5个感动团体，成为学校师德建设的有效载体和创新品牌。

二、工会工作品牌项目建设是促进学校可持续发展的动力引擎

学校的发展现实迫切要求工会工作能主动地融入群众、深入群众，需要建立"看得见、摸得着、感受得到"的工作品牌，以"品牌效应"最大限度地把教工组织到工会中来，最大程度地发挥教工的主观能动性。

我校生源中随迁子女目前占比高达90%，进城务工人员为上海经济的发展做出了贡献，作为教师，我们理应对随迁子女教育怀有一种责任感和使命感。然而随着随迁子女数量的逐年递增，教师畏难情绪不断增加，教师自我发展的内驱力有待进一步提高，教师的教育境界和"适应性"教育能力亟待提升。同时，教师也是促进教育公平的执行者，更应该树立正确的育人观和教学观，教师必须在提升教育境界和"适应性"教育能力上下功夫。建设一支高素质的教师队伍，是学校可持续发展和学生健康成长的核心保障。

在"感动东辽阳人物"的感召下，我校广大教职工从"顺势选择"到"主动适应"，再到"积极对接"，精神风貌发生了明显改变。如今，学校教师从困惑与迷茫中走出，逐步树立了乐于承担随迁子女教育的社会责任感与使命感，提升了职业生涯幸福指数。"有教无类""只有差异，没有差生"等教育理念深入人心，并积极贯彻于教育教学中，教师们开发课程，改进教法，努力建立适合随迁子女的导学机制与具体措施。许多教师也借助外来生源的适应性教育，不断提升自己的专业发展水准，成就了一定数量的"融入教育"特色教师。学校现为杨浦区进城务工人员随迁子女教育课题研究协作组组长单位，是区首批"新优质学校"。

三、工会工作品牌项目建设是助力学校跨越式发展的文化因子

品牌是一种资源，具有激励作用。作为工会工作品牌，"感动东辽阳人物"评选活动，凝聚、培育和激励广大教工争先创优，开创学校工作新局面。

"感动东辽阳人物"颁奖典礼上，我们邀请教育局领导、各科室专家、兄弟学校同仁、退休教师、学生家长、共建单位、街道及居委干部……通过视频展播、数字故事等多元方式，谱成年度"感动东辽阳"的动人音符，让"感动东辽阳人物"活动成为学校道德建设的一个窗口。

感动人物中，有举目无亲却乐观自信的学子，以己之力照顾绝症母亲不忘初心的青年教师，义教助残的退休园丁，执着梦想的导学案研究团队，老骥伏枥的专家研究团队……学校充分利用校报、校园网、宣传橱窗等阵地展示感动人物的先进风采与平凡而感人的事迹。高尚的精神，赢得敬意，赢得人心，让感动变为行动。感动人物用细节感染着师生，感动在校园内传递；榜样的力量强大，一个人能影响并带动一个团体，感动人物精神的辐射力带动了师生纷纷创先争优。学校教师队伍中，4人荣获"市园丁奖"，获评市慈善之星1人，3人分获市"金爱心"二、三等奖，1人获区精神文明建设十佳好人好事荣誉，1人获杨浦好儿女称号。区师德标兵1名，区师德标兵提名奖1名，区"感动校园人物"提名奖1名，区"家园教师"4名，区"家园教师提名奖"2名。

"感动东辽阳人物"活动，关注学生的道德情怀，润物无声，照亮学生心灵，引领他们追求真善美，让学生自信、阳光、快乐。学校涌现出市"道德风尚好少年"百优2人，区"道德风尚好少年"1人等。

"感动东辽阳人物"评选项目历久弥新，助力学校转型发展。学校现为上海市文明单位（校园）、上海市安全文明示范校、上海市行为规范示范校、上海市智力助残先进集体、上海市"模范教工小家"等。

以语言文字规范化 促学校办学内涵发展

江 春

我校是一所具有50多年历史的公办初级中学,现有教学班12个,学生人数285人,教职工48人,学生中进城务工人员随迁子女已达学生总数94%。学校现为上海市文明单位、上海市学生行为规范示范校、上海市安全文明校园、杨浦区第一批新优质学校、杨浦区语言文字示范校、杨浦区行为规范标兵校、杨浦区随迁子女教育教学工作课题研究协作组组长单位等。

多年来,学校一直坚持全面科学发展,认真贯彻落实《中华人民共和国国家通用语言文字法》和教育部、国家语委《关于进一步加强学校普及普通话和用字规范化的通知》等文件精神,把语言文字规范化建设作为一项重要的工作常抓不懈,常抓常新,创造性开展学校语言文字工作,全面提升学校"融入教育"办学内涵与水平,取得了一定的成效。

一、做法与经验

(一)建章立制着眼长效

将创建语言文字规范化示范学校,明确纳入学校整体发展规划中。并从组织、制度、人员、经费、活动等各方面加以保障。

学校成立以吴鸿春校长为组长的语言文字规范化建设工作领导小组,出台《作业规范》等语言文字制度,并成立以教导主任江春为组长的工作小组。

将语言文字规范化工作纳入学校日常工作,纳入教师教学常规工作,与教职工的业务考核相结合;将普通话合格作为教师录用、评优、评职、晋级的重要依据。

学校每学期都召开语言文字规范化工作领导小组会议,研究和部署工作重点,提出目标和要求;每学期对学校公文、教师教案、课件、板书、试卷、批语、评语、学生作业、校园网站等校园用语用字情况进行检查和监督;每学年对相关科室工作计划和总结进行语言文字教育专项督查,收到了很好的效果。

(二)校园文化传播烘托

为了创设良好的语言文字宣传环境和学习环境,我们设置了永久性提示标牌,如

"请讲普通话，请使用规范汉字"等醒目的语言文字宣传标语。长廊淡雅的色彩，温馨的提示，让老师同学沐浴在浓浓的文明规范氛围中，在举手投足中都能受到文化的熏陶和启迪，形成正确运用规范字的习惯。

利用学校简讯、黑板报、橱窗大力开展宣传工作，促使广大师生说普通话，讲文明语，写规范字。特别是我校每月一次的校园黑板报、班级板报评比活动，为学生写好汉字创设环境，让语言文字规范意识深入师生心灵。学校还结合每周一的升旗仪式、主题班会、全校性集会、校园广播等，向广大师生宣传《中华人民共和国国家通用语言文字法》等法律法规文件精神，增强师生规范用语、规范用字的意识。

（三）教师队伍率先垂范

通过听课，检查教师板书用字；与教学常规检查相结合，检查教师教案、听课记录、教研笔记用字；检查教师批改作业、书写评语用字。通过检查，帮助指导教师提高用字规范。在使用普通话方面，学校要求普通话作为教师的"三种用语"，即，教学用语、工作用语和生活用语，并将这一要求纳入老师业务考核、评聘范围。加强普通话的培训和测试，提高老师运用普通话的能力。如今说普通话已成为我校师生的一种自觉行为。全校46名任课教师中，普通话达标率为100%。

（四）课程教学夯实根基

抓住课堂教学主阵地，认真落实《国家通用语言文字法》。我校教师在课堂教学中做到教案、板书、课件、作业批改和评语等不使用繁体字、异体字，不写错别字，正确、认真书写，做学生的表率，在潜移默化中影响学生，促进学生良好书写习惯的养成。

语文教学中要求全面培养听说读写能力，注重口语教学。加强书写练习，端正写字姿势，训练书写规范，使学生养成正确、规范、工整地书写汉字的习惯。学校在预备年级长期开设书法课，将其列入每位学生的必修课。

近年来，我校学生在初三的写字考试中合格率均保持较优异的成绩。

（五）推普周宣传助推引领

1. 从校内到校外，常态化开展推普活动。组织开展形式多样的活动（评比颁奖）。如写规范汉字，学生作业展览；硬笔书写比赛；成立校园推广普通话督查小组，在校园内课间动态检查；各班宣传委员组建"啄木鸟"行动小队，在校园内外检查黑板报、班级展板、店家广告等语言文字的规范性情况，发现错别字、简化字、繁体字等不规范情况，立刻与班主任、同学及店主沟通，要求及时更正。

2. 从学校到家长，协同开展推普周活动。各班举行推普主题会，小手牵大手，开展"我与爸爸妈妈说普通话"活动，开展推普倡议书活动，给家长寄一封推普倡议书。

通过家长会、家长学校等途径，将推普法规和意识带到千家万户，真正发挥学校在推普工作中的窗口作用和辐射作用。

（六）主题月活动以点带面

主题月中渗透语言文字工作，如读书月中的古诗词大赛，艺术月中的戏剧比赛，文明礼仪月开展"我眼中的文明礼仪"朗诵比赛，法制安全月开展辩论赛等。

每学年开展"书香班级""读书之星"评选活动；每月出版《新颖》校报，展示学生写作成果等。

二、特色与亮点

1. 以"引领初中生亲近名著"区级课题为引领，专题化实施，课程序列化推进语言文字工作

作为杨浦区"中华诵·经典诵读行动"的试点校，近年来我们以课题研究为抓手，根据初中四个年级学生的认知特点与知识储备，从预备到初三年级，分别以《西游记》《水浒传》《三国演义》《鲁迅作品》等名著导读为重点，帮助学生真正奠基语言文字"精神的底子"。

校园各楼层间转角墙壁上张贴中华文化经典名言警句，各楼层设置《西游记》《水浒传》《三国演义》《鲁迅作品》"名著导读"永久性主题墙报，研发"名著导读"校本教材，分年级定期展示学生经典名著阅读成果。

2. 促进名著阅读生活化、常态化，努力营造书香班级、书香校园的浓郁氛围

我们努力通过建章立制、物质保障、激活内驱等方式方法，来促进"名著导读"活动的有序开展。

把名著导读课"列"入课表。学校集中安排每周一次12∶40—13∶10为书刊阅读时间，由班主任负责，在图书馆为名著阅读提供了时间保障。

把图书馆"搬"进教室。学校为每个班级配置了书柜和相关图书，定期将图书送进教室。此外，还购置了《西游记》《水浒传》《三国演义》等名著各几十套，保证了学生人手一册，供学生使用，为学生随时阅读提供了方便。

制定全校学生阅读书目。阅读书目分为必读和选读两种：必读书目为《西游记》《水浒传》《三国演义》《呐喊》《朝花夕拾》等5本。推荐书目为《爱的教育》《古希腊神话故事》《格列佛游记》《繁星·春水》《小王子》等20本。

3. 创造性地开展师生喜闻乐见的语言文字规范化比赛活动，打造语言文字工作亮点

举行"诗韵校园"教工古诗词系列默写大赛，丰富了学校广大教工的精神文化生活，让他们共同感受中华民族厚重的传统文化底蕴，从而夯实自身文化自信的根基。

举行"朗读者"学生大赛,努力营造"好读书、读好书、读书好"的良好氛围,让每一名学生都成为"朗读者"的体验者和参与者。以各年级为单位,在班级比赛基础上推选参加年级比赛,最终优秀选手推荐参加升旗仪式展示和区汉字节演讲等。

三年多来,我校积极组织参加杨浦区"全国推广普通话宣传周"活动、经典诵读活动、汉字节以及区教育系统纪念长征胜利朗诵比赛,"社会主义核心价值观"读本征稿、演讲等系列活动,师生获数十项荣誉。

三、问题与思考

我们立足校本生情,积极开展推广普及普通话和语言文字规范化工作,使之融入教育教学工作中,融入学校的校园文化和人文教育中,并不断探索语言文字规范化工作长效化管理机制,取得了一定的成效。

当然,我们也清醒地意识到其中存在的一些问题与不足。如,由于应试教育思想的局限,教师个人理念素养还有所欠缺;个别老师语言文字工作的执行力还需要加强;语言文字规范化工作与学科教育教学的有机整合上需进一步研究和对接;此外,还需要认真研读《语言文字规范化示范校认定标准》,高度对标,做细做深,不断挖掘新的增长点,打造更多的语言文字规范化工作亮点与特色。

附:活动与获奖

2014 年

1. 杨浦区第十七届"全国推广普通话宣传周"活动优秀组织奖

2. "经典诵读"活动杨浦区选拔赛教师组二等奖(个人、学校)

3. "学生经典诵读"活动杨浦区选拔赛中学生组三等奖(个人、学校)

2015 年

1. 杨浦区第十八届"全国推广普通话宣传周"活动优秀组织奖

2. 第六届"汉字节"系列活动——杨浦区中小学生"班班有书声"经典诗文朗诵比赛二等奖

3. 全校学生参加第六届"亲情中华·魅力汉语"青少年语言文字应用能力比赛,有近 20 位学生进入复赛

4.2015 年 3 月 20 日学校举行教工汉字听写大赛

2016 年

1. 杨浦区第十九届"全国推广普通话宣传周"活动组织奖

2.第七届"汉字节"系列活动——"亲情中华·魅力汉语"青少年普通话集体朗诵比赛三等奖

3.隋文同老师指导区初中"社会主义核心价值观"读本征稿活动,获2个一等奖、1个二等奖

2017年
1.杨浦区第二十届"全国推广普通话宣传周"活动组织奖
2.2017年4月7日学校教工古诗词大赛

学生:
2015年9月 抗日战争暨世界反法西斯战争胜利70周年演讲比赛
2016年3月 学生汉字听写比赛
2016年5月 艺术主题月之"校园达人秀"朗诵比赛
2016年9月 "文明礼仪伴我行"朗诵比赛
2017年3月 学生古诗词大赛
2017年5月 艺术主题月之"校园达人秀"朗诵比赛
2017年9月 "向上的力量"暨文明礼仪普通话朗诵比赛
2017年11月   杨浦区"向上的力量"讲演比赛三等奖
2017年11月 "我与宪法的故事"比赛二等奖

基于核心素养的劳动教育课程群研发与实施

肖 玲

2017年9月,教育部颁布了《国家九年义务教育课程综合实践活动指导纲要》,首次正式表达了劳动教育的课程目标,提出以培养学生综合素质为导向,兼顾中国学生发展核心素养体系。从这一目标要求可以看出,劳动教育目标的培养是多角度的,这与核心素养发展目标是一致的。

习近平总书记在2018年的全国教育大会中提出:"要在学生中弘扬劳动精神,教育引导学生崇尚劳动、尊重劳动,懂得劳动最光荣、劳动最崇高、劳动最伟大、劳动最美丽的道理",再一次强调了劳动教育的重要性。

《教师百科辞典》将劳动教育界定为:"劳动教育就是向受教育者传播劳动知识和技能,培养他们正确的劳动观点、劳动习惯和劳动情感。……劳动教育包括生产劳动、社会公益劳动和自我服务劳动等多方面的教育活动。"从劳动教育的目的来看,劳动教育应当是通过特定的劳动达成培养学生的劳动技能、劳动知识和劳动情感,提高学生的道德素质,发展学生鉴赏美和创造美的能力,是实现学生核心素养全面发展的教育,是一种扎根于学生的生活世界,以学生的日常生活为起点,启发学生思考生活的意义,并引导学生追寻幸福生命的教育。

我们学校长期以来一直非常重视劳动教育,将核心素养中重点关注的内容融入劳动教育课程体系的建设和实施中。目前我们学校研发并实施了基于核心素养的劳动教育课程群,可以分为五大层面的课程:生命安全、生存技能、生活体验、生涯规划、生态环保。

一、劳动教育之生命安全课程

劳动教育是指向具有主观能动性的生命个体,旨在促使学生认识生命、热爱生命、敬畏生命,并不断通过自身努力去建构自己的生命意义,所以劳动教育是生命教育永葆生命力的关键。为此我校专门开发了适切的生命安全课程,如:心理导航、青春期教育、校外生命实践课程、健康安全技能宝典课程,并配备了生命安全体验教室。

我校自主研发的校本教材《心理导航》，跨4个年级，相关课程作为必修课程在全校各年级开设，学校还启动了与之相匹配的"触摸上海"文化体验教室等硬件建设。此外，学校联合社会公益组织的力量，每周分年级开展青春期教育，帮助学生解读青春密码，探寻生命的意义。

健康安全技能宝典课程，也是本校的特色课程之一。我校为区健康安全联盟校，为了促进学生的健康安全意识，我们建造了生命安全体验室，并逐步开发了一系列针对学生实情的生命安全课程，如，消防安全体验课程、交通安全体验课程、居家安全体验课程以及红十字和民防教育课程等。通过这些课程引导学生树立生命安全意识，并通过学生的所习、所得，影响父母，真正做到双管齐下，构筑学生生命安全的防线。

劳动教育是一种扎根于学生的生活世界，以学生的日常生活为起点，启发学生思考生活的意义，并引导学生追寻幸福生命的教育。通过生命安全体验课程的开发与实施，学生较以前明显更阳光、自信，对城市的认同感有了明显提高，交通安全意识也明显增强，居家安全意识也有所改进，消防意识也增强了，整个生命安全意识不断提高。

二、劳动教育之生存技能课程

劳动是生命存在的标志，生存需要拥有在真实的自然环境和社会环境中克服一切困难的勇气和信心。而在劳动实践中所遇到的种种困难和挫折，可以磨炼个体的生命意志，使个体能够以最顽强的生命姿态健康地生存，并为今后可能遇到的生存危机做最充分的打算，所以劳动教育是生存教育的重要载体。为此我们学校开设了值周班公益劳动课程、每周一中午全校卫生包干责任区劳动体验课、每月的消防疏散演练、融入社区校外实践课程，并开展了一系列社区志愿者实践活动等。

我校每个班级的学生都会轮流参加值周班的公益劳动课程，劳动地点分布在操场、走廊、自行车棚、漂流图书馆等。与此同时我们利用每周一中午的时间，开展"劳动一小时，协力美校园"——全校卫生包干责任区劳动体验课。每逢周一中午，校园里都可以看见学生撸起袖子齐劳动的场景，每个学生都有自己的卫生包干点，每个班级都有各自的卫生包干区。学生们在劳动的过程中，体会到保洁阿姨的辛苦，对校园卫生有了更为深刻的感触，懂得了应该珍惜每个人的劳动成果。

融入社区校外实践课程，让学生走出教室，投身社会，在生活中学习，给学生发展成长提供了肥沃土地。劳动正是这种将教育融于生活和社会的绝佳办法。每学期我们开展定向越野活动，培养学生野外生存的能力，学习内容包括急救包扎、帐篷搭建、自制用水、野外取火等。通过情景模拟、角色体验、实地训练等方法，使学生学习掌握各项生存技能，提升学生安全意识与能力，培育学生团队协助的合作意识。每学期我们会组织学生,深入企业,考察500强企业生存法则,目前我们学生已经探访过毕马威会计师事务所、德国博世集团、GAP服装公司。通过"企业参观日"的走访活动,学生们对500强企业的工作岗位、工作流程、公司文化等有了进一步的了解,并在我校自主研发的《融入社区活动手册》中做好相关的记录。每次访问活动,同学们都表示收获很大,有了想要为之奋斗的目标,在今后前行的人生道路上也有了源源不断的动力。

在具体的劳动实践中学生可以直观地体验着外在生命的成长,认识生命的发展规律,提炼合乎自身的生存知识,锻炼自身的生存技能,从而将生存知识和生存技能内化于心,自然也就拥有了生存的智慧。

三、劳动教育之生活体验课程

著名教育家陶行知说过,生活即教育。为此,我们在劳动教育课程体系中开设生活体验课程,让每位学生掌握一门生活技能,在生活体验课程中,培养爱劳动、自信、团结、善观察的良好品质,使之能够更加健康地成长。我们开发出了面点制作、木工制作、钩针编制、稼园种植、跬园水培等课程。

"多面手"课程:民以食为天。对于美食的诱惑,人们总是难以抗拒的,为了让学生掌握一定制作美食技能,增加对传统美食文化的了解,我校开设了"多面手"课程,课程开始报名时,报名者便蜂拥而至,立马"满员",乃至"超额"。通过一年多的学习,学生已经学会制作锅贴、油条、烧卖、馒头、葱油饼、鲜肉月饼等点心,深得学生喜爱,学生在这一过程中,提高了自己的动手能力、审美能力以及劳动能力。

"稼园种植"课程:通过调查,城市的学生对土地已产生了陌生感,渐渐变得四体不勤五谷不分。如何使学生提升劳动热情,培养认真负责、不怕困难的劳动态度,养成珍惜劳动成果的好习惯?根据实际情况,学校因地制宜,在后操场开辟土地,作为种植园——"稼园"的基地。并且我们充分利用家长资源,聘请家长为指导教师,各班级成立"护绿小队",每小队分工明确,1名小队长,3人浇水,3人除草捉虫,3人施肥,3人记录种植笔记。"护绿小队"每天都要到"稼园"去,分工合作,精心照料植物。丰收季节,学校举行采摘仪式,师生共同收获,享受收获的喜悦。我们欣喜地看到,自2013年5月7日"稼园"开园以来,学生们的面貌也发生了巨大的变化。"我动手、我实践、我成长"的劳动理念深入人心,校园里爱绿护绿的同学多了,主动维护学校、教室卫生的行为比比皆是,食堂里"光盘"现象成为常态。学生的劳动习惯、责任心得到了有效培养。许多家长反映孩子懂事了,知道为父母承担家务,一些家长惊喜地发现孩子掌握了一些劳动技能和自我管理能力。如今,种植园已成为校园里最美丽的一角,它成了学生学习生活的乐园,学生给花草树木挂上了小标牌,让全校师生能随时学到植物学常识。教师的教学理念和教学方式提升了,带领学生走向大课堂,走向生活,从单一的传授劳动知识转而将授课与生活实践紧密结合。

不管是德育还是智育、体育或是美育都离不开学生的生活世界,脱离学生生活世界的教育是机械的,而劳动教育在本质上就是一种生活教育。通过生活体验类课程的开设,学生们掌握了一定的生活技能,提高了自己的动手能力与审美能力,对生活的内涵有了更加深刻的了解,知道了父母维持家庭生活的不易,更加懂得珍惜劳动成果。

四、劳动教育之生涯规划课程

劳动教育既要不忘"教育与生产劳动相结合,与实践相结合"的初心,更要着眼时代需求,由此可见,生涯教育与劳动教育存在着紧密联系。教师在进行知识教育的同时,应注重培养学生的劳动态度、劳动习惯、基本技能,着重培养他们的判断能力和决策能力,分析问题和解决问题的能力。为此,我校开发创设了"真爱梦想"课程、"阳光小铺"课程、教育戏剧课程、高尔夫课程等。

"真爱梦想"课程:我们联合真爱梦想公益组织,建造真爱梦想教室,利用真爱梦想公益组织课程资源优势,开设了"成长生涯路"系列课程,为学生造就梦想,实现梦想。如,"金融理财"课程,学生在课上以小组为单位,齐心协力,共同设计理财方案,了解金融理财知识。不仅培养了学生的团队合作意识,更使其提升了财商,开阔了视野,为自己今后的生涯规划打下一定的基础。

"阳光小铺"课程:诚信教育应不仅仅是对学生灌输简单的准则规定,更要让学生们在实践中感悟到诚信的重要性。为此,我们创新开设"阳光小铺"课程。阳光小铺由各班级轮流负责,货物由学生自己采购,货品柜上放有收银盒,无人看守,拿货、付款、找零全由同学们自主完成。如果有同学一时忘记带钱,可先提货后付款,这些都靠大家的自觉诚信。"阳光小铺"每天的营业时间为7:30—17:00,负责小铺管理的同学每天都会对当天的营业情况进行统计,并于第二天向全校师生公布。通过实践,我们惊喜地发现,这个自主式、无人看守的"阳光小铺",能更好地引导学生对不诚信行为说"不"。同学们在自行选购中快乐着,在诚实诚信中成长着,诚信品质有了明显的提高。通过"阳光小铺"的自主运营,对学生进行生涯教育,培养学生们的自主意识、服务意识与创业意识,可谓一举多得。

教育戏剧课程:我校与华东师范大学合作,开发出了教育戏剧课程。教育戏剧课程是一门集表演与教育于一身的课程,不仅给了学生自我展示表演才能的平台,更是通过一个个鲜活的具有教育意义的小案例改编,让学生在课程中学会合作、学会做人。通过学习,学生们可以自主完成演出的各项场务工作,能够自己编写课本剧,在舞台上能大胆自信地表演。我校教育戏剧社团的学生从学校的小剧场到浦东洋泾街道,又受邀登上浦东五峰书院的舞台,还曾登上了上海1933老场坊的剧场,展现他们在教育戏剧学习中获得的历练。

以身体力行的劳动实践、职业体验、技能习得,开启学生对生涯规划的认知,激发学生对自己、对伙伴、对社会关系的探索,我们力求让学生理解每一门课程与个人生活和未来职业生涯的关系和价值。

五、劳动教育之生态环保课程

生态环保类课程旨在使学生通过劳动实践、劳动活动、劳动之后的感悟,习得如何解决现实或潜在的环境问题,树立起协调人类与环境的关系、保护人类的生存环境、保障经济社会的可持续发展的理念。基于此宗旨,我校开展了科技创新课程、"环保急先锋"课程、"自然笔记"课程等。

"环保急先锋"课程中,学生通过对现实生活环境问题的考察报告,体会垃圾分类的重要性。通过开展垃圾分类主题教育、用手"智"绘海报、学生志愿者进社区宣讲等活动,营造垃圾分类的迫切性。通过组建校园"环保回收站",利用校园里的可回收垃圾进行科创发明制作,开展环保服装秀、环保公益回收。每周固定时间开放校园"环保回收站",由志愿者学生担任工作人员,对积极参与活动的同学发放环保集章小护照。

劳动是最好的教育,我们学校通过五大层面的课程研发和实施,旨在实现"以劳树德、以劳启智、以劳健体、以劳育美",全面提升学生的核心素养。劳动是产生真正教育的密码,教育需德、智、体、美、劳五育并重,我们学校以"劳"为基,发展学生核心素养,构筑劳动课程体系,以学生为中心,为学生提供各种参与劳动学习的机会,将劳动教育融入学生日常学习和生活,用劳动打开学生优质成长的教育之门,用劳动开启有温度、有故事的教育之门。

基于"融教育"视野下少先队综合素质评价的探索

徐辰敏

随着中考改革的不断推进,如何科学有效地对中学生进行综合素质评价成为每所初级中学都急需面对的问题。作为杨浦区进城务工人员随迁子女教育课题研究协作组组长单位和区融入教育指导基地,近年来,我校聚焦"融入教育",积极探索"融教育"的办学内涵,与此同时,少先队组织也在"融教育"的视野下,以中考改革为契机,不断探索与创新综合素质评价体系。

一、主题月活动评价

本次中考改革方案中,将学生的品德发展与公民素养放在了综合素质评价的首位。结合这一要求,我校从队员实际出发,将传统文化中的尊敬师长、父母,关心他人等仁爱品质的教育结合责任心、责任感培养等教育串成主线,开展每月一主题的教育活动,包括:一月民族魂教育月,三月读书月,四月科技创新月,五月艺术月,六月诚信月,九月文明礼仪月,十月感恩月,十一月安全教育月,十二月生命教育月。并且结合主题月重点推出不同主题的少先队活动,如:读书月开展扬国学风范,寻国学魅力的"红领巾爱国学"传统文化传承教育活动,在感恩月开展"说说我们的大英雄"先锋故事会活动等。在此基础上初步研制完成主题月活动评价设计并逐步探索实施,使队员们深入了解践行社会主义核心价值观及增强社会责任感的重要性。

二、生命安全体验室课程评价

在初中生在综合评价内容中,重点关注探究学习、社会考察和职业体验等活动表现。其中,探究学习要求队员进行综合性、主题式、项目化的学习,进行小课题研究。结合这一要求,我校作为杨浦区生命教育健康安全技能联盟校,充分发挥学校生命安全体验教室的功能,每周面向队员开放培训。在体验室负责老师的带领下,学生们学习并体验消防安全、居家安全、交通安全、运动安全和红十字介绍等五大板块的内容。同时组织队员们积极开展体验室争章设计活动,队员们通过亲身体验和小组交流,在辅导员的指导下自主制定各板块的争章达标要求,设计各板块的争章手册,在自主学习的同时掌握日常生命安全防范技能,增强生命安全健康意识。

三、融入社区活动评价

综合素质的评价内涵非常丰富,涵盖了学生的学习习惯、日常行为规范、社团活动、社会实践等,因此,我校与社会公益组织联手,着力建构个人、学校、家庭、社区四位一体的少先队员教育渠道,让随迁子女深度了解上海、认同上海、融入上海。

活动评价包括:

1. **体验活动评价**:预备年级队员主动结交社区小伙伴,学习如何处理人际关系,怎样更好地适应社区生活。自主采访社区的上海居民,了解上海的饮食习惯、生活习惯、民风民俗等。在社区体验过程中,结交上海小伙伴,收获友谊。

2. **志愿者活动评价**:队员在社会公益组织和学校的组织下参加环保志愿者活动、交通安全志愿者活动、社区敬老爱老服务活动、关爱弱势群体活动等。在志愿服务的过程中,队员们增强了自己的责任意识和感恩意识,这也是少先队员对社会主义核心价值观的一种践行。

3. **实践活动评价**:队员在社会公益组织和学校的组织下,按自己年级的内容,分别进行"三走进"活动——"走进大学""走进场馆""走进企业",了解创业历程,学会初步规划职业生涯。

融入社区的活动评价注重实践研究、文化育人、体验式、课程化。通过分年级、分层次、分内容进行相关的活动和综合评价,力求使每位队员都能参与,有体验,有收获。

基于"融教育"的综合素质评价体系是一个没有借鉴范本的新课题,少先队工作将继续紧贴队员所需,结合我校特点,发挥队员所长,总结不足,开拓创新,将少先队活动评价纳入综合素质评价体系,促进少先队员全面发展、健康成长!

"融治理"的温度

解宜辉

作为杨浦区进城务工人员随迁子女教育课题研究协作组组长单位和区融入教育指导基地,近年来,我校聚焦"融入教育"问题,积极探索"融治理"法制教育模式——以融入教育助推学校法制教育创新。

学校参加全国和上海市中学生安全知识网络竞赛均获优秀组织奖。学校现为上海市文明单位、市安全文明校园、市未成年人保护先进集体、区首批新优质学校、区生命教育校外联合实训基地、区德育先进集体,成为区域推进教育均衡发展、转型发展的典型校。

一、背景缘由

党的十八大报告提出,倡导富强、民主、文明、和谐,倡导自由、平等、公正、法治,倡导爱国、敬业、诚信、友善,积极培育和践行社会主义核心价值观。《国家中长期教育改革和发展规划纲要(2010—2020年)》提出要"加强公民意识教育,树立社会主义民主法治、自由平等、公平正义理念,培养社会主义合格公民"。国家"六五"普法规划指出,要把未成年人法制教育放在普法工作重中之重的位置。

我校生源中随迁子女目前占比高达94%。问卷显示,因学习环境、生活经历、家庭教育、行为习惯、学习基础等因素的差异,随迁子女普遍存在自卑、厌学等心理,不善于交流表达与合作分享,学生行为习惯较为薄弱,不少学生存在交友不慎、偷窃、打架等不良行为。加之大多数随迁子女学习基础薄弱,又受限于不能在上海参加中考的客观现实,学生普遍缺乏学习动力,在学习上遇到困难往往容易退缩,没有勇气克服,人生理想、目标缺乏……这势必要求学校要把以法制教育为核心的公民意识和公民素养教育放在突出位置,引领学生阳光自信成长,使他们更快更好地融入上海。基于此,学校高举"融入教育"旗帜,积极探索"融治理"法制教育模式,以普法游园会、法制辩论赛、道德大讲堂、安全伴我行、生涯真体验等项目实践为载体,"学法律、讲权利、讲义务、有担当",汇聚正能量,让梦想照进现实。

二、主要项目

(一)普法游园会

自2011年以来,学校与上海财经大学法学院合作,在法制主题教育活动月中扎实开展普法游园会活动。游园内容包括:你来比划我来猜、刑法气球踩踩踩、民法百万大问答、法律词汇大接龙、沙包罐子碰碰碰、交通标志开开开、安全图片拼拼拼、义务教育法谜题猜猜猜等。普法游园会改变以往用简单枯燥的讲座形式来宣传法律,而是让学生在游戏中体验到快乐,学到知识,感受到了法律的魅力。在游园过程中,我们欣喜发现,有的学生会不厌其烦地"从头再来",有的会三五成群进行讨论,直到自己成功为止,这些不单单是因为游戏中的乐趣,更是为了摘到那一颗颗诱人的"法律果实"。

(二)法制辩论赛

"少年智则国智,少年富则国富;少年强则国强,少年独立则国独立",学校着眼当下背景,聚焦社会关切,依据生情特点,采取自下而上原则,精心设计辩题,认真开展辩论培训。辩题贴合学生实际生活,如,预备年级:近墨者黑还是近墨者未必黑,初一年级:网络的利弊,初二年级:中学生打工的利弊。该活动为学生提供了锻炼自我、展示自我的良好平台,让学生敢于表达,乐于分享,明辨是非,提升了学生的综合素养,进一步激励了广大青少年学法用法,有效增强了他们提高法律素养和自我保护的意识。

(三)道德大讲堂

以"感动东辽阳人物"评选活动等为载体,身边人讲身边事、身边人讲自己事、身边事教身边人,学习宣传"感动东辽阳人物"的事迹,放大师生员工"闪光点",捕捉"动人的细节",让道德落地,讲身边人,身边事,身边的感动,激发师生善念,具有旺盛的传播力和生命力。"凡人善举",来自于师生、回到师生,重过程、重引领、重激励、重渗透,让每一位师生都成为道德建设的参与者、道德环境的维护者、躬身行德的实践者,从而不断促进教师情感、态度的转变,提升教师的教育境界,取得了较为突出的效果。目前"感动东辽阳人物"评选活动成为我区党支部优秀品牌项目和师德建设特色项目。2016年,我校隋文同老师获评区优秀共产党员,学校党支部被评为区教育系统优秀基层党支部,吴鸿春校长以及陈伟英、潘道浩三位老师获评上海市优秀助残者等殊荣。

(四)爱心伴我成长

我校"爱心伴我成长"结对帮教工作,紧密结合校主题月活动开展,改变了以往单一、枯燥的说教形式,而是以问卷形式注重活动育人、活动体验、活动反思。每次会议就是结对学生自我总结和提高的过程,并通过例会及时表扬活动典型,这一形式颇受结对学生们欢迎。通过扎实开展"爱心伴我成长"结对帮教活动,丰富了结对学生们的业余生活,增长了他们的见识,使他们学到了一技之长,更为重要的是,他们不仅仅学到了知识,而且参与活动的意识增强了,同时在活动中发现和发挥了自身的优势和特长,在活动中证明了自己的实力,大大增强了他们的信心和勇气。实践证明,学校帮教结对的学生在行为规范和学习成绩上大多有较大进步,不少同学被成功感化,也有效控制和减少了行为偏差学生给学校带来的隐患。学校结对帮教工作的方法和经验也在区教育工作大会上做了交流。调查显示,结对学生对学校结对工作的满意度达到100%。

(五)安全伴我行

作为区首批生命教育校外联合实训基地,学校设立生命公共安全体验教室,功能涉及灭火器体验、结绳逃生体验、消防安全体验、急救安全体验、交通安全体验、厨房火灾排查体验、路口安全通行体验等多个板块,旨在通过"情景式+体验式"的方式开展日常安全知识培训和安全技能训练,让孩子们知道身边有哪些安全隐患、如何躲避危险,以及危险来临时如何有效逃生、避险、自护、自救,以扩展学生应对突发事件的自救知识,提高学生的安全意识,训练并提升学生的应急处理能力。自2016年该体验室建成至今,市教委青保处和各区负责领导以及区域兄弟学校先后多次到我校考察指导和学习参观,今后我们将配套研发公共安全系列课程,努力在相关课程运作、学生活动评价、安全教室使用效率,以及安全教室软硬件同步更新和区域共享机制等方面进行努力和探索。

(六)生涯真体验

学校利用和本市部分高校的友好关系,精心设计活动,定期组织学生参观访问复旦大学、同济大学等高校,或邀请大学生来校进行互动等,近距离感受大学校园生活,激发学生的学习热情。同时积极携手"牵手上海""兴家""阳光""微爱""掘行""真爱梦想"等社会公益机构,对学生进行生涯教育指导,提升融入素养,助力孩子自信成长,从容、有尊严地生活。每周这些公益组织都会走进学校,给学生"加餐",或是带着学生进入社区养老机构,开展志愿者服务活动,或是对学生进行职业启蒙培训,或是带领学生来到相关合作企业,体验一把"实打实"的面试等。在该课程的最后阶段,教师会要求每位学生写一份"生涯规划书",以这样的形式帮助他们发掘并认清未来的奋斗目标和发展方向。如薛同学在上第一课时说:"我没有优点,对未来没有规划,过一天算一天。"在经过近一年的学习后,他在生涯规划书中写道:"想选择服务业,自己喜欢做菜,所以以后要去做厨师"……类似的例子比比皆是。

三、主要成效

(一)协作联动

在"融治理"过程中,学校注重整合社会资源和力量,开门办学,合力育人。联手"牵手上海""真爱梦想""微爱"等社会公益组织,从普法助教、慈善募捐、职业体验、理想唤醒等方面,全方位助推随迁子女教育。中央电视台、《解放日报》《文汇报》《新民晚报》及《改革》专刊等媒体多次报道学校办学成效。学校多次圆满完成教育局外事接待活动。2016年,日本教育访问团来校进行学习考察;吴校长曾受邀参加新西兰来访外事交流活动;学校与上海市许建东将棋俱乐部联手,成立沪东青少年将棋活动中心,日本将棋联盟每年来校进行将棋友好交流活动。学校办学特色正不断得到彰显,学校区域影响力不断得到提升。

(二)创新载体

普法游园会、法治辩论赛、爱心伴成长等工作,已经连续开展多年,现已成为学校法制主题教育活动月主打项目,成为学生喜闻乐见的普法活动,切实提升了学生自我保护与防范意识,增强了学生学习法律法规的积极性和遵守法律法规的意识。学校近几年来无任何刑事发案率,连续多年被评为区教育局平安校园建设优秀单位。学校"普法游园会"获上海市中小学法治教育特色项目。2017年,学校又获上海市文明校园、杨浦区教育系统法治教育基地试点校殊荣。2018年,获评上海市行为规范示范校、上海市依法治校标准校等。

(三)价值推广

学校将继续因应随迁子女生情,立足本校办学特点,协作联动,"私人定制",创造性开展寓教于乐、丰富多彩的各类实践教育活动,初步建立起"融治理"法制教育模式,为区域乃至全市以随迁子女为生源主体的普通公办学校提供生动借鉴,共同感受"融治理"的温度。同时,作为杨浦区进城务工人员随迁子女教育课题研究协作组组长单位和区融入教育指导基地,学校有良好的机制保障和推广平台。

学校将着力打造创新型、互动型、常态化的学校法制教育模式,助力区域义务教育内涵发展,助推学校法制化管理进程,促进学校和谐健康发展,切实保障师生权益。

书香氤氲满校园
——学校"图书馆阅读"管理与指导

江晓君

"读万卷书,行万里路"。阅读,是一场心灵的旅行;阅读是读者和作者之间情感的交流,心灵的对话,智慧火花的碰撞。阅读中,我们可以体验人生、感悟生命。

我校随迁子女占比高达94%,随迁子女由于客观条件的局限,往往家中拥有的阅读书籍数量不多,加之他们大多也缺乏积极的阅读习惯,而对于大多教师而言,因为工作和家庭的繁忙,阅读有时候反而成了一件"奢侈"的事情,这些现状与问题导致学校图书馆出现了"门可罗雀"的现象。

对此,我校加强学校图书馆阅读管理与指导,探索工作创新模式,做好顶层设计,化被动为主动,搭建平台,协作联动,精耕细作,着重从学科联动、主题书会、师生共读、图书进班、自主管理五方面,努力打造"师生共读品经典,书香氤氲满校园"的美好愿景。

名著导读,亲近经典

结合"名著导读"活动,让孩子们走进名著,亲近经典。图书馆根据语文老师的阅读书单,为分年级学生购置了《西游记》《水浒传》《三国演义》《鲁迅作品》各100本,在书籍资源上保证了"名著导读"活动的展开。这批名著也成了很多孩子人生中的第一本"大部头"的名著。原来上课只能听老师"讲故事"的孩子,现在可以人手一本名著,在阅读中成长了。

图书馆还利用自身优势,发布"名著导读"的书籍介绍。根据学校语文组的选定书籍,再选择合适的古今中外的名著,图书馆编辑书籍介绍,张贴在楼层展板上,向孩子们推荐好书、介绍名著。

那天有一个初一的孩子来借《三国演义》,我很好奇地问:"初一年级不是阅读《水浒传》吗?你怎么来借《三国演义》啊?"孩子告诉我:"老师说我总是喜欢打三国杀的游戏,让我来读读《三国演义》,真正认识一下三国的历史。"我欣然同意,并且还为他选择了《大伟读三国》一书,让他一起阅读。不久之后,听他的语文老师说,孩子的随笔中经常会引用《三国》的故事,现在阅读的兴趣也大了很多。我想,一颗小小的阅读种子,一旦在孩子心中播下,是会影响孩子一生的。

主题书会,悦享读书

如何让老师们在繁忙的工作生活之余可以"奢侈"一下享受阅读的快乐呢?图书馆联合学校各职能部门,开展主题阅读书会,为老师精心选择有意义或者有兴趣的书籍,发给老师们阅读。然后再陆续开展小组、组室、学校层面的主题书会,交流读书心得,分享阅读感悟,提升修养境界。如,通过工会组织全校老师阅读《窗边的小豆豆》《不抱怨的世界》《于丹读〈论语〉心得》等;通过教导处组织老师阅读《于漪:岁月如何》《写给教师的建议》;通过政教处组织班主任阅读《班主任兵法1》《班主任兵法2》;通过学校中心组阅读《德政之要》《中国的智慧》等等书籍。

不仅如此,学校还配合学生的"读书主题月",开展教师读书活动,撰写读书心得进行评比。这些举措大大激发了老师们的阅读兴趣,图书馆教师借阅量近两年也稳步上升。

午间阅览,师生共读

对于阅读来说,最难的恐怕不是时间和书籍,而是习惯——能够安静坐下、细心品读的习惯。"图书馆午间阅读",放弃中午补缺补差时间,每天抽出30分钟,让老师陪伴学生在图书馆阅读,培养孩子们的阅读习惯。

每天中午,学生由班主任带领来到图书馆,根据自己的兴趣选择书籍、杂志进行阅读。有了时间的保证,喜欢阅读的孩子就能够更安心地读书了,不喜欢阅读的孩子也从曾经无奈地坐30分钟转变为捧起自己的第一本书开始阅读。

一天,两个预备年级的孩子看完书后小声地问:"老师,学校下次购书可不可以再买几本《笑猫日记》啊,大家都很喜欢看。"在查阅了《笑猫日记》的相关介绍,知道这是著名儿童文学家杨红樱创作的儿童文学代表作品,于是我们欣然同意,添置了部分《笑猫日记》,我们欣喜发现学生午间阅读选看的同学有很多。如今"图书馆午间阅读"也从最早的需要老师管理纪律,到现在孩子们都可以安静地阅读了。而且看完书,孩子们也能够自觉地摆放好书籍和座椅。

图书馆,30分钟,用书籍在潜移默化中进行习惯养成教育。

图书进班,走近孩子

为了拉近图书馆和孩子们的距离,更好提高孩子们对于书籍阅读的兴趣,也更便于孩子们在课余生活中可以随时有阅读的机会,我校开展了"图书进班"的活动。

为了激发学生阅读兴趣,每个学期,图书馆根据年级学生特点,为每个班级选择30本书籍放置在班级的图书角上,供学生们自行取阅。有文学类的《骆驼祥子》《朝花夕拾》，小说类的《神探伽利略》《藏地密码》，还有诗歌类《中学生必读的古诗词》等等。

图书馆每学期还组织各班级学生前往新华书店选择书籍，让孩子们选择有兴趣的书籍，老师再进行把关核对，最后这些书籍也会"分流"到每个班级中。现在学校每个教室都有一个孩子们自己装饰的漂亮的图书角，是孩子们阅读交流的乐园。

我曾从我校一位班主任口中听到过这样一个故事：

小W同学是班级的一个特殊学生。他有一个哥哥和一个弟弟，哥哥初中未毕业就退学，成年了却在家中"啃老"；弟弟从小在父母身边长大，成绩很好。小W则是从小在老家由爷爷带大。来到上海后，小W发现父母的关注点主要在哥哥的不工作和弟弟的优秀上，对他几乎不闻不问，于是他开始自我放弃，成绩一落千丈，甚至出现个位数，还染上了打架的毛病，更严重的是有"骂不起"的脾气，他几乎每天都闯祸犯错。但是不知是哪天，他在班级书架上看到了一本《藏地密码1》，整整两天，他一点事情都没有发生，下课就安静地坐在座位上看书，后来还主动和班主任沟通，希望老师能到图书馆为他借阅后面几册《藏地密码》。看书后的那段日子，他犯错误少了，期末考试语文的作文分数居然突飞猛进。

图书进班，让我们的书籍插上翅膀，飞到每个孩子身边。让书走近孩子，也让孩子爱上阅读。

自主管理，提升技能

在培养孩子们阅读兴趣和习惯的同时，我们还希望孩子们能真正走入图书馆，并非每次来到图书馆只能借阅书籍，而是可以了解图书的分类，图书编号的方法和目的。所以图书馆联动学校大队部，以点带面地开展"学生自主管理图书馆"活动。由大队部成员为首，每个班级挑选2位志愿者，每天中午来到图书馆，帮助图书馆员组织午间阅读活动，并学习图书的分类和上架工作。

一开始，志愿者看到孩子们留在桌面上的书籍，就一股脑地叠在一起，一下子放到书架上，几次一来，书架就乱了。然后馆员开始教导学生根据图书分类的方法，看查看书号前的英文字母，相同的先归类，然后再看书号，根据书号前后插入相应的书架，还可以根据书籍作者的国家，检查拜访的正误。经过几次训练，现在志愿者已经可以在没有老师指导的前提下，快速高效地整理书架了。孩子们阅读查询书籍也变得容易了很多。

《岛上书店》作者加·泽文说：没有谁是一座孤岛，每本书都是一个世界。而"图书馆阅读"正是师生享受阅读快乐的心灵港湾。我们要积累起师生受益终生的阅读"跬步"，用书香浸润学生心灵成长，让书香氤氲菁菁校园。

THREE
TEACHER DEVELOPMENT

03
教师发展

> 导研

基于随迁子女学情的初中数学学案设计与使用

肖 玲

一、研究背景

随着大量进城务工人员举家迁入上海，其子女的受教育问题成为政府教育部门亟待解决的重要问题。对于这些孩子来说，教育环境的改变、教材的差异、课程进度和难度的差异，教学方法的不同都直接影响了他们的学习。

近年来，我校随迁子女学生的比例越来越高。随着父母工作的变迁，生活和学习环境不断改变，造成大部分学生存在数学学习基础不牢固、学习环节脱节、学习习惯欠佳等学习障碍。因此他们进入初中校园后，面对新的学习环境、学习氛围，面对新的学习要求、学习方法，常常感到困惑和无助。另外，一些随迁学生的家长曾表示，只要把孩子看住就行，成绩好坏是其次；还有一些家长没有通讯工具，对孩子在学校里的状况一无所知，也不想了解。众多因素都使这些刚进入初中的孩子在起始阶段就对数学学习没有什么信心和热情，从而导致他们数学的学习更难稳步发展。

2000多年前，《礼记·学记》中提出"教学相长"思想；国外有刺激-反应说、认知学习论、人本主义学习理论等流派，论述了有关学习的问题；陶行知先生提出"教学做合一"的教学思想……这些都为学案提供了科学的理论基础。

学案教学已被越来越多的教育工作者接受或采纳，但在实施过程中还存在认识不一、价值未能充分挖掘等一系列误区与问题。对此，郑毓信所著的《国际视角下的数学教育》中曾指出，数学教学现状的一个严重不足之处，即人们往往只是注意了"应当怎样教？"而忽视了对于学生真实思维活动的深入了解和分析。例如，从老师专业水平与编制技能看，相当比例学案基本框架混乱、问题探究缺失、能级层次倒挂等；从实施来看，只关注编写，不研究合理应用、督查、反馈、整理和修正。再加上学习效果衡量标准的不一、考试评价的压力，也给实践者增加了许多挑战。

初中学案研究刚刚起步，各方面还不完善，形式单一，未能完全发挥学案的特点和优势，在指导学生应用学案方面缺乏经验。尤其是针对基础薄弱的随迁子女群体而言，更加需要设计适切性的学案并在教学实践中予以探索。

正是基于此方面的考虑,我校的数学课题研究小组立足校情、立足我校随迁子女的学情和特点,提出了"进城务工人员随迁子女初中数学适切性学案设计与使用的有效性研究"这一课题。教师依据课程标准、三维目标,依据学生的认知水平、知识经验,编制旨在促进学生进行主动学习进而实现知识构建、方法掌握、能力提升的学习方案。其关注点不仅仅在课堂学习,它涵盖学习活动整个过程,包括课前学习、课堂学习和课后学习三个板块的预设和学习反思。通过对这一课题的研究,我们期望能探索出符合我校实际情况、配套教材的系统学案,帮助这些学生完成由小学向中学的顺利过渡,重在培养这些学生的学习能力和创新意识,利用学案教学在数学课堂中创设智慧从而提高教学有效性。

二、研究概述

(一)核心概念的界定

1. "随迁子女"是指符合上海市政府异地入学相关规定的非上海籍的进城务工人员随迁子女。

2. "数学学案",是数学教师依据课程标准和学生的实际情况,结合自己的教育教学经验,为学生量身定做的一份专业文本,旨在引导、支持和促进学生开展有效地数学学习。

(二)研究目标

学案是在新课程背景下,教师在备课教案的基础上,尝试站在学生的角度编写的纲要式学习方案,其中包括为开发学生的智力、培养学生能力而设计的一系列问题探索、要点强化等情景,是一种在教学过程中供学生使用并由学生完成的特殊案例。其目的在于让学生学会独立地将课本上的知识进行分析综合、整理归纳,形成一个完整的科学体系。重在培养学生的学习能力和创新意识,从而提高教学有效性。

结合我校学生实际情况,设计符合随迁子女学情的学案,使之与相应的教材配套,使学案成为师生合作互动的脚本,学生学习的良师益友,教师施展才华与智慧的有效载体,校本教研的抓手与课题研究的新领域,"增效"、"减负"的有效途径,数学课堂中创生智慧的有效举措。

(三)研究内容

学案的设计和使用,其本质是教学重心由老师如何"教"转变为学生如何"学",如何把教师的教学目标转化为学生学习的目标,如何把学习目标设计成学习方案交给学生。

在二期课改精神指导和背景下,设计并使用符合校情、学情、配套教材的系列学案,制定学案的评价标准,在研究方案的实施过程中总结学案的教学效果,关注、改善学生学习方式,以期优化学案教学。

(四)研究方法

综合运用文献资料法、调查研究法、行动研究法、案例研究法、经验总结法等多种方法进行本课题研究,注意方法的综合性、实用性,注意研究实践与推广应用并重,采用边实践边改进的滚动发展的研究方法。

(五)研究过程

1. 准备阶段:查阅资料、撰写情报综述、确立课题研究方向、撰写课题申请书、明确学案撰写要求、请专家论证。

2. 实施阶段:针对不同年级规划学案重点课题,组织学案公开教学课、组内教师和专家点评,修改完善学案,开展学生问卷调查及个案研究。

3. 总结阶段:编制各年级学案集,搜集整理研究材料,撰写课题报告;请专家鉴定。

(六)研究拟解决的关键问题和创新之处

拟解决的关键问题:

在数学教学中,设计和使用适合随迁子女学生的学案,就是以此为载体,优化学生自主、合作、探究式学习方式的实施效果。实施教学案教学,就是以此为媒介,切实实现教学方式与学习方式的转变,从而改变传统教学中教师霸占课堂、学生被动接受的重"讲"轻"学"的局面。实施教学案教学努力探索适合随迁学生学情的教学方式,打造适合他们的课堂特色,形成融入教育特色教学模式的改革成果。

创新之处:

1. 充分体现"以学生发展为本"的教育宗旨。

2. 以学案为载体,将教与学更有效结合,寻求改变学生学习方式的新途径。

3. 在实践中教学相长,课题研究不断在实践中调整、改进、再实践、再改进,针对性、实用性、有效性强,提升教学质量,促进学生学习方式的改善。

4. 丰富区域"融入教育"研究经验和成果。

三、研究成果

(一)确立东辽阳中学数学学案撰写体例

1. 基本框架

学案内容可分成以下几部分:

一、学习目标

二、学习过程:

(一)知识回顾(或热身练习等)

(二)探索新知(或实践操作等)

> (三) 阶段小结 (或体会分享等)
> (四) 当堂练习 (或快速应答等)
> (五) 反馈训练 (或变式练习、自我测评等)
> (六) 感悟收获 (回顾反思等)
> 三、布置作业
> (一) 必做
> (二) 选做

2. 撰写要求

(1) 学案文本要突出学生学习活动的过程,凡教师活动的内容 (如例题讲解) 不必写入学案中。

(2) 文字要简洁明了,避免让学生书写篇幅较长的文字,多增加一些让学生填写的空格或文本框。

(3) 学生练习部分要留有足够的空间 (如画图题、几何证明题等)。

(4) 学案中的图形,要求在图形下方标注图1、图2等,插入图形的版式用"嵌入式"。

(5) 需要学生小结、感悟之处用不同字体表示。

3. 汇总学案要求

每位老师按制订的学案计划按时上交学案,每学期装订合本;一学年后分预备、初一合订本,初二、初三合订本;二学年后,各年级分别装订;若干年后,每位教师装订一本。

4. 学案样张

> **7.5 (1) 画角的和、差、倍**
>
> 一、学习目标:
> 1. 理解两个角的和、差、倍的意义,并会用等式表示角的和、差、倍的关系。
> 2. 会画角的和、差、倍。
>
> 二、学习过程:
> (一) 知识回顾
> 回顾:线段和、差的意义
> 思考:作为图形,线段可以相加减。角可以相加减吗?
> (二) 探索新知

观察：如图1，射线OC在∠AOB的内部，图中有几个角？它们之间有什么数量关系？

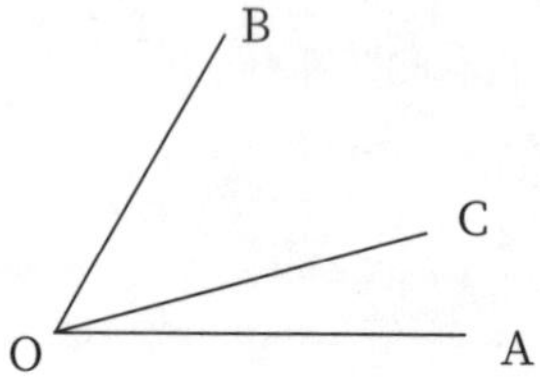

(图1)

(三) 阶段小结

角的和、差定义：两个角可以_____(或_____)，它们的_____(或_____) 也是一个_____，它的度数等于这两个角的度数_____(或_____)。

(需要学生填写概念或法则)

(四) 当堂练习

1.如图，已知∠α、∠β (如图)，画一个角，使它等于∠α+∠β。

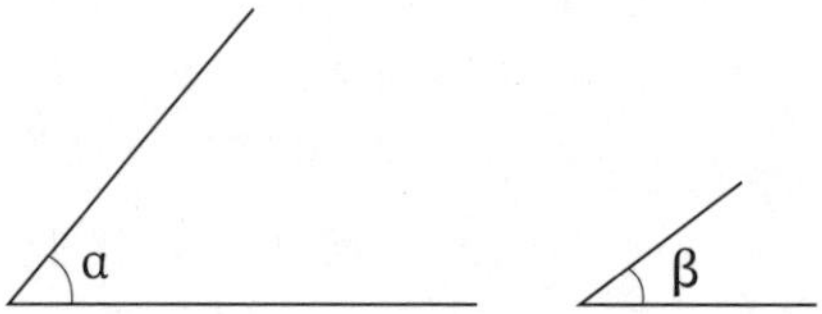

步骤：(1) 用量角器画出∠ABC=∠_____；

(2) 以B为_____，射线_____为一边，在∠ABC的_____，用量角器画∠CBD=∠_____；

(3) 所以，∠_____就是所要画的角。

(五) 反馈训练

1.怎样画一个角，使它等于2∠α呢？**(需要学生画图，留足空间)**

(六) 感悟收获
1. 作为图形, 角也可以_____

三、布置作业
1. 必做:《练习册习题 7.5》, 第 1、2、3 题。
2. 选做:《练习册习题 7.5》试一试。

(二) 每学期整理、修改数学学案, 形成成果汇编

例如我校第一册数学学案汇编目录:

目 录

1. 序
2. 学案撰写要求
3. 学案感言
4. 学案汇总

六年级:
(1) 1.4 分解素因数
(2) 2.5 分数的乘法
(3) 2.6 (1) 分数的除法——倒数
(4) 2.8 分数小数四则混合运算
(5) 5.8 (2) 有理数的乘方
(6) 6.1 列方程
(7) 7.5 (1) 画角的和、差、倍
(8) 8.2 长方体直观图的画法

七年级:
(1) 9.10 单项式乘以多项式
(2) 9.17 同底数幂的除法
(3) 12.1 实数的概念
(4) 13.4 (1) 平行线的判定
(5) 14.4 (1) 三角形全等的判定 SAS
(6) 14.4 (2) 全等三角形的判定
(7) 14.6 (1) 等腰三角形的判定
(8) 14.7 等边三角形
(9) 15.2 直角坐标平面内点的平移和对称
(10) 15.2 (3) 直角坐标平面内点的运动

八年级：
(1) 17.2 (3) 一元二次方程的解法——配方法
(2) 22.2 (3) 平行四边形的判定
(3) 22.3 (3) 平行四边形的判定
(4) 22.3 (2) 矩形、菱形的性质运用
(5) 22.6 (1) 三角形的中位线
(6) 23.3 (2) 事件的概率学案

九年级：
(1) 26.3 (5) 二次函数解析式的确定学案
(2) 证明专题 (特殊) 平行四边形的判定
(3) 圆与正多边形复习
(4) 图形的运动
(5) 二次函数的图形和性质
(6) 统计的应用

（三）同伴互助、专家引领、每月开设数学学案教学展示课

聘请区进修学院师训部副主任孙立老师指导学校开展数学"学案教学"工作，专家把脉，教研组交流研讨，分享智慧。

每学期初，以备课组为单位，制定学案计划，明确课题、负责人和时间截点，并交由专家审定，例如：

初三年级学案计划

姓名	学案课题	姓名	学案课题	完成时间
刘玉祥	25.3 (1) 解直角三角形	董艳萍	25.3 (2) 解直角三角形	10月10日
刘玉祥	26.2 (1) 特殊二次函数的图像	董艳萍	26.2 (2) 特殊二次函数的图像	11月5日
刘玉祥	26.2 (3) 特殊二次函数的图像	董艳萍	26.3 (1) 二次函数 $y=ax^2+bx+c$ 的图像	11月25日
刘玉祥	26.2 (2) 二次函数 $y=ax^2+bx+c$ 的图像	董艳萍	26.3 (4) 二次函数 $y=ax^2+bx+c$ 的图像	12月5日

2015年2月起，每月开设一节学案教学研讨课，教研组集体听课、评课，并结合专家孙立老师的建议进行学案的二次修改。例如：

> **二次函数的图像和性质（1）**
> 蔡佳钰
>
> 一．学习目标：
> 1.会用列表描点法画二次函数 $y=ax^2$ 的图像；
> 2.能够理解与二次函数的有关概念（抛物线、对称轴、顶点等），体会研究问题的数学途径和方法.
> 二．学习过程
> （一）知识回顾
> 　　1.一次函数，反比例函数 的图象分别是什么？那么二次函数 的图象是什么呢？
> 　　2.利用描点法画函数 的图象前，想一想，列表时如何合理选值？以什么数为中心？当x取互为相反数的值时，y的值如何？

修改后：

> **二次函数的图像和性质（1）**
> 蔡佳钰
>
> 一、学习目标：
> 1、通过列表、描点，研究二次函数 $y=ax^2(a\neq 0)$ 的图像；
> 2、通过动手操作、观察、归纳，理解抛物线 $y=ax^2(a\neq 0)$ 的顶点、对称轴等概念
> 二、学习过程：
> （一）知识回顾
> 1、一次函数的图像是一条_____，反比例函数的图像是_____

(四)在《融教育的温度》上发表学案教学课例

1. 肖玲《舞动学生思维的翅膀》
2. 朱群《以学案中的变式教学提高随迁子女课堂数学教学有效性》
3. 董艳萍《聆听学生"教"，深入"做"数学》
4. 季燕《换位思考的因式分解课》

(五)学校"学案"教学成果交流、展示

　　2016年7月在校本培训中,结合专家孙立老师的指导,数学组肖玲、季燕、董艳萍、蔡佳钰四位老师做了学案阶段性研究成果汇报,得到全校教师的好评,同时也把学案教学的理念和方法辐射到其他学科。

四、研究成效

1.每位参与学案设计和实践的老师都有不同的收获和感悟

　　胡斌斌：通过学案的学习和实施，真正认识到要在教学过程中重视学生的主动

学习能力，体现以学生为主体的现代的教学理念。

刘玉祥：我认为应从自己教的学生情况出发去编写学案，不要片面追求"高大上"，只有这样才能真正体现学案的作用。让学生从被动听转为主动学，从听众的角色转为演员的状态。要把课堂真正交给学生，使学生在自己的课堂上开展自主、互动的学习活动，同时，也需要教师教学观念的转变，让教学更加有效。

董艳萍：我认为导学案使用，一要突出一个"导"字。教师要注重激发兴趣，兴趣是学生学习的内驱力，学生学习兴趣靠培养和激发，有趣且能抓住学生注意力的课堂导引，有利于学生变"苦学"为"乐学"。教师要注意指导学法，让学生去理解掌握学习方法，掌握最佳路径，促使学生不仅"学会"还要"会学"，提高学生的知识运用和知识创新能力。二要强化一个"研"字。教师要加强对学生和教材的研究。注重课堂预设，同时充分注重课堂生成，处理好预设与生成的关系，不重视预设，课堂会杂乱无序，不重视生成，课堂就不会精彩。教师要加强课堂细节的研究，对不同的教学方法进行整合、嫁接、创新，构建具有学科特色的课堂教学模式。要对实施过程中出现的问题及时进行总结反思，要通过课题研究的方式解决问题，促进课堂教学效益的不断提高和发展。三要用"导学案"进行课堂教学时，要拓展学生思维。"学起于思"，课堂教学中除充分调动学生思维外，教师自己的思维也要得到充分展开，在教学过程中激活学生，提升自己，做到教学相长，使学生的思维由课内延伸到课外。

季燕：一学期的学案研究告一段落，虽然仍在摸索阶段，但还是在很大程度上促进了我对教学工作进一步的理解和认识。孙老师和同事们的指正和帮助，让我深刻认识到教案与学案的区别、教学目标与学习目标的区别，让我认识到学案的简洁性、师生互动、生生互动的重要性，更加关注教材的解读和运用。一切为了让学生能更好更轻松地学习，也让自己有了专业上的成长。

朱群：学案导学课真正体现了学生的主体地位，教学过程始终围绕让学生自主学习，但在落实学生的主体地位的同时并不忽视教师的主导作用，使学生有顺序、有方法、有目标地学习，真正体现了因材施教，真正做到了"异步学习、异步指导"。真正做到了"低负高效"。学案导学，将教学的重心前移，工作做在课前，主要精力集中在课上。"教是为了不教"，学案有利于激发学生的学习兴趣和集中其学习精力。学案将学习的重点前移，规定了预习的内容、方法及要求，在很大程度上满足了学生的好奇心及求知欲，课上学习采用问题式教学、探究式学习，大大激发了学生求疑解惑的欲望，学习的兴趣及积极性得到了很大调动，"主动参与"是学生学习的一大特征。

肖玲：学案教学的实施过程是师生双边和多边活动的过程。学生是主体，教师是主导,训练是主线,能力培养是我们主攻的方向。通过孙立老师一学期的专家引领,加上组内教师的共同努力,我们的第一册学案终于面世。

2. 教师的理论水平得到较快提升

通过课题研究,参与课题研究的老师阅览了很多教育教学方面的书籍,查阅大量文献资料,学习了先进的教育教学理论知识,更新了教学理念。教师的理论水平得到了较大幅度的提升。教师边学习理论,边研讨、探究,边进行课堂实践、教改,还积极撰写课题研究论文。课题组成员撰写的论文,教学设计被收入《融教育的温度》一书。

3. 初步形成了适合本校学生特色的学案教学模式

经过课题组老师的努力实践,初步形成了适合本校特点的学案课堂教学模式。学案教学极大地改善了课堂教学氛围,充分调动学生学习的积极性和主动性,引发学生强烈的求知欲。让学生从成功的欢乐中品味学习的兴趣。教师成为课堂的组织者、引导者,在关键时候做一些点评、纠正、补充和总结。整个堂课气氛活跃,学生热情很高,表现欲望强烈,参与度较高,当堂训练当堂达标有利于减轻学生课后作业负担,同时也帮助学生掌握基本知识、技能和方法。

例如,使用学案教学后,我校初三年级在基础教育评价"绿色指标"测试中,某些模块的成绩接近或超过区平均分。

五、研究思考

学生在学案的引导下进行学习,其效果如何需要及时评价,而且对有些学习内容的真正理解是在相互评价中完成的。同时,学生学习兴趣与积极性的激发、调动与保持也需要通过评价予以保障。因此,我们数学组在今后的学案设计中要把评价有机地融入学生学习的过程之中,特别是把评价看作是学生认知活动的有机组成部分。评价是保证和提高认知活动有效性的心理过程,这种有效性可以体现在以下四个方面:其一,评价使得学生所建立的关于知识的个人意义经受了某种检验而变得更加清晰、明确、合理;其二,学生在对他人的讲解进行分析评判时,要用自己的语言说出个人的看法和观点,就需要对知识的个人意义进行加工、改组、归纳、概括,从而促进和丰富了学生对知识的心理表象,提高了知识内化的效率;其三,通过评价,可使学生认识到所学知识的重要性,体会到该知识在实际应用中的有效性,感受和欣赏到数学那特有的内在美,从而使他们对知识产生一种向往的感觉经验;其四,通过自我评价,学生不断反思、调节自己的学习策略与方法,不断丰富和积累数学活动经验。

基于随迁子女学情的英语课堂"导学活动"设计与实施

龚惠兰

一、研究背景

《英语新课程标准》提出,要"采用活动途径,倡导体验参与,让学生在教师的指导下,通过感知、实践、参与和合作等方式,实现任务的目标,感受成功"。课堂教学是教学的基本形式,是学生获取信息、锻炼、提高多种能力和养成一定思想观念的主渠道。课堂活动实施的有效性直接关系到教学的质量和人才培养的实际价值,因此,怎样落实有效的导学活动进而促进课堂教学的实效一直是教学理论研究的主题之一。

恰逢杨浦区英语教学又一次重大变革,教材由新世纪转变成牛津教材。此次改革从预备年级开始在各年级全面推开,情境化教学的风潮似乎一下子席卷了基础英语教学领域,一些教师在课堂上表现得轰轰烈烈,教学活动设计丰富多彩,然而,在当前学校英语课堂教学实际教学过程中出现了新倾向、新问题。教师一味追求热闹、活跃的气氛,出现了重现象不重本质,重形式不重实质的现象。课堂活动容易走向另一个极端:为活动而活动,英语课堂出现只有活动、没有语言的现象,而且课堂活动与教学内容关系不大。因此由于课堂教学效率不高而导致课内损失课外补之现象比比皆是。

作为区进城务工人员随迁子女教育课题研究协作组组长单位和区融入教育基地,我校随迁子女占比超过90%,随迁子女的基础教育和综合素养得到特别关注,"融入教育"提上正式日程。由于种种原因,随迁子女学生英语基础相对薄弱,我们学生的能力没有得到应有的提高,课堂教学常常是低效或无效。此外,我们的课堂也存在教师教得很辛苦,学生学得也很辛苦,但收益不大的现象。如何提高随迁子女学生英语课堂活动的有效性,提高学生综合运用语言的能力,使他们能更好地融入学校和城市生活,是我们英语教学亟待解决的问题。

二、研究概述

(一)核心概念的界定

英语课堂导学活动设计,指基于随迁子女学情的导学活动设计,是侧重于情境化教学的导学活动设计。以对接"绿色指标"为教学效果检测目标，以教材和"导学活动"为教学素材，以学生语言能力培养为目标，课堂教学实例拟围绕"如何唤起学生学习英语的兴趣，激发学生求知的情感"以及"如何设计激活学生自由语言交际的活动"展开，深入探究促进随迁子女主动、有效参与学习活动的途径、策略与方法。

（二）研究目标

1. 深入调查研究与研讨学校教学实际情况，立足实际，制订切实可行的教研组工作计划、目标和工作措施。

2. 加强组内各年级协作与交流，充分挖掘各位教师的教学资源，服务组内教师的教学工作。

3. 以围绕有效课堂导学活动设计为中心，以教研组建设为平台，组织教师学习课标、研究教材，研究教法与学法，促进学校教学质量的发展。

4. 重视农民工同住子女英语学习需求，挖掘激发学生可持续的学习兴趣，进一步培养学生良好的学习习惯、学习方法和学习能力，为学生的成长搭建舞台。

5. 及时整理教研活动资料，建立健全活动档案，对教研成果进行总结梳理。

（三）研究内容

要实现新课标的有效教学，教师应该如何预先设计导学活动，才能实现预设的目标？我们从以下几个方面进行研究：

1. 对于课堂导学活动要有系统的认识，我们将在分析英语课堂活动的概念、类型的基础上，分析教师开展课堂活动应达到的要求。

2. 了解支持编写所用教材的教学理论，把握教材的编写意图，确定教学目标。教师在设计不同的导学活动时，应特别注意以学生的生活经验和兴趣为出发点，尽可能提供真实的情景，让学生综合地应用所学语言完成一些任务。

3. 教学导学活动设计要以学生为主体。教师应该了解学生的实际水平，他们在一节课中能接受多少，才能完成整体教学目标。教师应该认真研读英语课程标准，以课标给出的课程目标和内容目标为依据，在全面、系统思考的基础上科学地确定教学目标。

4. 活动的参与者以及参与方式（谁做什么？或者谁和谁做什么？）

5. 活动变化的多样形式（根据课堂的实际情况来灵活处理）

6. 活动的评价方式和评价手段。

（四）研究方法

以文献研究、调查研究、行动研究、个案研究等为基础，注重研究与实践并行，在实践中发现问题、解决问题，用研究成果指导实践。

(五)研究过程

1. 开展基于随迁子女学习方式转变的英语课堂教学探索与实践：专家介入，制定观课指标，开展课例研究等；完成有关年级的"英语课堂导学活动设计"，实施有效"课堂导学活动"教学；开展"导学活动设计"教学案例交流评选，教学研讨、论坛等。

2. 开展促进随迁子女学习方式转变的英语"导学活动"校本课程建设实践研究：探索促进随迁子女英语学习方式转变的经验、规律，深入开展"经典英文影片欣赏""英语报刊阅读""学唱英语歌曲""葡萄串串英语角""希腊神话故事"等校本文化课程的开发与构建等研究。

3. 举行"基于随迁子女学生学情的英语导学活动设计与实施"三校联合体研讨会，进行成果交流与展示等。

(六)本项目拟解决的关键问题和创新之处

从预备年级着手，编写《英语导学活动设计》，注重英语课堂活动的设计是否有助于实现课堂教学目标。尽可能多地为学生创造在真实语境中运用语言的机会，通过开展各种行之有效的导学活动，激发学生学习英语的兴趣，使学生养成良好的英语学习习惯，不断提高综合运用语言能力，增强自信，从而形成一套适合进城务工人员随迁子女的英语导学活动设计和导学模式以及适合随迁子女特点的英语学习方式。

三、研究成果

(一)初步形成基于随迁子女学情的英语课堂"导学活动"设计方案

1. 确立导学活动设计原则

(1) 导学活动的设计符合学生的学习基础，低起点，多台阶。
(2) 活动的步骤设计合理，注重学习能力和方法的积累。
(3) 创设符合学生生活环境和年龄特点的语言情境。
(4) 整合教材，挖掘文本内涵，扩大知识面，陶冶情操。
(5) 关注学生的参与度，既注重个体，又注重全体。

2. 制定东辽阳中学基于随迁子女学情的英语课堂"导学活动"评价表，如下：

执教老师：　　　　　　　　　　班级：
时间：　　　　　　　　　　　　课题：

评价项目	分值范围	得分	内容
教学目标 10分	0—2		教学目标准确并可测量
	0—3		融合三维目标
	0—5		符合学生实际水平

续表

评价项目	分值范围	得分	内容
教学内容 20分	0—8		设计活动符合学生实际水平,通过一系列活动,学生能力(思维,表达)有了明显提高
	0—8		活动新颖设计与教学内容有机结合,有层次,有递进,吸引学生兴趣
	0—4		教学容量适中
教学过程 40分	0—10		课堂提问设计有针对性、启发性、面向全体,有实效,紧扣教学目的、主题
	0—10		合理运用教学课件,辅助教学,有实效,课件没有拼写语法错误
	0—10		教学各环节有机联系,层层递进 以学生为主体,不是"满堂灌",体现教师教的过程,而不是以测试为主
	0—10		教学氛围和谐民主,给予学生及时鼓励和足够时间思考
学生表现 20分	0—10		学生参与面100%,思维敏捷,回答问题正确率非常高
	0—5		学生敢于质疑,见解独到,对问题有较深理解
	0—5		小组活动中有合作意识,能表达自己观点,也能倾听他人
教学艺术 10分	0—3		老师语言表达清晰、准确,板书规范,有写课题在黑板上
	0—3		感情丰富,语调抑扬顿挫,有合适的肢体语言,课堂有高潮
	0—4		控班能力强,适时介入,准确评价,有效指导
总分	0—100		

3. 研究有效"导学活动"的特点

英语教材所选的文章体裁丰富,有说明文、记叙文、书信、日记、游记等,文章的内容涉及天文、地理、人物、事件、安全、社会、旅游、校园生活等各个方面,与学生的生活联系密切。通过整合教材内容与教学内容,设计多种有效的语言活动,让学生会学,乐学,并联系学生实际进行拓展与运用。以下是我校教师平时在教学实践中实施的一些导学活动。

A. 巧妙融入合适的人物角色,营造活泼轻松的语言环境

教师在设计导学活动时,应特别注意以学生的生活经验和兴趣为出发点,尽可能

提供真实的情景,让学生综合地应用所学语言完成一些任务。以新的课程理念为指导,充分考虑初中学生这一年龄阶段的特点。关注教学方法,体现一个"活"字。教师的教学方法要灵活,操练句型形式多样。比如教师可以巧妙地通过动画、图片、身体语言、表情动作等作为教学资源,创设讲解、操练和运用英语的情景。为了营造一种轻松活泼的语言环境,有时可以巧妙地融入一个适合教学内容的人物角色贯穿所教内容。对于预备或初一的小朋友利用一些学生熟悉的卡通人物,如,用"大耳朵图图"来串起整节课要学习的重点句型,构思新颖而又自然,而且具有生活气息,容易吸引学生的注意力。还有,初一 Season 这一课也引入了一位飘逸潇洒的小诗人来引导学生感受和描述春夏秋冬四个季节的景色和现象。初二上半学期的 Body Language 这篇阅读文章,灵活运用电影《长江七号》里面的"七崽"的一段视频,让学生操练掌握描写面部表情变化的词汇,使原本机械的操练练习变得富有生活气息,自然而然地营造了活泼轻松的语言环境。

教学片段 1:

教学片段 2:

7b.Unit 2 Lesson 1 Season

1. Brainstorms:

    What can you do in spring, summer, autumn and winter?

2. Appreciate a poem

    Where is spring

    Where is spring

    Spring is in the green mountains

    There are red flowers

    There are green grasses

    And the little singing orioles

教师发展 03

教学片段3:

8b. Unit 2 Lesson 3 Dongfang International School

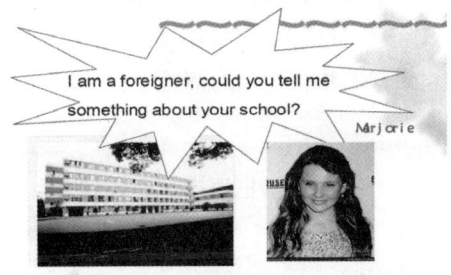

1. 假设老师本人是来自东方国际学校的交流学生
2. I am Marjorie, I am an exchange student from Dongfang International School. Could you tell me something about your school?
3. When was your school set up? Our school was set up in 1958.
4. What's the area of your school?
   Our school covers an area of about _____
   A. 1, 845 m^2 B. 6, 437 m^2
   C. 150, 825 m^2 D. 1, 560, 740 m^2
5. How many teachers are there in your school?
   ❖ There are 64 teachers.
   ❖ It has a teaching staff of 64.
6. Would you please show me around the school?

7. Show some pictures and ask some questions.

[教学分析: 让学生向一位来自东方国际学校的交流学生介绍东辽阳学校, 然后很自然地引入到东方国际学校的网页。在展示学校图片时, 学生从 Marjorie 羡慕和赞叹的表情中体会到一种自豪感, 既能培养学生的自信心和成就感, 又能提高其英语学习兴趣, 让他们在轻松的语言环境中体会到语言学习的快乐和喜悦。]

B. 开展丰富的合作学习, 注重导学活动的趣味性

进入初中之后, 很多学生对英语学习逐渐丧失了兴趣, 尤其进入高年级之后, 教学篇幅越来越长, 很多教师把重点放在了语法和单词的讲解上, 阅读课虽然以读为主, 但还应该采取多种手段, 挖掘文章背后的信息, 关注作者的情感变化。了解支持编写所用教材的教学理论, 把握教材的编写意图, 确定教学目标。教学设计要以学生为主体。教师应该了解学生的实际水平, 他们在一节课中能接受多少, 才能完成整体教学目标。在老师的指导下, 让学生适时的开展采访, 表演, 辩论, 演讲, 讲故事及研讨等体现学生主体作用, 启动学生思维, 让学生有更多时空表现自我的合作活动, 激发学生观察, 想象, 探究, 实践及合作互助的欲望, 培养积极的情感。

教学片段 1: 9a Unit 3 Lesson 3 Owning a Private Car

在小组活动中, 让学生分角色进行表演, 让学生体验把语言运用到现实生活中去的乐趣。

教学片段 2: The Past Continuous Tense

A: What was/ were _____ doing when Miss. Chen came in this moring?

B: _____.

[教学分析: 创设校园真实生活场景, 让学生体验语言结构的运用。教师利用本班学生平时课间休息时的照片, 让学生两人一组运用过去进行时编写对话并进行表演。此类活动贴近学生的自身生活, 学生乐于参与其中, 并在实践中自然而然地掌握所学语法项目。笔者通过多年的实践认为, 教师应以教室及校园为背景, 以丰富多彩的学校生活为内容, 以英语语言为载体, 使语法交际化教学更富有真实性、形象性、趣味性和亲切感。在语法交际化教学过程中, 教师可将教室内的装饰和设施以及交际活动的主体——全体学生作为交际活动的对象和内容。这样学生对语法就不会产生

畏难情绪,而且效果也好。]

教学片段3: 9a Unit 3 Lesson 2 The Red Cross (Reading)

Match the picture with the sentence.

a. Henri Dunant was travelling on business. He saw one of the bloodiest battles

b. 40,000 men were killed and another 40,000 were left to die for lack of medical care.

c. Immediately he organized the local people to care for the wounded.

d. He wrote a book and call on all nations to set up organizations.

e. His idea was accepted and the Red Cross was founded.

f. Because of his brilliant idea, he became the first person to win the Nobel Peace Prize.

[教学分析: 把故事情节分解成六句话和相应的六幅图片,让学生进行图片排序和配对,开展小组讲故事竞赛,通过设计各种课堂活动,在教学中利用游戏活动,既能培养学生的自信心和成就感,又能提高英语学习兴趣,让他们体会到语言学习的快乐和成功的喜悦。]

C. 充分利用课文内容进行情感教育

教材课文有丰富的思想教育内容,许多鲜活的人与事能引起学生思想情感的共鸣。如,学习有关比尔·盖茨、亨利·杜南等名人的文章就是一种情感教育过程。他们的人格魅力对学生的震撼是巨大的,因为他们的成功不仅是因为他们卓越的智力水平,更重要的是他们拥有勇气、意志、信心、博爱等。

教学片段: 9a Unit 3 Lesson 2 The Red Cross (Reading)

Answer questions.
- ❖ Why did Henri Dunant become the first person to win the Nobel Peace Prize?
- ❖ What do you think of him?
- ❖ What led to his idea of the Red Cross?

It is love that makes the world go round. 爱令世界生生不息。

If we plant the seeds of love in spring, we will harvest the fruit of love in autumn. 如果我们在春天播下爱的种子，我们将在秋天收获爱的果实。

Love is around us. 爱就在我们身边。

Discussion：（图片中的女孩是学校一位白血病患者）

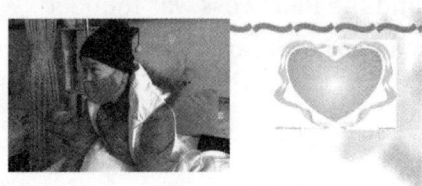

- ❖ She suffers from leukemia（白血病）
- ❖ How she wishes she could come back to school!
- ❖ What can we do for her when New Year's Day is coming?

D. 发挥例句的引导作用

英语教学中，为引起学生注意，帮助理解，加深记忆语言现象，列举例句是十分必要的。举例要讲求质量，富有艺术性。从学生生活素材中举例，可以让学生感到学以致用，幽默风趣的例句可以活跃学习气氛，结合时事的例句可以让学生有新鲜感，而一些英语名言警句可以陶冶情操，迁移积极情感，使学生产生浓厚的学习兴趣。

教学片段： 初三首字母填空专题练习课

Friendship d_____ your joys, and divides your sorrows. 朋友的作用，就是让你快乐加倍，痛苦减半

Whether you fail or fly, at least you t_____. 不管是一飞冲天还是跌入谷底，至少，你尝试过！

The l_____ a person is, the more things he needs to do tomorrow. 一个人越懒，明天要做的事越多。

[教学分析：初三的学生学习非常辛苦，有些学生由于长时间的疲惫与劳累，再加上对学习的焦虑，情绪会有很大的波动，有的学生甚至会出现怠倦懒散的状态。课堂上老师不能一味地让学生做题讲题，应更多地关注学生的思想动态，所以我在上首字母填空练习前，精心挑选一些励志的例句，适时地给学生一些鼓励。]

以上几点是我们从许多有效的"导学活动"中总结的经验，找出共同的特点。谈到外语教学时，人们往往引用丹麦语言学家叶斯帕森（Jesperson, 1992）的一句名言："教学外语的首要条件是要尽可能地让学生接触外语、使用外语。学习外语像游泳一样，学生必须浸在水中，而不是偶尔沾水。"叶斯帕森的这句话非常生动地揭示了外语学习的交际性和实践性特征。作为一种语言，英语是用来进行交际和沟通的工具，而不是一门知识，仅靠传授和讲解无法掌握。可以说，英语的学习过程就是完成各种活动的过程。因此英语教学必须"强调语言学习过程，重视语言学习的实践性和运用性，尽可能多地为学生创造在真实语境中运用语言的机会。鼓励学生在教师的指导下，通过体验、实践、参与探究与合作等方式，发现语言规律，逐步掌握语言知识技能，不断调整情感态度，形成有效的学习策略，发展自主学习能力"（教育部，2012，4）。因此，我们在设计导学活动时，关注随迁子女实际需求，以生活实际需求为线索，以"用英语做事情"为途径，优化教学活动设计，构筑情境化英语课堂导学模式，形成适合随迁子女特点的英语学习方式。相信我们只要坚持迈小步、不停步，我们的学生最终能赶上上海初中英语学习的要求。

4. 编制"课堂导学活动设计"试用本（见附件《六七年级英语导学案（试用本）》）

（二）开展英语课堂"导学活动"实践

聘请原区进修学院教研员蒋品圭老师指导学校英语"导学活动设计"工作，专家把脉，各位教师设计导学活动，开展区级或校内公开课，教研组交流研讨，分享智慧。

东辽阳中学英语组教研主题是"导学活动在英语课堂教学中的运用与实践"，与校本培训主题"探索课堂转型实践，提升课堂教学实效"和教研联合体的课题"零起点导学案"相结合，基于我校学情的需要，为了提高英语课堂有效性，我们英语组每两周围绕这个主题进行教研活动。

5月20日，为了三校联合体推出更有效的展示课堂，我校英语组全体教师观摩了黄逸玲老师的一堂公开课课。当时周老师给我们布置任务的时候，强调两点：第一，上一堂语法课；第二，注重语法结构在语境中的运用。我当时的理解就是，这节课从理论上来讲是"语言结构与语用价值的适量把握"，所以我对小黄的要求是，在设计教案和"导学活动"中有意地创设交际语境，培养学生在一定的语境中正确使用语法规则来遣词造句的能力。

小黄的这堂课的教学目标是让学生们学会以下内容：

1. 准确朗读和拼写 1st—31st

2. 用英语表达日期

3. 区分"in"和"on"在日期表达中的使用

以下是本次活动的案列：

导学活动设计：

语法教学：dates

Learning objectives（学习目标）：

本节课结束后，我们要学会以下内容：

1. 准确朗读和拼写 1st—31st

2. 用英语表达日期

3. 区分"in"和"on"在日期表达中的使用

课前预习（Pre-learning）

1. Read and write（划一划，读一读，写一写）

　（1）[fɜːst] _____　（5）[naɪnθ] _____　（9）[dʒuːn] _____

　（2）[ˈsekənd] _____　（6）[twelfθ] _____　（10）[ˈɔːɡəst] _____

　（3）[θɜːd] _____　（7）[ˈdʒænjuəri] _____　（11）[sepˈtembə(r)] _____

　（4）[fɪfθ] _____　（8）[ˈeɪprəl] _____　（12）[nəʊˈvembə(r)] _____

　（☺自我评价：我用了_____秒，读对了_____个，拼对了_____个。）

2. Say the following ordinal numbers in English（你能用英语表述下列数字吗）

　9th　　10th　　12th　　1st　　3rd　　2nd　　14th　　13th　　31st　　23rd

　19th　　20th　　15th　　11th　　8th　　15th　　22nd　　26th　　24th　　5th

课堂学习（While-learning）

1. Read for fun（读一读，并选择"in"或"on"填空）

　（1）____1989　（2）____January　（3）____March 3　（4）____April 28

　（5）____2010　（6）____November 11, 1972　（7）____2000

　（8）____December　（9）____summer　（10）____1965

　（11）____my birthday　（12）____1999　（13）____May 15　（14）____2002

2. Listen and write down some dates（听一听，写一写）

　（1）_____　（5）_____

　（2）_____　（6）

(3)_____ (7)_____
(4)_____ (8)_____

3. Make a survey(小组成员互相用英语说一说自己的生日,比一比,说一说)

Name						
Age(年龄)						
Date of birth(生日)	__,200__					

4. Write down some special dates in English in your life(写一写生活中让你觉得特别的日子,并注明理由哦~)

_____

课后练习(Post-learning)

1. 辨音

(　) 1. A. race   B. attention   C. May   D. safety
(　) 2. A. sound   B. country   C. round   D. proud
(　) 3. A. believe   B. field   C. piece   D. ancient
(　) 4. A. ease   B. ready   C. pleasure D. health
(　) 5. A. hobby   B. topic   C. front   D. follow

2. Put the following dates into English(译一译下列日期)

2/22/2013 _____
9/21/1998 _____
6/14/2002 _____
1/3/2020 _____
5/29/1824 _____

3. Fill in the blanks with the words in their proper forms(用所给单词的适当形式填空)

(1) Our classroom is on the _____ floor. (two)
(2) Yesterday was my sister's _____ birthday. (twelve)
(3) The sports meeting is held _____ a term. (first)
(4) Look! The _____ boy from the left is a friend of Miss Huang's. (nine)
(5) Miffy won _____ prize in the English Speech Contest. (three)

4. Try to form sentences with the words or phrases given.(试一试吧,连词成句)

(1) he/ born/ was/ May 7th/ on

_____.

（2）faster/ Jane/ than/ ran/ in her class/ any/ girl/ other

_____.

（3）the/ students/ very high/ jump/ could

_____?

（4）you/ the PE class/ usually/ do /warm-up exercises/ what/ at the beginning of/ do

_____?

（5）was/ the/ between/ Class One/Class Three/ and/ exciting/basketball match/how

_____!

5. Finish the passage（试一试,完成短文,首字母已给）

Lucy is a l_____ girl. She doesn't s_____ hard at school, and she doesn't help her mother with the housework at home, e_____. Her mother isn't satisfied（满意的）with her.

"What are you going to be when you grow up, Lucy?" Mother asks. "You are too lazy. No j_____ will ever fit（适合）you."

"But I know one," says the girl, "I'm going to be Father Christmas."

"You want to be Father Christmas?" Mother is surprised（惊讶的）, "But why?"

"Because he w_____ only one day in a whole（整个的）year."

教学过程回顾：

Step 1: Teacher sings a song (The months) with students.

Step 2: Teacher asks students to tell their school numbers and their ordinal forms.

Step 3: Read and write（划一划,读一读,写一写）

　　(1) [fɜːst] _____　(5) [naɪnθ] _____　(9) [dʒuːn] _____

　　(2) [ˈsekənd] _____　(6) [twelfθ] _____　(10) [ˈɔːɡəst] _____

　　(3) [θɜːd] _____　(7) [ˈdʒænjuəri] _____　(11) [sepˈtembə(r)] _____

　　(4) [fɪfθ] _____　(8) [ˈeɪprəl] _____　(12) [nəʊˈvembə(r)] _____

（☺自我评价：我用了_____秒,读对了_____个,拼对了_____个。）

[点评：老师和学生一起唱着一首和月份有关的儿歌进入课堂,为课堂营造了轻松愉快的学习氛围。大家建议把第三个步骤和第二个换一下,培养学生唱歌时也要用心的习惯,这些词汇很多也是歌词的内容,同时也正好检测一下"导学活动"的预习部分。接下来老师询问学生学号和有关日常生活的数字就很自然。]

Step 4: Teacher has a daily talk with students.

Step 5: Teacher shows a photo to students and lets them speak out the baby's birthday in English according to some details.

Step 6: Teacher shows students the right ways to express dates.

[点评： 出示一张可爱婴儿的照片让学生猜猜是谁，能充分地调动学生积极性，接下来出示小黄老师的身份证，抓住孩子们一直以来对老师年龄感兴趣的特点，用自己的出生年月日引出本课的主题，让学生按年、月、日一步一步学会描述日期。这个环节给学生学会日期的表达创设了一个很好的语境，让学生在实际语言运用中去内化语言规则。大家建议在出示身份证时隐掉具体的日期，利用学生的好奇心理能更好地调动学生的积极性。]

Step 7: Students sum up the difference between "in" and "on" when they are used before the year/month/day.

Step 8: Students play a game —— "in or on".

There are two baskets named "in" and "on. Let students put the ten words (year/month/day) into the right basket.

[点评： 通过"装篮子"的游戏，把原本枯燥乏味的语法专题练习变的富有生活气息，自然而然地营造了活泼轻松的语言环境。]

Step 9: Listen and write down some dates

Step 10: Conduct a survey

[点评： 听写日期的练习能有效地检测出本堂课学生对日期表达掌握的程度，分小组调查同学之间的年龄和生日又为学生创设了一个交际语言运用的真实语境。只是大家觉得单纯询问年龄和生日显得有点过于单调，建议在小组内找出年龄最小的和最大的，最后找出班级中年龄最大和最小的。]

总结： 小黄虽然从教时间不长，但她善于整合教材内容，通过研究课标、教材，以及学生对学过知识的掌握程度，研究教法与学法，并以此为基础，结合我校校本练习，为指导学生进行主动的知识建构，编写了课堂导学活动设计方案。导学活动设计方案让老师交给学生需要自主思考和学习的内容，为课堂教学的有效进行奠定基础，课后还可作为学生复习的资料。课堂上她还巧妙地通过动画、图片、身体语言、表情动作等作为教学资源，创设讲解、操练和运用英语的情景，营造活泼轻松的语言环境。她的课已经逐步形成了自己独特的风格

我们大多数教师比较擅长的是语言知识的"再现"，复习过程犹如语言知识的"运输"过程，即将语言知识从教师到学生、从书本到笔记本再到试卷进行运输的过程。学生应对新的语境，自己独立分析问题、解决问题的能力仍处于较低层面，语言知识的反复"运输"使学生对英语学习产生了严重的厌倦情绪；因此，如何设

导学活动，创设真实语境，引导学生通过运用途径实现知识向能力的有效转化，把语法知识的教学由"运输"转向"运用"，并以此提高课堂教学实效，是本次教研活动重点探讨的内容。此次教学研讨活动求真务实，蒋品圭老师全程参与并给出了宝贵的意见，各位老师也各抒己见，积极探讨，为我们今后的英语课堂导学活动设计明确了方向。

近年来我校英文教学实践研讨一览：

日期、课题、执教	教学反思	专家和教师点评
2015.5.7 第 5 节 预备（3）班 三校联合体公开展示课（十五中学，杨浦初级中学，东辽阳中学） 惠诗芸	本节课是牛津英语 6BM2U6 第一课时 Uniforms in summer。本节课的教学设计是利用导学案，课前要求学生预习，启动背景知识，复习小学学过的词汇。本堂课整体设计流程清晰，活动形式丰富。欠缺不足之处在于，课堂过程中没有让学生就衣服种类进行头脑风暴，这样可以在词汇教学环节压缩时间。对于标题"seasonal changes"解读过于肤浅，"it changes from spring to summer"只解读了四季更替，可以从服饰、自然变化来分析。词汇教学检测形式可以多样，利用小测试来取代翻译。对于 blouse 和 shirt 区分没有解释清楚。文本教学可以用听力和图片相结合。双人练习设计要真实，符合实际，让全体学生参与。	本次教学活动是一次从单词，短语、句型到课文的组合教学活动，教学设计层次清楚，难易把握适度，预习阶段充分利用导学案，启动学生的背景知识，教师在教学过程中牢牢地抓住了学生的注意力，图文并茂，适时反馈，有效地提高了学生的听课效率。整堂课学生的活动充分，参与面广，积极性高。 有待改进之处：要进一步摸清学生的旧知识掌握情况，文本教学听的方式不太适合，更像是看图片填单词，教学目标设定可根据学生情况设置得更低一些。 卢璐老师对导学活动设计的建议： 1. 更深入的挖掘文本的内涵 2. 充分利用设置的语境 3. 导学活动：加强复现、激发兴趣、提高能力
2015.5.20 第 5 节 三校联合体公开展示课（十五中学，杨浦初级中学，东辽阳中学） 黄逸玲	这是一堂语法教学课，英语语法教学在英语教学中有着举足轻重的作用，掌握必要的基本英语语法规则可以帮助学生掌握语言结构的形式，培养学生正确理解英语和准确运用英语的能力。那么如何才能让枯燥乏味的语法课变得精彩？如何才能在教好语法的同时亦能培养学生综合运用语言的能力呢？作为一名新时代的英语	杨浦初级中学 1. 王宇： 教师基本功扎实，活动丰富，特别是区别"in 和 on"这个活动 PPT 做得十分精美。小组练习的效果也很好，学生朗读音标词非常到位。 2. 成志龙： 教师的教学形式多样，双人练习学生表现很好。

续表

日期、课题、执教	教学反思	专家和教师点评
2015.5.20 第 5 节 三校联合体公开展示课（十五中学，杨浦初级中学，东辽阳中学） 黄逸玲	教师，既要更新教学观念，领会课改精神，又要勇于创新，用灵活多样、浅显易懂的方法因材施教，将语法教学运用到语言实践中去，让学生在实际语言运用中去内化语言规则，从而使学生能准确运用所学语言进行交际。 　　因此，我抓住孩子们一直以来对我年龄感兴趣的特点，用自己的出生年月日引出本课的主题，让学生们带着他们的好奇心学习日期的表达法，并灌输"in"和"on"的用法区别。本节课还结合听说读写，一并检测他们对于日期表达法的掌握。最后的小组练习将本课的学习推至高潮，以小组为单位，说一说组员的出生日期与年龄，并在班级里交流，比较出 the youngest 和 the oldest 的同学。对于本节课，组内老师，专家陈老师以及教研联合体的各位老师都给出了宝贵的意见。他们建议，PPT 上我的出生年月日可以让学生猜猜，不要直接给出，还有老师建议每个环节设计不同的语境。 　　此次教学研讨活动求真务实，各位老师各抒己见，积极探讨，为我今后的语法课堂明确了方向。	3. 徐春花： 　　教师指令清楚，在每个活动之前，老师会示范一个例子，如果在讲述教师出生日期这个环节，把提问改为让学生猜，可能教学效果会更好。 4. 陈露露： 　　读音标时让学生用手一起比划重音方法很好，用 QQ 号来训练学生对于数字的把握很巧妙，学生非常感兴趣。小组练习设计也十分到位，教师提问的问题能引起学生学习的兴趣。 关工委陈老师： 　　如何上好一节语法课是值得探讨的一个问题，各环节之间的活动设计要可以自然过渡、连接和延伸，能让学生在无意之中就掌握所学语法。就这节课而言，教师的教学目的明确，难点重点明确，实用而不花哨。看得出平时对于学生的训练非常到位，是一节比较成功的公开课。 十五中学 1. 周欢： 　　设计思路清晰，形式多样，有游戏、对话、歌曲等，教师在教学中注意创设语境，学生学习兴趣高，参与面广，特别是学生用基数词和序数词报自己学号时很活跃、很熟练，看得出教师平时注重对学生基础知识的训练。。

续表

日期、课题、执教	教学反思	专家和教师点评
2015.5.20 第 5 节 三校联合体公开展示课(十五中学,杨浦初级中学,东辽阳中学) 黄逸玲		2. 陈文璟: 　　歌曲引入十分生动,教师用学生 QQ 号、教师身份证号码等内容开展了学生感兴趣的多样性的活动,学生投入课堂的积极性很高。建议在最后的小组练习时让学生自己到班级前汇报,教师板书结果,效果可能会更好。 3. 周金飞: 　　年轻教师成长很快,潜力很大。学生在朗读日期的时候比较流利,但在实际使用时还有些困难,原因在于日期的表达比较拗口有一定的难度。教师在课程堂上采用了很多的活动,有些活动可以在今后其他语法或知识点的教学过程中使用,教师不妨记录或整理一下哪些活动是具有通用性的。
2015.10.20 第 5 节七(2)班 牛津英语 7A M2U4 第一课时 Reading: People's jobs 惠诗芸	本课时是牛津英语7A M2U4第一课时 Reading: People's jobs。这一主题在六年级有所涉及,我利用导学案来复习以往所学关于职业的词汇,并要求学生查找相关词汇,对父母职业进行了解。本节课是阅读课型,用关于职业的视频导入,生动形象。要求学生通过阅读前预测,快速阅读查找相关信息,并在阅读中学会生词。阅读后进行对话和模仿文章写一篇相关的文章。本节课思路清晰,教会学生阅读技巧,并对学生回答及时反馈。不足之处在于,复习jobs可以选择常用的,小组活动形式可以更多样,以便更好地启发学生。音标教学还有待加强,全班朗读不整齐,要在平时加强训练。	小惠老师的这节公开课,不仅是课件的制作,还有黑板的板书设计都趋向于成熟。导学活动各环节之间的衔接自然流畅,指令清晰明了。本次教学活动设计层次清楚,难易把握适度,导入阶段充分利用一段动画视频,生动形象,同时又启动了学生的背景知识。教师在教学过程中牢牢地抓住了学生的注意力,比如让学生根据部分图片提示猜测职业,利用学生的好奇心激发学生兴趣,有效提高了学生的听课效率。整堂课学生的活动参与面广,积极性高。 　　有待改进之处:音标教学有待加强,平时多注重学生的语音训练。

续表

日期、课题、执教	教学反思	专家和教师点评
2015.12.8 第5节 六(2)班 牛津英语 M3U8 The food we eat 朱沁雯	本节课是牛津英语第三单元第八课，本单元主要讲饮食和健康，主要讨论晚饭吃什么菜以及口味爱好问题。本课引用一个动画人物开场，然后把课文中5组对话应用到动画人物的生活场景中去，让学生能够由浅入深一步步地掌握课文中需要掌握的重点句型。等到这些句型能够被学生完全熟练操练以后再引入课文的学习，这样学生就能更加容易地进入课文的学习了。不足点：由于前面有一个部分的操练过多，导致后面课堂上两个重要的活动来不及进行，造成整节课不完美。措施：今后要在活动设计上加以改善，做到更有效地利用课堂完成各项任务。	小朱老师巧妙地整合教材内容，把课文内容分解成五段对话，既降低了教学内容难度，同时引入两位小朋友喜欢的卡通角色"哆啦A梦"和"大雄"把所学重点句型贯穿起来，设置真实场景，营造活泼轻松的语言环境，构思新颖又自然，而且生活化，吸引学生的注意力。在设计导学活动时，关注学生实际特点，以生活实际需求为线索，以"用英语做事情"为途径，优化教学活动设计，构筑情境化英语课堂导学模式，形成适合随迁子女特点的英语教学方式，大大提高了课堂有效性。 　　不足之处：前面几个导学活动的实施时间上面如果更紧凑一些，最后活动的展示将会使得整节课更完美。
2015.10.27 第5节 初二(2)班 新世纪版 U2L1 Western Cultures and Customs 黄逸玲	本节课是一堂复习课，内容是U2L1。学生们都已养成了上复习课的习惯，课前朗读前一晚整理的词组，课上前两分钟看音标拼读单词并说出中文和词性，已经成为同学们的习惯。在本节复习课里，学生们自主出题、自主讲解、自主总结，形成了良好的学习氛围。课后，根据学生们的学情，我进行了反思和总结，复习阅读文章时，提出要求和任务的口令还不够清晰，学生们在没有给足提示的情况下还未能明确地说出大纲，并且由于口头表达的时间没给足，思路没拓宽完整，所以在最后写拓展电子邮件的时候出现了下笔难的状况，这就警示我在今后的课堂中要多给学生阶梯和铺垫，在多操练的基础上再试着放开手给他们自己发挥。	一堂复习公开课能让学生自己总结重点与难点，自己出题，自己讲解，放手大胆地让学生主导课堂，这是一次提供学生创造机会，注重培养学生的语言运用能力，不怕学生出错，设计真实交际性对话，让他们主动参与、主动发展的很好尝试。整堂课教学思路清晰，课堂结构严谨，教学方法多样，充分体现了教师只是引导者，学生才是课堂教学的主体，是课堂活力的源泉。 　　有待改进之处：复习阅读文章内容时，老师给出的提示可更详细一些，以便降低难度，更切合学生实际。

日期、课题、执教	教学反思	专家和教师点评
2016.3.22. 第5节初二（2）班 新世纪版 U2L3 Dongfang International School 黄逸玲	本课是新世纪英语教材初二第二学期 Unit 2 Campus Life 的第三课，在学习学校报刊、图书馆规则的基础上，继续学习校园网，了解更多的校园生活。本课主题是东方国际学校校园网的首页，主要包括东方国际学校的特点、建校时间、面积、设施、师资、课程等。阅读之前我先以自己学校作为切入点，把本课出现的新、难、长单词和词组在图片中加以教授和解读。然后引入到东方国际学校的网页。在处理课文不同段落时，我让学生总结每个小自然段的主题，通过不同的课堂活动，让学生在教学中多多参与活动，既能培养学生的自信心和成就感，又能提高英语学习兴趣，让他们体会到语言学习的快乐和成功的喜悦。 　　不足之处：板书是精彩之处，但是由于时间的关系，没能在总结的时候利用好板书让学生将关于我校的介绍仿照课文再贯穿一遍，以便为接下去的写作打下基础。另外，最后的首字母填空对我的学生来说难度大了，选择填空的单词最好还是课文中的，或者索性把这一环节删除，利用这段时间给学生巩固和总结所学，让学生在做中学，在练中有所获。	英语组评价：本堂课教学活动设计贴近学生生活实际，从图片和数字入手谈论本校的面积、设施、师资等，化解一些课文中将出现的词组和表达的难度。教学过程以合作学习为模式，重视师生、生生之间的合作交流，同时还注重培养学生的良好情感态度和阅读习惯，有效地调控课堂，对学生的信息及时反馈。 　　不足之处：个别教学环节预设教学目标难度过高，宜降低难度才能有效完成。
2016.4.5 第7节六（2）班 牛津英语 6B Module 2 Unit 5 What will I be like? (period 2) 朱沁雯 SubmClass	本课的内容从学生们的实际生活出发，所以对于教师来说，这样贴近生活的话题还是比较好讲的。本课一开始我就从 playing a guessing game 出发，激发学生对下面所学内容的兴趣，起到了热身的目的。通过这个环节我把这堂课所要学习的重点句型的表达都一一呈现了，然后再自然地过渡到本课重点的问句句型上去，	本节课的导学活动设计新颖，通过显示一张自己女儿的可爱照片，针对她的年龄、体重、身高和外貌进行提问，充分利用孩子们的好奇心和兴趣，让学生在一种轻松愉快的环境中学会对人物特征的描述。整堂课活动的设计循序渐进，低起点，低台阶。注重学生能力和习惯的培养。学生的参与面广，实效性强。

续表

日期、课题、执教	教学反思	专家和教师点评
2016.4.5 第 7 节 六 (2) 班 牛津英语 6B Module 2 Unit 5 What will I be like? (period 2) 朱沁雯 SubmClass	进行快速问答的操练以及双人练习的操练。这样就把之前学到的表达身高体重外貌的句型和所配对的问句进行统一的操练。不足之处：1. 没有很好地利用导学案的第一大题。2. 让学生操练句型时所用到的猜测时间太多，导致了后面最后一个大题没法进行。3. 有的环节可以即性删减，要注意时间的紧凑。	
2016.5.10 第 7 节 七 (2) 班 牛津英语 Module 2 Unit 7 In the future 惠诗芸	本节课是第二单元第七课的第二课时，重点句型是 What do you think will happen in the future? 回答 there will be... 和 people will be able to... 及 I think so./I don't think so. 这些句型在上节课时已经得到了训练，因此我从复习入手引入新知。运用图片让学生背诵上一课课文，但是效果并没有想象中那么理想，组内老师提供的建议是给出一些关键字，提示学生。在热身猜词部分，学生有点蒙，给出首字母 f 会更有效节省时间。本课时通过让学生观察六幅图片，回答一系列问题。学生掌握情况还是不错的，通过大量复述，学生夯实了这些句型的用法，并理解 there will be 和 people will be able to 的区别。最后通过抛出问题 "How will life in the future be?" 来帮助学生总结本课内容，并梳理学习过的形容词。最后在作文输出环节，学生还是能够有一些思路和想法，写出一些内容来。组内老师建议，对视频运用要充分到位，看完后要提出相关问题。图片提问可以更多	小惠老师的这堂课各环节的设计思路清晰，在让学生运用知识环节老师很好地利用六幅不同图片，设计了较多的活动形式，有师生活动、双人活动、小组活动等多种活动，活动形式多样，内容丰富。导入新内容时，创设让学生乘坐时间机器进入不同的未来世界的语境，使学生在兴趣盎然中复习旧知识，导入新知识。整堂课通过听、说、读、写训练，让学生对所学知识，形成初步感知，为从机械操练到实际运用过渡奠定了基础。 　　不足之处：个别环节的实施过程有待改进和完善，尤其是重点和难点的突破上有待加强。

续表

日期、课题、执教	教学反思	专家和教师点评
2016.5.10 第7节七(2)班 牛津英语 Module 2 Unit 7 In the future 惠诗芸	元,加快节奏。作文展示也可以让学生主导,做一名小老师,对下面同学进行提问,充分调动他们的积极性和参与度。本节课既可圈可点,又存在不足。	

2016.9.20 第7节六(2)班
牛津英语 Module 1 Family and Friends
韩春
	这节课是第一课的第五课时,主要是指导学生写作。完成一篇介绍自己家庭的小作文。由于开学一周都在教音标,所以对学生实际英语水平还不是很了解。虽然刚进行摸底考试,但是题目较难,也不能真实反映情况。这节课从一首歌"I love my family"作为引入,让学生在学唱中体会家庭的温暖。然后从歌词内容自然地过渡到询问学生的个人及家庭情况。考虑到学生学情,从开学第一天就每天进行快速应答2到3句,从不会到会,从不熟练到熟练,让学生边听边写,学生的表现越来越好,他们自信心也提高了。然后出示一个女孩图片,启发学生提问,其实就是把我问学生的问题,通过这个环节让学生反馈出来,然后阅读短文,让学生自己回答自己提出的问题,再通过问答完成书后的练习,起到巩固作用。最后,让学生根据家谱介绍家人,目的是巩固第一、二课时内容。
	  为了解决写作词汇问题,我罗列40个词组,提前一天让学生完成。然后由于课堂时间紧,采取游戏形式耗时较长,我就采取快速应答的方式,我说中文,让学生快速站起来并说出英文,让不站起来学生复述,因为下午的课,学生容易犯困。这环节学生很喜欢,但也不能多用。之后中译英,然后是完成
		这堂课很好地体现了韩老师扎实的教学基本功和丰富的教学经验,同时也展现了韩老师关爱学生,注重学生良好学习习惯培养的教学特点。课堂以学唱一首儿歌开始,在轻松愉快的氛围中,很自然地引导学生进入所学课题。在进行快速应答活动中,学生参与面广,速度快,在短短两周多的教学中能培养出学生这样的应答能力,可见韩老师在平时的教学中注重学生听说能力的培养。在检测学生词汇和词组的输出环节,韩老师采取游戏的方式,既调动了学生的积极性,又活跃了课堂气氛,达到了很好的效果。整堂课教学过程由浅入深,循循善诱,从单词、词组、句子结构、句型操练、作文基本结构框架到完成写作,每个教学环节都通过精心设计,过度自然,有效地达成了教学目标。
		  不足之处:在句子结构与句型操练的教学过程中,韩老师先给出句子结构,然后再让学生进行句型操练。如果这两个教学环节调换一下,能更好地开阔学生思维,启发学生自主思考问题的能力。希望在以后的教学过程中能够对培养学生创新能力进行积极大胆的尝试。

续表

日期、课题、执教	教学反思	专家和教师点评
2016.9.20 第 7 节六（2）班 牛津英语 Module 1 Family and Friends 韩春	写作，考虑到学生基础，所以给了学生作文框架、基本结构，需要填写部分用中文给出提示。由于时间关系，没来得及让学生介绍自己作文，这是一个遗憾。在评课时，专家和同行老师给予一定好评，也提出建议，把基本句式这部分舍去，多出时间让学生读自己作文，效果会更好。总之，这节课我觉得还是比较成功的，学生思想集中，反应积极。今后还要在备课上下功夫。	
2016.11.23 第 5 节. 初三（1）班 新世纪教材 Unit 3 Lesson 1 Floods 龚惠兰	本堂课是有关一篇科普文章的阅读课。教学目的是能让学生理解所学核心词汇在语篇中的含义，并能灵活应用。在培养学生阅读能力的同时，激发学生对自然科学的兴趣，培养学生保护自然环境和节约用水的意识和习惯。课堂引入以猜谜开始，调动学生的积极性。预备铃响之后学生对词组的齐声朗读为接下来的双人练习做好准备。双人练习的活动既让学生操练了被动语态的句型，又是对上一课的知识点的巩固和复习。在引入新单词时，为了更生动形象地让学生理解、运用所学词汇，我出示图片，图文并茂，甚至还让学生自己触摸杯中的水滴来体验水的特征。在处理课文不同段落时，我采用不同方式，有首字母填空、略读、细读等阅读方式，尤其是在处理第二段对比两种不同类型洪灾特点时，让学生找出不同的形容词然后找出相关句子。通过解构文本教材内容，让学生了解篇章结构，达到以读促写的目的。整堂课学生积极参与，课堂气氛活跃，有效地	本堂课虽然是一篇有难度的科普阅读文章，但是龚老师挖掘文本非常深刻，解构课文内容非常到位。本堂课三维目标清晰明了，各个环节围绕三维目标环环相扣，节奏紧凑而流畅，课堂气氛活跃，能充分调动学生的积极性。教学过程中不仅注重学习习惯的培养，还注重学生阅读能力的培养。比如，让学生做双人练习时，龚老师提醒其他学生在导学案上做记录；让学生阅读课文时，龚老师指导学生关注每段的开头句和末尾句，或者弄清楚哪些是事实的描述，哪些是观点的陈述。教师设计的各个教学环节层层铺垫，过渡自然流畅，老师指令清晰明了，与学生的互动活跃，有效达成教学目标。 　　不足之处：对于个别差生要有更多的关注。

续表

日期、课题、执教	教学反思	专家和教师点评
2016.11.23 第5节. 初三 (1) 班 新世纪教材 Unit 3 Lesson 1 Floods 龚惠兰	达成了教学目标。不足之处：由于班级学生英语水平参差不齐，有些教学环节对那写基础薄弱学生来说，难度太大，应适度降低难度。	
2016.12.27 第5节 三校联合体公开展示课（十五中学、杨浦初级中学、东辽阳中学）初一 (2) 班 牛津教材 7A Module 3 Unit 8 Growing healthy, growing strong (period 3) 朱沁雯	本课主要谈论的是关于饮食和生活的好习惯和坏习惯。因为这个课时要求学生听并说，所以我以一个人物角色为线索，通过人物角色的打电话内容引出课文里的句子，要求学生做到听并重复，再根据图片进行看图说话，以此来操练三个量词的使用方法。接下来过渡到表示提出意见或者建议的 should 句型。最后引出六年级学习的食物"金字塔"概念，继而出现课外活动"金字塔"，从而让学生对饮食和生活好坏习惯有更深刻的认识。不足点：1. 教师课堂上口语不规范；2. "金字塔"的引出比较突兀，没有处理好；3. 对于那些量词的操练太过于机械化。	小朱老师善于创造适当的语言环境，营造轻松的学习氛围。为了把学生的注意力都吸引到课堂上，小朱老师运用和班上一位已经转学的学生通电话的形式来锻炼学生的听说能力。在大家帮助这位同学找出坏习惯并且帮他提出改进意见的这一过程中，培养学生的观察力和语言知识的运用能力。教学过程由浅入深，易于学生循序渐进地掌握知识点。整节课老师与学生关系融洽，师生互动活跃，从而带动了课堂的学习气氛，老师设置自然的语言环境，巧妙地引导学生积极参与课堂活动，有效地完成了教学任务。 不足之处：教学的各个环节设计虽然清晰明了，有一定梯度，但在各环节过渡的过程中教师语言还需斟酌与完善，以达到更加自然顺畅、水到渠成的效果。

（三）以活动体验为载体，开展学校随迁子女校本文化课程建设的实践活动

针对进城务工人员随迁子女实际情况，因地制宜，整合资源，开发与构建起校本课程群，如"经典英文影片欣赏""英语报刊阅读""学唱英语歌曲""希腊神话故事"等课程。

经典英文影片欣赏：为了提高学生英语朗读的质量，丰富学生心灵，我校开展了"英语电影赏析"和"经典英文电影配音"活动，深受学生的欢迎和喜爱。学生只

能经历自己的人生,在初中的叛逆阶段,家长和老师的言传往往起不到很好的效果。所以我们想通过一些质量比较高的励志电影让学生看到不同的人生,丰富他们的精神世界。如,《阿甘正传》让学生看到只要努力就能出色的不放弃精神,《肖申克的救赎》让学生看到坚守希望的智慧,《外星人ET》让学生看到童真时的美好与纯洁。一幅幅感人的画面,触动着学生的心灵,让他们唏嘘不已。我们从这些看过的电影中选择其中的"一分钟片段",要求学生周末在家大声并且有感情地练习配音朗诵,希望他们能从人物的角色和情感出发,感受其中的感召力。让学生爱上英语学习,慢慢地,学生的知识会丰富,精神也会成长。

学唱英语歌曲:随着互联网的发展,越来越多的青少年喜欢听歌,崇拜偶像,我校开设了学唱英文歌曲的兴趣课程,就从他们听歌抓起,鼓励他们去听一些简单易学的英文歌。拓展课上老师教他们学唱,课后学生们会饶有兴趣地互相学习读熟歌词。慢慢地,他们就能开口唱几句,慢慢地,他们又会唱一整首歌了。在学校的"艺术月"活动中,有些班级"英语歌曲串串烧"的节目经过层层选拔,进入了"六一"儿童会演。老师在及时引导他们的爱好兴趣的同时,也培养了他们学以致用的目标。

葡萄串串英语角:为了营造良好的外语学习氛围,激发学生兴趣,拓宽视野,我校每周举办一次"英语角"活动,围绕校园生活进行主题交流。活动时间:每周五中午12:00—12:30(雨天除外)。地点:学校葡萄架长廊。通过老师给的一个主题,大家畅所欲言,有理有利有据的陈词获得了阵阵掌声。而这掌声不仅证明了学生在表达能力上的提高,更是对学生充分表述自我情感和观点的认可。学生们不仅提升了英语的听力和口头表达能力,而且渐渐不害怕开口说英语,也不怕说错,增强了自信,对各地习俗和文化也产生了了解的兴趣。一举两得,效果显著。

英语报刊阅读:我们学生词汇量少,害怕英语阅读,为改变这种现状,我们选取英语报刊上一些新颖的、趣味性强的、富有时效性的文章作为阅读材料,使学生对英语阅读不再害怕。英语报刊阅读课集学习、娱乐和信息于一体,培养了学生的阅读兴趣。

希腊神话故事课程:希腊神话包括神的故事和英雄传说,神的故事涉及宇宙和人类的起源等内容,英雄故事起源于当地人对祖先的崇拜,它是古希腊人对远古历史和与自然界斗争的一种艺术回顾。学生在了解这些故事的同时,学会了一些英语习语的表达,也对西方的文化和文学有了初步的认知。

研发课程	负责教师	课程对象
经典英文影片欣赏	黄逸玲 朱沁雯	初一、初二学生
英语报刊阅读	龚丽华	初一、初二学生
学唱英语歌曲	朱沁雯 黄蕾	预备、初一学生

续表

研发课程	负责教师	课程对象
希腊神话故事	白洁	初二学生
日语入门	龚惠兰	预备、初一学生
葡萄串串英语角	龚惠兰	预备、初一学生,初二学生

（四）阶段性成果汇报或案例分析和经验交流

通过一段时间的"导学活动的设计与实施"，在专家的引领下，老师们不断地反思与交流，有不少老师开始撰写案例或论文，有的已发表，有的进行交流。

何时在何种刊物（包括报纸、杂志、书籍上公开发表）	2015年《融教育的温度》 《基于真实语境的语法教学》——龚惠兰 《以引代灌，快乐合作》——黄逸玲 《把课堂话语权充分赋予学生》黄蕾 《巧用情境，改进英语语法课堂教学》——惠诗芸 《灵活导入，变悦读为阅读》——龚丽华
何时在何种会议上交流介绍	龚惠兰的《基于随迁子女学情的英语课堂导学活动设计与实施》于2015年7月2日东辽阳中学校本研修大会上交流。 龚惠兰的《导学活动设计的实例讨论》于2016年7月5日东辽阳中学校本研修大会上交流。 朱沁雯的《琅琅书声能致远，英语之乐乐无穷——浅谈英语朗读在班级管理中的作用》于2017年1月19日在东辽阳中学校本研修大会上交流。

四、研究成效

1. 培养了学生学习英语的兴趣

由于我校学生进城务工人员的子女占了绝大多数。他们学习上面临很多困难，尤其是英语学科，由于基础薄弱、行为习惯偏差，家长学生普遍不重视英语，对牛津教材很不适应，课堂害怕开口，作业只是应付，每班及格率普遍较低。针对这种情况，我校英语教研组组织大家进行课堂教学改革，通过编写设计课堂导学活动，提高课堂教学有效性，培养学生学习英语兴趣，学生学习英语的状态得到了很大的改善，学生学习英语的热情大大地提高了。办公室经常看到一大批学生主动请教老师，一大早教室里传来阵阵读书声，课间同学间的嬉笑打闹中也会冒出几句英语来；每节课预备铃响之后，许多班级一边齐唱英文歌曲，一边做好课堂准备；课堂上，学生积极发言的多了，学校每周一次的"葡萄串串英语角"的活动也越来越受到学生们的青睐；还有不少同学把自己录制的"一分钟短篇英语配音"分享到微信群；就连校运会的开幕式表演，有的班级也是表演的英语节目。

2. 提高了学生英语成绩

通过师生的共同努力，学生的成绩也得到了提高。2015届的初三毕业考试我校英语学科合格率达到了100%。对于我们这样英语基础如此薄弱的学校来说是相当不易的，近十年来还是第一次取得这样的成绩。

下表是本届预备年级上学期三次大型考试的成绩对比：

班级	>80	>70	>60	>50	>40	>30	<30	不及格人数	开学摸底考
1	2	3	4	5	8	4	3	20	区 59.44
2	0	1	4	3	14	5	3	25	校 48.6
3	0	0	5	12	4	6	2	24	相差 10.84
班级	>90	>80	>70	>60	>50	>40	<40	不及格人数	期中考试
1	3	3	2	5	8	2	5	15	区 70.3
2	1	3	3	7	4	4	7	15	校 57.15
3	1	1	3	5	7	4	6	12	相差 13.15
班级	>90	>80	>70	>60	>50	>40	<40	不及格人数	期末考试
1	4	2	9	7	0	2	4	6	区 71.73
2	1	6	3	10	2	3	4	9	校 64.9
3	1	6	9	6	1	1	5	7	相差 6.83

根据表格，可以非常清楚地看到，整个年级的进步是显著的，尤其是及格率大大提高。第一次摸底考69个不及格，期中考试不及格人数缩小到42个，期末考试只有22个。优良率也在提高，摸底考年级只有2个80以上，无90分以上，期中考试年级14人达优良，期末考试优良达到20人。通过短短的一个学期，我校与区里的平均成绩差距缩短了4分，应该说已经达到预期计划。

五、研究思考

目前，我们只是取得了一点点进步，今后还要更深入课题研究，尝试新的教学方法，哪怕失败，也是一种经验，也可以与同组教师分享。通过这次参与课题研究，提高了每一位老师的科研意识，让我们意识到，科研就是在教学实践过程中发现教学问题、探讨教学问题、解决教学问题的过程，更多是经验的总结与提炼、经验的应用与推广。因此我们要积极参加市级、区级、学校、教研组等各级层面教学科研研讨活动，打开思路，不断创新，找到适合我们学校学情的教学方法、教学手段。

基于随迁子女学情的语文学案教学实践研究

钟树德

一、学案教学研究的背景

(一) 特殊的校情

东辽阳中学超过 90% 的学生是外来务工人员随迁子女。小升初时，程度较好的学生（包括沪籍学生和随迁子女）基本择校或借读去了其他学校，留下来的绝大部分学生基础知识、基本能力薄弱，学习普遍存在困难，除抄写背诵之外，对新的学习方式明显不适应。我们通过家访、家长会、家长接待日等活动了解到，家长文化程度低，不懂家庭教育，外来务工家长因为忙于生计，疏于督促，对孩子的学习很少过问。学生尚未养成良好的学习习惯，学习被动接受，死记硬背，课外不阅读，平时不思考。

尽管我校连续十年初三中考合格率达到 100%，但仍然难以掩盖我校内涵发展的瓶颈问题，教师队伍教学方式大多十分传统，学生取得的成绩背后，大多还是依靠传统学习方式，智力含量低，在学习习惯的养成、综合素质和思维能力的提高方面还是没有太大改进。

为改变这一现状，自 2012 年底，校长就希望语文组老师在教学上进行一些尝试，于是学案教学的研究与实践应运而生。

(二) 可供借鉴的成果

在我们的学案研究之前，有杜郎口模式、杨思模式、东庐讲学稿等成熟的模式，他们都秉承着"先学后教、以学定教"的理念，与近年来兴起的翻转课堂的理念不谋而合。

他们的教学方式很先进，真正让学生成为学习的主人，借助任务单，学生在课前基本完成教材学习，课堂上主要是学生小组之间的交流探讨、互相评价，教师释疑解惑，适当引领拓展。

笔者亲自在苏州听过东庐中学和昌乐二中教学展示，聆听过他们的经验介绍，也亲眼看过他们的导学案和讲学稿。

学生适应这种学习方式需要一年左右时间，比如洋思中学有"兵教兵"的环节，其中学习骨干的长期培训也要坚持一个学期，才能胜任帮教学习困难同伴的角色。他们的导学案或讲学稿洋洋洒洒上千字，密密麻麻几十道，学生完成也要付出大量时间与精力。此外，他们的学生很稳定，优秀学生很少转学或流失。虽然开始实行第一年比较艰难，学生适应以后，经过两三年该校特定方式的学习，大部分学生在优秀学生带动下，在整体大环境的熏染中，相互学习、相互促进，到毕业时基本都能采取积极主动的学习方式，发展了思维能力，提升了综合能力。

值得反思的是，如果参照上海市基础教育"绿色指标"，这些模式无一不倾注了学生大量的时间与精力，都隐含了学生比较沉重的课业负担。与以上模式不同的是：其一是我们的作息制度没有晚自修（洋思中学是寄宿制），学生活动太多，没有充裕的在校时间的保障；其二，我们的家长基本不能提供有效的配合，自学阶段的学习质量太低；其三，也是最重要的一点，我们的学情每一年都在变化中，优秀学生不断流失，每一年基本都处在补缺补差中。从我们学生的认知基础和接受心理去考量，如果照搬别人的模式，势必加重我们学生的负担，使我们的学生更加学不动，还会把有限的一点耐心都消磨掉。所以我们只能借助学案学习解决我们特殊校情的问题——在补差提优过程中，在不额外增加学习负担的前提下，夯实基础知识，发展基本能力，养成基本习惯，帮助部分学生转变学习方式。

二、学案教学研究概述

（一）研究目标

1. 教师层面

教学关系中，教师处于主导地位，教学改革就必须从教师开始。传统教学以教材本位或者教师本位为主，教师考虑更多的是文本知识点的呈现，主要采用讲授的教学方式，学生认知基础如何，问题如何设计，运用何种教学策略，考虑不多。

运用学案教学，必须改变教材本位或知识本位的教学观念，牢固树立以人为本、先学后教的理念。在教学实践中，教师切实改变眼中只有教材、一心只顾传授知识的传统教学方法，真正把以学生为本、先学后教、以学定教的理念转化为教学行为，通过引导学生与教材的对话去发现问题，通过学生自主学习、合作探究去解决问题。一以贯之，长期坚持，通过教师教学方式的变革来影响甚至改变学生；以期循序渐进，激发学生语文学习兴趣，使其逐渐养成良好的学习习惯，进而帮助学生改进机械识记的学习方式，提高学生思维品质，引领学生步入语文学习的正确路径。

2. 学生层面

在着手学案教学研究之初，我们设定的目标是：通过兴趣培养，通过学案学习，通过学生的听说读写等种种活动，通过一个个具体问题的解决，进行由浅入深、由易到难的语文思维活动,提高语文能力; 在学习过程中引导学生总结规律,归纳学习方法(包括阅读方法),最终转变学习方式,为将来可持续发展提供保障。

随着学案教学的开展和深入,特殊的校情对这项研究的影响逐渐暴露出来。随着年级递升,我校比较优秀的学生逐年流失,转学回老家考高中,到初二,优秀学生流失殆尽,而留下来的学生普遍存在学习困难,年年补缺补差。鉴于学情的变化,我们将目标作了适当调整: 通过两到三年的学案学习,绝大部分学生适应新的学习方式,由以前不预习或不求甚解的盲目浏览,变为在任务驱动下、目标明确、带着思考去预习、听课,课后借助学案温习消化知识,由以前基本不思考、很少思考到借助学案的带动,习惯于思考甚至养成一定的思考习惯,最终使得部分学生学习方式有较为明显的改进,养成较好的学习习惯,习得一定的方法,思维得到发展,语文能力获得相应提高。

(二)研究内容

转变教师理念与教学方式,改变知识本位的教学观念,树立以学生为本、先学后教、以学定教的理念,通过学生自主学习、合作探究去解决问题,培养学生语文阅读习惯,转变学习方式,提高语文能力。

1. 基础研究

(1) 初中语文学案学习的相关理论知识、成果研究

(2) 东辽阳中学学生语文学习现状的调查研究

(3) 学校语文教师课堂教学现状的调查研究

2. 实践研究

东辽阳中学学生语文学案学习的实践研究

(三)研究方法

以文献研究、调查访谈、行动研究、课堂观察、个案研究等为基础,注重研究与实践并行,在实践中发现问题、解决问题,用研究成果指导实践。

(四)研究过程

阶段	目标	时间	任务	措施
研究准备	提升认识,转变观念; 问题调研,明确学情。	2013.1—2013.2	学习新课标与"学案"理论知识。假期每位老师初步完成一份语文学案设计。	1. 进行"学案"设计专家指导培训。 2. 召开编写组教师会议,明确任务。
		2013.2—2013.3	制定预备年级学生问卷,进行学情调研。	3. 下发学习资料,假期进行新课标与"学案"理论知识学习。

续表

阶段	目标	时间	任务	措施
研究实践	明确"学案"设计理念,掌握"学案"设计要领,学会"学案"教学。	2013.3—2013.5	1.确立"学案"设计范本。2.尝试进行"学案"教学实践。	1.召开课题组教师会议,进行"学案"设计交流研讨。2.聘请专家对"学案"设计和"学案"教学提供专业支撑。3.举行区级语文"学案"教学公开展示。
		2013.6—2013.8	初步完成预备年级第一学期语文"学案"设计。	
	在预备年级"学案"教学实践基础上在其他年级推广。	2013.9—2014.8	预备年级语文学科实行"学案"教学。	1.语文学科教师运用"学案"进行教学。2.定期进行"学案"教学交流与研讨。3.聘请专家团队提供专业支撑。4.验证学案设计的有效性,实践中予以调整和完善。
		2014.9—2015.1	初一年级语文学科实行"学案"教学。	
		015.2—2015.6	初二年级语文学科实行"学案"教学。	
研究总结	总结经验,梳理成果,完成课题结题相关工作。	2015.7—2016.10	编辑语文各年级"学案"设计成果集。	1.完成语文"学案"设计修改。2.聘请专家团队提供专业支撑。
		2016.11—2016.12	撰写课题研究报告。	

三、研究成效

(一)研讨交流

通过开展本课题研究与实践,有效提升了教师对进城务工人员随迁子女教学规律的认识,提高相应的教育教学水平和能力;有效促进自身素质、科研能力的提升,使之成为具有反思意识和反思能力的实践者。

1.学习研讨

2013年1月,学校聘请欧培民教授作了学案设计及教学的专题讲座,事后语文组每位老师开展理论学习,讨论了学案的基本体例,其间三次请俞本山老师为全体语文老师作学案设计指导。

2013年11月23日,语文组全体老师同数学、英语组老师利用周六时间赴苏州观摩学习全国学案课堂教学,现场观看了江苏东庐中学和山东昌乐二中和苏州一所学校学案教学展示。

2014年寒假前夕,科研室为语文组老师印发了"翻转课堂"及《语文学习》中关于学案的相关文章，供大家假期学习。同时，由张贤臣校长和本人一起牵头，召集语文组老师分配了寒假学案文本设计的任务。

2015年3月，在教研组长会议上，本人对学案的设计及教学作了专题发言。

2015年7月，校本培训的时候，本人再次代表教研组向全校老师汇报了学案教学的经验与反思。

2. 学案研发

2014年2月，语文组教师完成所分配的预备年级语文上册学案文本设计。经过多次商讨，基本确定了学案的体例，具体分为四大板块："学习目标及学习重点难点"；"课前预学"，包括正音、解词、文学常识、学生的质疑；"课中导学"，具体内容是几个精心设计的由浅入深、有逻辑联系的问题；"课后再学"，主要是拓展阅读、文言诗文的检测练习及从兴趣、方法、感悟等多角度提炼出的"我的收获"，以求每课有得。经过实践应用，为了培养学生的质疑精神，形成质疑意识，4月份，学案"课前预学"板块增加了"我的疑问"。至此，学案体例完全定型。

2014年暑假前夕，教研组把预备年级下册语文讲读课学案文本设计任务分配给各位老师，9月份上交，10月份完成修改付印，下发给学生使用。

2015年9月，初一、初二语文学案设计工作再次启动，全体语文老师分工合作，群策群力，到2016年10月，完成初一、初二年级语文共四册讲读课学案设计，聘请俞本山老师审阅指导，11月修改完工付印。至此，从预备到初二年级六册语文讲读课学案文本设计全部完成。

3. 课堂研究

在研究过程中，语文组老师坚持一边设计学案文本，一边开展课堂实践。

2013年3月，本人开设《卖柑者言》组内学案教学研讨课；付秀丽老师执教《事物的答案不止一个》，开展学案教学研讨；2013年4月及5月，缪莺、江春玲、陈伟英老师分别开了《使人伤脑筋的鸭嘴兽》《布鲁塞尔大广场》及感悟类短文写作指导等学案教学研讨课。

2013年5月，江晓君老师执教《旅鼠之谜》全区学案教学展示，得到教研员好评。

2013年10月，本人执教的《煮酒"论"英雄》学案公开教学在杨浦初级中学展示，得到听课老师及与会专家一致好评。

2013年11月，江晓君、陈伟英、缪莺三位老师分别开展了《二十年后》《愚公移山》《罗布泊，消逝的仙湖》学案公开教学。

2014年3月，付秀丽老师"综合运用——仿写"学案教学，得到来学校调研的教研员黄琴老师大力赞赏。

此后至今，每学期5月和11月学校公开教学展示中，语文组老师精心设计学案并实施教学成为常态。

(二) 研究效果

1. 师生变化

(1) 教师变化

学案教学实施三年来，通过问卷调查，对照以前，教师在教学观念、教学行为方面发生了一些变化。

付老师：学案的运用，使学生在课前进行了针对性的学习，可以把学生在学习过程中遇到的问题提前暴露出来。课堂学习中气氛较为活跃，可以点燃学生的学习热情，对自己不懂的问题，学生听得更专注，使教师能够在课堂上真正做到有的放矢，授业解惑，提高了课堂教学效率。

江老师：通过学生的先学先做，更准确地了解学生知识掌握的情况，课堂教学更具针对性。学案教学中学生活动目标明确，系统性强，学生参与度、专注度提高，教学有效性提高。

缪老师：由于学生课前已经先行学习，已经有所思考，所以上课能够快速沉浸文本，带着疑问有的放矢地听课，学生会将自己的见解与同伴、老师的理解进行对照。

陈老师：学生课前学习，学案提供的资源，帮助学生较快地进入学习情境。学生借助一个个问题，学习任务十分明确，学习过程变得有步骤、有操作性。教师还要花更多心思，投入更多精力，了解学情，研读教材，研制出更科学的学案，才能因材施教，更好地发挥学生的自主作用，取得更理想的效果。

钱老师：学案的设计过程中，必须将难易不一、杂乱无序的内容整合成有序的、阶梯性的、符合学生认知规律的学习方案，客观上促进了教师养成潜心钻研的良好习惯。学案的问题设计，着眼于学生最近发展区，让学生通过自身努力，获得知识探索的成功，从而激发更深层次学习的兴趣。

(2) 学生感悟

本届初二学生从预备年级第一学期就开始学案学习，实施至今将近三年，我们对其中一些程度稍好学生进行访谈了解，他们对学案学习的回顾感受如下：

朱×同学：没有学案，不知预习什么，感到很迷茫。有了学案，听课时有针对性、有目的地听课，为课后温习提供了方便。学习效果有明显提高，学习比较注意规律。

毛×同学：预习时有了方向，上课时一边思考一边订正，不懂的在课上当堂解决，记忆更深，有错能及时反馈、及时纠正。

张×同学：以前预习读几遍分分段，没有目的，学案学习让自己对学习内容有了更多思考。上课时借助学案中的问题能更好地理解课文内容,课文呈现的知识点很清楚,课后复习时有了线索,能帮助自己更好地回顾上课的内容。

李×同学:有了学案,在任务驱动下,迫使自己去深入预习课文。复习时,能回忆起淡忘的知识点。由于有一个个问题,学习有比较明确的方向。

林×同学:学案给预习提供了帮助,听课能更专注。课后对知识进行整理,复习更有效果。运用不好的,不是去理解知识,而是死记问题答案,不会灵活运用。做学案,有益无害。

宋×同学:预习时目标明确,结合学案的问题答案和笔记有助于课后温习和考前复习,对照学案,可以了解自己知识掌握的程度。

马×同学:结合学案预习,可以了解课文大概意思,结合学案听课加深了对课文的理解,学习起来相对容易一些。以前,在课时少、压力大的情况下,部分学生就乱做。

吴×同学:利用订正好的学案温习效果好,结合学案能回忆起上课的内容,否则温习效果大大下降。

朱×同学:有了学案,预习有了明确的目的性,学习的内容一清二楚,复习时利用订正好的学案,能回想起老师上课的情景,复习更全面一些。

彭×同学:预习有方向,能借助问题去先行思考,上课听讲更容易理解,复习思路更清晰,可以回忆老师上课内容。

综合以上师生的调查访谈及教师的课堂观察,呈现的效果如下:

从教学角度,教师能够比较准确地研判学情,根据学生的认知基础设计问题或课堂教学环节更贴近学生的实际,提高了针对性和有效性;采用小组学习、合作讨论的形式活跃了课堂气氛,点燃了学生的参与热情;教学思路更为清晰,教师设计问题或学生活动更用心、更具科学性,促进了教师钻研习惯的养成。

从学生学习角度看,借助学案学习,学生课前预习、课堂学习目标更加明确;学案学习中,学生听课更专注;借助学案学习,课后学生更加主动地寻找同伴帮助自己解决疑难,复习有抓手,能借助一个个问题回忆起上课的情景;借助学案学习,部分学生初步养成任务驱动下的思考习惯。

参考《慕课与翻转课堂导论》有关理论:学生自主学习增强表现在三个方面:第一,明确自己学习的目标;第二,为达到目标而努力学习,包括相关资料的学习,完成作业,向他人求助等;第三,通过适当的方式证明自己达到了学习目标[1]。对照学生的学习状态,由此判断,我们部分学生开始由被动的学习方式转向自主学习。

---

[1] 陈玉琨、田爱丽著. 慕课与翻转课堂导论 [M]. 华东师范大学出版社:28.

(三)研究主要成果

1. 东辽阳中学语文学案汇编

《预备年级语文学案(试用本)汇编》《初一年级语文学案(试用本)汇编》《初二年级语文学案(试用本)汇编》

2. 教师文章(见《融教育的温度》)

《循循善导之语文"四导"策略》(作者 江晓君)

《学案巧用,妙"评"生花》(作者 付秀丽)

《"煮酒'论'英雄": 导学案例与思考》(作者 钟树德)

《"改善——优化学情"视点的语文课堂学生评价》(作者 隋文同)

3. 研究报告一篇

《基于随迁子女学情的语文学案教学实践研究》(作者 钟树德)

四、研究反思与改进

1. 学案文本设计的科学性、适切性有待提高

学案的作用在于"引导"学生学习,引导学生发展思维能力,引导学生发现并解决问题。细究我们的学案文本,导语、提示设计、相关链接太少,对激发思维作用有限,不多的例子还不够精当。尤其有些学案中的导学设计存在种种问题:问题或支离破碎,或大而无当,或指向不明,或问题之间缺少逻辑关联,本质上就是一堆练习题,所以给学生铺设台阶、提供支架的作用不大,学生用起来感觉就是做练习,在学业压力与日俱增的当今,容易招致学生的厌烦。

不少学案个体化色彩太过浓重,适用性不够。用同样的方式在不同班级使用同一份学案,张三老师设计的学案,李四老师用起来效果不佳,疙疙瘩瘩,怎么都不顺。其中有学情差异的原因,有教师教学个性的原因,还有教师对文本的解读有深有浅,甚至存在错误。一旦问题设计偏离了文本的核心价值,这种个体差异就造成学案的适用性大大降低,也就丧失了它存在的价值。因此,研究学情、研读文本、科学设计是教师应该持续苦下功夫的地方。

2. 学情研判失准,教学阶段错位

从学生访谈结果看,使用学案学习时间最长的初二学生学习效果还不理想,有学案设计不科学的问题,还有一个重要原因前文已提及,学生的认知基础太过薄弱,缺乏基本的阅读习惯,再加上主观态度不端正,匆忙草率地完成学习任务,学习质量终究差强人意。

根据教学论专家江山野的观点: 学生从小学一年级到高三,都要经历五个阶段。第一阶段"基本依靠老师"; 第二阶段,小学三四年级以后有一定的知识积累,掌握了一点学习方法,75% 依靠教师,25% 靠自己; 第三阶段"相对独立阶段",学生能看懂教

材的一半，基础差的学生看三五遍也能看懂一半，初中就属于这个阶段①。实际情况是，我们的初二学生，一篇一般叙事类文章常常读四五遍，还是没读懂什么。以此比照，他们的理解能力尚达不到第三阶段，大概比第二阶段略好一点。作为教师，有时候主观认为，一般初二学生应该有怎样的知识储备，具备怎样的语文能力，确立的教学起点不能从学生现有的学情出发，于是就出现了错位现象：学生自学阶段只理解了20%，却按掌握40%甚至50%的起点去实施教学。错误的学情判断，就导致错位的教学行为。

3. 课堂即时评价缺失，过关检测不到位

学案教学实践中，学案文本只有预备年级部分有一点零星的评价设计，课堂评价依然十分传统。虽然每个学案都有"学习目标""重点难点"，通过访谈，几乎没有学生认识到这些项目发挥了什么作用，其实使用下来也觉得形同摆设。

对比成功的导学模式，都有评价检测，如杜郎口中学有达标测评。

以后，我们的学案设计，可以参考"绿色指标"及"课堂文化评价表"，从"教学方式指数维度""师生关系指数维度""学习动力指数维度"等维度，观照"学习目标""重点难点"，结合各个核心问题或环节，用活泼的语言加以具体描述，设计一些易于操作、具有激励作用的评价量表，或者设计数量不多、带有检测、温习性质的评价细则，交给学生自评、互评，让程度不同的学生都较为明确地看到自己的学习成果，让每个学生都看到自己的提高与成长。

例如，江晓君老师作文指导课关于作文修改的一份学习评价：

评价内容		指标数量		
对周××同学作文的修改	1—2个肖像描写	2个	1个	没有
	把文中2—3个动词改得更具体	3个	1—2个	没有
	2处动词前加入适当的修饰词	2个	1个	没有
对自己作文的修改	1—2个肖像描写	2个	1个	没有
	把文中2—3个动词改得更具体	3个	1—2个	没有
	2处动词前加入适当的修饰词	2个	1个	没有

这份评价表既可以检查学生对肖像描写、动作描写有没有学会，也评价有没有达成教学目标"通过实践，通过加强动作描写、肖像描写，掌握详写的方法"，易于操作，实用有效，为以后的评价量表的设计及学案教学课堂评价提供了很有益的启示。

4. 构建学生学习共同体

---

① 余文森. 有效教学十讲 [M]. 华东师范大学出版社：135.

2013年10月,本人执教《煮酒"论"英雄》学案公开教学,课堂采用小组辩论的形式,课堂开放,学生的兴趣被调动起来,阅读积累得以激活。学生将课内与课外自然勾连,在课文与整部著作之间自由穿越,在热烈的辩论中加深了对"英雄"内涵的理解,用批判的眼光去辩证地认识了曹操、刘备等人物;既展示了可贵的独立思考精神,又展现了个性化、批判性阅读的读书方法。

2014年3月,付秀丽老师执教"综合运用——仿写"学案教学,课堂上小组围坐,生生讨论评价,探究仿写的奥秘。教师把话语权交给学生,把课堂还给学生,学生互相启发,通过交流讨论发现规律,做出正确而又多元的解答,积极性被极大地调动起来,课堂气氛轻松活泼,学生的生命活力得到彰显,不时迸发出智慧的火花。

学生普遍欢迎分组围坐、互助合作的课堂学习形式。这种学习形式不仅有利于培养协作精神,学生更容易感受到轻松愉悦;学生的思维得到解放,生命活力受到激发,更容易创生智慧,营造温润和谐的课堂生态。

学案教学效果不够理想,还有一点需要改进:大多数课堂还是沿用各自为政的传统学习形式,自主、合作、探究的学习方式很难开展,势必削弱学案学习的效果。《学记》有云:"独学而无友,则孤陋而寡闻",学习中缺乏同伴的交流与切磋,必然导致视野狭隘,见识短浅。

有鉴于此,教师要帮助学生构建健全的学习共同体,将全班学生按"组内异质,组间同质"的原则,根据性别比例、兴趣倾向、学习水准、交往技能、守纪情况等合理搭配,组成若个学习小组。每组确定一个"小老师",教师对"小老师"进行培训,当他们遇到困难时,教师给予必要的帮助。学案教学期待开放的课堂学习形式并使之成为常态。

五、结语

学案教学的研究与实践开展时间不可谓不长,也取得了一些成果,在教与学两个层面上向前迈进了一步,教师和学生也有一些积极的变化,部分地达成了某些预想的目标。但是,还很难说圆满成功,距离当初预期的目标还存在较大差距。除了之前述及的种种问题,少数教师对学案教学认识存在偏差,实践运用还不熟练;学案教学在现在的预备、初一年级尚未全面铺开,某些班级还是处于偶尔尝试的阶段,教师与学生惯性思维不时影响着教与学的行为,有时不免穿新鞋走老路。

课题研究过程中发生错误、存在不足在所难免,只要我们正视课堂实践中存在的问题,思考对策,解决问题,经过一轮轮不断地反思、改进、完善,我们师生的发展一定会迈上一个新的台阶。

语文学案教学研究虽然暂时结题,但并不意味着我们的研究已经结束,我们的思考和研究还将继续。

附：人间仙境桃花源
——《桃花源记》导学案例

钟树德

背景目标

《桃花源记》出自沪教版九年级下册第四单元第二课。东晋时代，军阀混战，统治集团荒淫腐败，社会动荡，像陶渊明一样的中下层知识分子才能难以施展。作者塑造了一个与污浊黑暗社会相对立的美好境界，以寄托自己的政治理想。语言方面，很多至今沿用的词语出自本文，与现实社会隔绝、生活安乐的理想境界，今天称之为"世外桃源"也是源自本文。思想内容方面，"世外桃源"的真正内涵是什么，陶渊明为什么写作本文，这些都值得细细体会和深入探究。因此，这一课设置了三个目标：1.反复诵读课文，理解积累一些文言实词；2.反复诵读品味语言，感受桃花源中环境、人及其生活特点；3.联系时代背景，理解作者表达的社会理想。

设计创意

导学部分，第二段"林尽水源，便得一山。山有小口，仿佛若有光。便舍船，从口入，初极狭，才通人。复行数十步，豁然开朗"，能否改为"林尽水源，便得一山。山有小径，前行数十步，豁然开朗。"，请说明理由。学生通过反复朗读和品味语言，会发现该段不仅是交代渔人进入桃花源的过程，与前文联系，更是为了暗示桃花源的神秘，说明发现桃花源的偶然和不易，为后文渔人及太守派来的人复寻无果埋下伏笔。

第二段后半部分及第三段，通过配乐朗读、师生合作、学生描述，现场演绎桃花源中人和渔人的对话，使学生能较为形象感性地感受桃花源中的环境及社会生活。

《桃花源记》学案全部内容

【学习目标】

1.反复诵读课文，理解积累一些文言实词。

2.品味语言，感受桃花源的特点。

3.联系时代背景，认识作者所追求的社会理想。

【学习重点】

反复朗读品味，感受桃花源中环境、人及其生活特点。

【学习难点】

联系时代背景，认识作者所追求的社会理想。

【课前预习】

1.读准加点字音

阡陌（　　）　　俨然　　黄发垂髫（　　）　　便要还家（　　）

2. 理解下列加点词语含义

　　①阡陌交通　　　　　　②率妻子邑人来此绝境

　　③复行数十步,豁然开朗　　④后遂无问津者

3. 读过本文,根据你的理解,作为"世外桃源"的桃花源是怎样一个社会?

4. 如果有什么疑问,请记录下来。

【课中导学】

一、接力读文,检查预习

二、理清线索,熟悉课文内容

通读全文,让我们跟随渔人的行踪,梳理渔人做了些什么?

发现桃源 ⟶ _____ ⟶ _____

三、细读课文,理解桃花源内涵

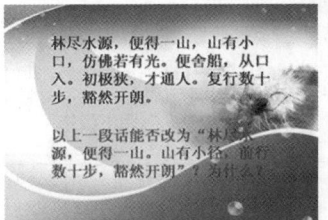

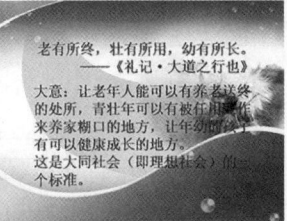

1. 有人认为,第二段"林尽水源,便得一山。山有小口,仿佛若有光。便舍船,从口入,初极狭,才通人。复行数十步,豁然开朗"改为"林尽水源,便得一山。山有小径,前行数十步,豁然开朗"更加简洁明了。朗读讨论,你支持哪种写法?请说明理由。

2. 第二段后半部分,配上舒缓的音乐,老师节奏缓慢地朗读:"土地平旷,屋舍俨然……黄发垂髫并怡然自乐"。同学静听,合理想象,口头描述出听到的画面,可以互相补充。第三段,教师用适当的表情、语气,示范演绎"见渔人,乃大惊,问所从来"一句,请两位同学演绎剩下的桃花源中人和渔人的对话,其他同学朗读除对话以外的语句。

回味朗诵描述和师生的对话演绎,思考:桃花源(包括源中环境、源中人及其生活)有什么特点?

3. 渔人出桃源时,"处处志之",太守派人跟随渔人随即再寻桃花源,竟然"遂迷,不复得路"。你作为一个旁观者,请给他们一个合理的解释。

三、深入探究,理解作者意图

【资料链接】

陶渊明所处的东晋末年,时局动荡,国家濒临崩溃,正是易代之际,东晋王朝对外一味投降,安于江左一隅之地。统治集团荒淫腐败,内部互相倾轧;军阀连年混战,

赋税徭役繁重,加深了对人民的剥削和压榨。社会动乱不安,不仅给人民带来灾难,同时下层知识分子才能难以施展,抱负根本无法实现。

阅读上面一段文字,结合课文内容,思考作者为什么要写这么一个世外桃源?

【课后再学】

1. 熟读并背诵《桃花源记》。

2. 自主阅读《桃花源诗》(诗歌略),对比课文,你更喜欢哪一篇,选一个角度简要说说你的理由。

实施成效

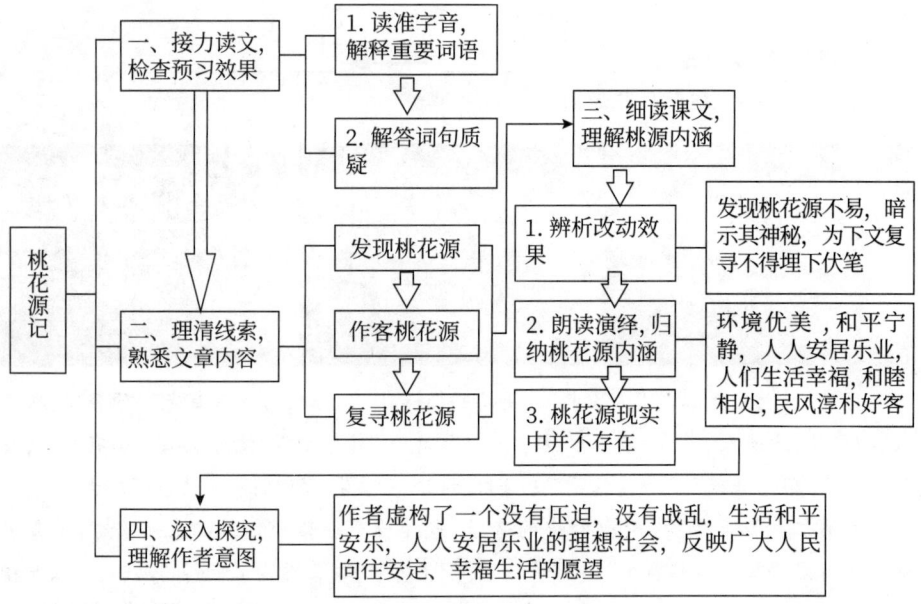

第二段前四句是否可以改为"林尽水源,便得一山。山有小径,前行数十步,豁然开朗"? 通过对照和品味词句,主要在让学生明白: 发现桃花源是偶然的,是可遇不可求的,桃花源很神秘。

课堂片段:

生1: 原文多了"山有小口,仿佛若有光。便舍船,从口入,初极狭,才通人"两句,写了发现桃花源的经过。

师: 改句也写了桃花源的经过,比原文还简洁一些。细读,多写的句子写了什么?

生2: 原文写进入桃花源的洞口很小,只能通过一个人。

生3: 说明渔人从很窄的洞口进去不是一下子就看到了桃花源,还要向前走比较长的一段路。

生4：改文写"山有小径"，原文中没有写有小路，尤其没写清楚小径是在洞外还是洞内，如果有小径，说明有人经常从这条小径进出，桃花源就失去了它的神秘感。

师：说得非常好。同学们再联系下文想想。

生5：我发现原文"山有小口，仿佛若有光"一句，里面有玄机，渔人是从外面往里看有光亮闪烁，文中并没有写渔人拿着灯，按照常理山洞里都是黑暗的，而原文写狭窄的洞里有光亮，吸引了渔人的好奇心，才进一步向前探索。

生6：在那么狭小的洞里行走了很远的距离才看到桃花源，再次说明找到桃花源不易。

师：理解很准确。联系前文，把渔人发现桃花源的经过理一理——渔人在忘记路程远近的情况下忽然发现桃花林，桃花林不但面积大，而且是清一色的桃树，景色格外美，引发渔人好奇心，向前划船，想一探究竟，无意中找到进入桃花源的洞口，渔人是误打误撞偶然发现桃花源的。第四段渔人在做标记的情况下，回去后马上带着人来寻找，竟然迷了路；第五段刘子骥打算探访桃花源，却先病死了。这些不仅说明桃花源非常神秘，找到非常不易，还暗示桃花源是可遇不可求的。

感受理解桃花源的内涵环节。进入桃花源以后，渔人被眼前的景象惊呆了。学生边听配乐朗诵，在优美的音乐营造的氛围中，展开想象的翅膀，头脑中把作者的文字化为具体形象的画面，再通过口头表达，转化为学生眼中的美好景象，桃花源中优美宁静的环境及和平幸福、安居乐业的社会生活就变得更感性具体了。

学生的理解往往流于表面，课前老师就心中有数，要求学生特别关注两句句子"便要还家，设酒杀鸡作食""余人各复延至其家，皆出酒食"，理解桃花源人热情好客的特点和纯朴民风不难，但是要走进文字背后，就不容易了。

师生共同演绎第三段中渔人和源中人的对话场景。通过符合情境的人物表情、直接对话及不同语气，把第三段中三"问"和"二云"的间接引语转化为形象可感的人物对话和场景；学生的思路就打开了，他们的生活经验得以打通，理解归纳桃花源的内涵就变得不再困难了，桃花源人的热情好客，厌恶战乱，热爱和平安乐生活，形象地呈现在眼前。

学生对文章的阅读常常流于肤浅，尤其是基础薄弱的学生。教师的职责就是引领学生循着文字的肌理走进文本深处，读出文字背后的趣味。在初中阶段，教师必须深入研究文本，给学生搭设支架。通过朗读品味、合理想象、描述画面、还原情境等手段，学生将文本内容与已有知识和生活经验对接起来，在感性的画面场景中去感受体验，他们的阅读认知才能走向深刻。

课内外教学有效衔接的实践研究
——基于随迁子女学情的学案与校本作业探索

台玉蓉

一、研究背景

我校随迁子女占学生总数90%，家庭居住及学习环境差，家长自身文化程度不高，对子女教育投入不够，学生普遍缺乏良好的学习习惯，学生存在的问题有：

（一）心理问题

家庭生活环境与上海国际大都市相比，差异性大，学生心理自卑，学习、做事不自信。家乡文化与上海本土文化不同，两地的教材内容不同，老师的教学手段、方法及学生学习方式需要适应。

（二）课堂问题

学生缺乏良好的学习习惯，不善于主动记笔记，更不会去提前预习所学知识，导致课堂上被动听课。学生课堂上不"质疑"，不主动探究，少于动脑思考，教师依然"强势"的为课堂主体。没有自主学习的课堂始终是低效的。

（三）作业问题

本校学生的基础相对薄弱，市面印制的作业对于多数学生来说难度较大。部分同学勉为其难地应付了事，常有抄袭、少做或不做的现象，作业不能达到巩固所学知识的目的，学生行为习惯也逐渐变差。

学校构建"适性"课程，进行教学探索与实践，进一步培养随迁子女学习兴趣，改善其学习习惯，弥补其学科短板，提升其创新素养，不断促进其学习方式转变，为其全面发展与社会融入奠基。

"校本作业"研究旨在设计适合本校学生特点的课外练习，巩固所学的知识，激活思维，挖掘其潜能，激发学生学习的兴趣，树立自信，养成良好的自我管理学习习惯。

"学案教学"研究聚焦随迁子女的实际特点和心理诉求，关注其与沪籍学生相比在学习基础、学习方法、学习习惯等方面所存在的"短板"问题，努力通过"教与学"方式的改变来激活学生的思维活力，改善其学习方式，促进课堂教学转型，真正让课堂充盈生命的活力。

二、研究目标

教师角度：深入研究课堂教学与学生课外学习的衔接，对所教学生有更深入的了解，对学生的作业研究更适切。学习课程标准与教学设计的有效融合，转变教学方式，提升教师的教学水平。

学生角度：通过课题研究与实践，促进随迁子女学习方式有根本性的转变，更贴近本校学生的心理需求，使其真正学会自主、合作、探究学习。

三、研究内容及过程

（一）课外——校本作业

1. 建立题库资源

由备课组长负责，将任务分解到个人，分年级分章节由老师负责收集题目。在老师们备课或学习中，看到比较好的题目就收集保存，充分利用电脑平台，建立电子题库。初三年级每年要进行多次的区统考，每年将各区的一模和二模题收集，并进行分类保存。供初二老师选题练习和初三老师专题复习。

2. 整合资源，设计成册

2011年经过一年的习题收集，已经初步达到了一定的数量。为尽快研发适合本校学生自身特点的校本作业，利用两个月的假期，理化教研组依然以备课组为单位，制定设计编制格式，通力合作设计了八年级、九年级的物理、化学第一学期校本作业，学生在开学初到手正常使用。在使用的过程中，老师跟踪研究，观其效果进行反馈。现在每次的假期中老师们都会对八九年级的理化两学期的校本作业进行更新改进。

（二）课内——学案设计

1. 初步研究，个人先行

学校将"基于进城务工人员随迁子女学情的学案教学实践研究"作为重点课题，并进行了多次的专家专题讲座，组织研讨交流，学习了有关"学案"的知识内容。理化教研组在组内活动时，对设计的"学案"交流研讨。每学期有两到三位老师开展"学案"教学的校公开课展示。每学期每位教师编写2—4篇学案。

2. 分工合作，建立样本

初三教师的教学任务相对重，为了进一步推进研究进程，初二物理备课组着手编制第一学期的"学案设计"。组内教师讨论制定学案编写体例和要求，初二教师实施编写1—2篇样例，再学习研讨进行改进。根据本校学生的特点，学案设计分为两部分：课前准备和课中导学。学生课外学习能力不强，课前准备部分主要以"复习"和"小实验"为主。学习目标的确定要简单明了，不易太多太杂。"学案"以课堂教学为主，重在引导学生的自主学习,掌握重点知识,主动探究,参与合作和知识的形成过程。要求以课程标准为依据,不脱离教材和学习活动卡,设计的结构与教学设计相符,篇幅以A4一面为宜。在2016年,八年级第一学期的物理学案装订成册进行了试用。

(三)课内外整合

"学案设计"重在课堂内,体现学生学习的主导地位,改变学生自主学习方式,培养学生良好的学习习惯。"校本作业"有效地巩固课堂所学知识,课堂内外需要有机地整合,互辅互助,更好地适合本校学生。第三阶段的工作将是总结和反思前面的工作,为两部分的整合做好充分的准备工作,能将每一学期的"学案"和校本作业合二为一,更好地服务于本校学生。

四、研究成果

(一)以"学案教学"为载体,开展学校随迁子女"适性"教学的实践研究。

1. "学案设计"方案及原则

以教材、课程标准和学习活动卡等为依据,以学生的现有知识水平为基点,确定以学生为主体的课堂形式,转变传统的教与学的关系,激发学生主动学习的兴趣,使其逐步养成良好的自主学习习惯。"学案"设计以课堂为主,以课堂教学内容展开,以学生为主体,重点难点突出,结构清晰简洁。学习目标的设定让学生知道本节课所要掌握的知识。课前准备以复习和小实验为主,激发学生学习的积极性。课中导学设有情景、活动、实验分析等,鼓励学生主动探究,分析思考得出结论,重在其参与学习过程中。

主体性原则:确立学生是学习的主体,让学生在自主、合作、探究中快乐学习;启发性原则:建立清晰的学习"路标",指引学生学习,让学生学会思考,懂得质疑和发现;梯度化原则:"学案"设计要贴近学生,由浅入深,循序渐进,同时要关注学生的个体差异;简约性原则:"学案"设计要简约,要设计能够引导学生对教材整体阅读的一些重要问题和关键问题。

2. "学案"设计体例

模块	内容	设计要求
学习目标	学习目标及重点难点	1. 针对学情,对接课标 2. 量化施测
课前准备	1. 巩固前面所学内容或与本节课有关知识点 2. 与教学内容有关的小实验	1. 参照"学习建议" 2. 激发学生学习的兴趣 3. 丰富知识,拓宽视野
课中导学	1. 交流、反馈"课前准备"内容 2. 围绕教学内容进行合作探究学习	1. 着力设计环节 2. 设计相应的合作探究学习环节 3. 关注学习探究过程 4. 关注学法的指导

3. "学案"公开课教学评价表

学科:		年级:		班级:			时间:		类型:
课题:							授课老师:		
评价项目	主要指征	等级				点评		备注	
		优	良	中	差				
教学目标	课标要求								
	重难点								
	学生学情								
	达成情况								
教学过程	有效的活动设计								
	学生自主学习的时间空间								
	渗透的学法指导								
	面向全体/不同层次学生								
	三维目标达成度								
学生活动	学生参与活动的态度								
	学生参与学习的广泛程度								
	参与有效的小组探究								
交流与反馈	交流反馈的方式								
	交流反馈的效果								
课堂提问	提问的对象范围								
	提问的有效性								
	学生对问题的应和								
"学案"的特色									
教学建议									
评语									

4. 开展校"学案"教学实践交流

时间	课题	执教者	课的类型
2015.1	身边的碳酸钙	徐敏花	校级
2015.3	再次认识碳酸钠	徐敏花	区级
2015.4	模拟现场心肺复苏	姚奇志	市级
2015.5	人体遗传现象	姚奇志	校级
2015.5	测定物质的密度	台玉蓉	校级
2015.5	化学压强	高峥	校级
2015.11	海纳百川	刘莺	校级
2015.12	碳 同素异形体	徐敏花	校级
2015.12	串联电路故障分析	台玉蓉	校级
2016.4	机械能	张驰	校级
2016.6	追求卓越	刘莺	区级
2016.12	重力	台玉蓉	校级
2016.12	CO_2的实验室制取	徐敏花	校级
2017.1	心肺复苏	姚奇志	区级

5. 编制八年级第一学期"学案设计"（试用本）

"学案设计"在八年级试用一学期，学生和老师在使用过程中都体会到了"学案"带来的好处，当然也存在一些不足，还要不断地进行改进。

学生感悟摘录：上课时有方向性了，能知道老师在讲什么内容；学案中的活动情景能较好地指引我们探究学习；"学案"的设计循序渐进，有利于自己预习；"学案"就像一本笔记本，由老师和我们共同完成，做家庭作业时起到很好地帮助作用；"学案"上的目标很明确，明白这节课重点要掌握哪些知识点；上课时要完成"学案"上的部分内容，听课更集中精神了，边听边记，边活动边思考，学习有趣了。

教师感悟摘录："学案"的设计更符合本校学生的学情，"学案"上多留有空白，要求学生学习后记录，学生听课效率提高了，学会了圈划和记笔记；探究实验课中表现更积极，设计的方案更大胆、更多，学生思维打开，懂得了小组合作，参与面广；学生根据情景在"学案"上记下自己的想法，交流讨论后会主动改正，学习习惯有大幅度改善；学生作业的正确率在逐渐提高。

（二）校本作业的改进

八、九年级的物理化学已经有了校本作业的试用本，但每年学生在改变，学生的学情不同,同时每年的中考动态也有差异,校本作业必须每年进行题目的更新和改进。校本作业的改编仅凭一人之力很难完成,需要备课组老师全力合作。题库建立采用任务分配原则。

教学内容	责任人	题目来源	要求	改编要求
八上 声光		每年的每学期的期中、期末试题,初三各区一模和二模试题,中考试题及教辅书中的典型试题。	对题目进行分类梳理汇总,按知识点进行归类。	根据学生试用情况,从题库中选题进行改进,分为基础题和提高题。
八上 机械运动和力				
八下 机械和功				
八下 热和能				
九上 压力与压强				
九上 电路				
九下 电能与磁				
九下 原子星系				

校本作业的设计分为基础题和提高题,有利于分层教学,同时也遵循由易到难的循序渐进原则。

(三)理化科多样化校本课程

由于本校学生多为外地随迁子女,根据学生的学情,为增长学生见识,使其懂得基本的生命安全知识,激发学习理化的兴趣,拥有健康心态和身体素质,得以全面发展,理化科组从自身学科特点出发,开设了多样化的校本课程。

课程名称	课程简介
科学手工	学生在手工制作中学习知识,利用材料制作成手工作品,作品涉及物理、化学和科学等知识,见识科学带来的神奇。如吸管乐器、蒸汽船等。
心理导航	学习简单的心理知识,学会融入上海,如何与同学和睦相处和简单的礼仪知识,了解上海的本土文化等。
生命安全体验室	了解各种险情、灾难发生时的自救和他救方法,知道更多安全预防知识等。

作为一名教师,如何更好地引导学生自主学习,全面发展,是我们一直努力追求的。我校学生的特殊性,需要教师们更深入地了解学生,知道他们的内心渴求,寻求适合他们的教学方法和策略,设计更有利于他们学习的学案和作业,促进学生学业的提升和各种能力的提高。

附：基于课程标准的自主探究
——"透镜"导学案案例

背景

"透镜"是"沪教版"物理八年级第一册第二章第 2.3 节，学习水平要求是 A。本节内容在"光的反射和光的折射"之后，学生知道了光的折射规律，对光线和光路图有一定的理解，具备了基本的光线作图能力。教材中，以自然和生活中的光现象为重点，学生在探究实验中学习新知识，体验物理的科学方法，感受科学探究的喜悦。

学习目标

1. 知道什么是透镜，知道透镜的主光轴、光心、焦点和焦距；
2. 探究凸透镜对光的会聚作用和凹透镜对光的发散作用；
3. 学会通过透镜的三条特殊光线作图；

学习重点

探究平行光线经透镜后的光路情况。

课前准备

每组发三个透镜（两个焦距不同的凸透镜和一个凹透镜，不需告知学生名称），请学生做实验，观察现象，并拍成小视频。

［设计意图：多数学生都有玩过"放大镜"的经历，老师不局限学生怎么去做。要求拍视频，激发学生动手的兴趣，培养小组合作的精神，并习惯于将所观察到的现象"记录"下来。根据视频，安排有特点的两组课堂展示交流。学生会用透镜对着太阳光燃纸等，也会发现其中一个不可以燃烧纸张，进而发现其构造上的不同。在实验过程中，学生也可能发现透镜对着远处的物体能产生倒立缩小的像等。］

课中导学

（一）自主阅读，认识透镜

1. 生活中的透镜分为_____和_____。凸透镜中间的厚度_____边缘的厚度。凹透镜中间的厚度_____边缘的厚度。

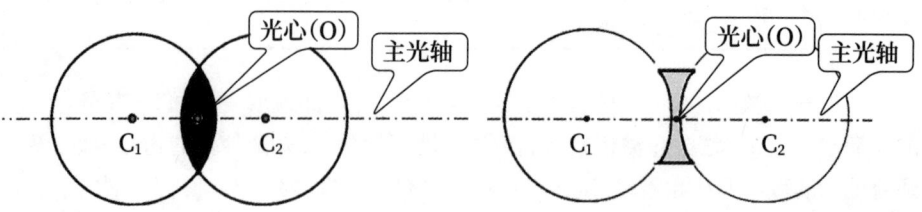

2. 通过透镜球面的球 C1、C2 的直线叫作透镜的_____。

透镜的中心 O 点叫作透镜的_____。

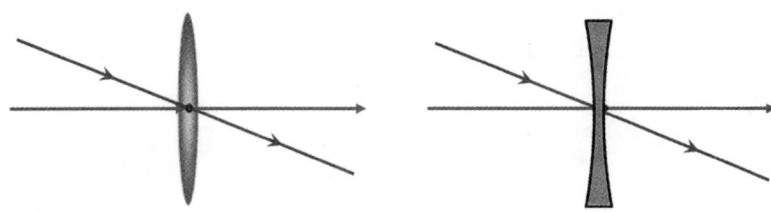

3. 经过光心的光线方向_____。

4. 应用：(1) 请戴"近视眼镜"的同学摸一下，近视眼镜是属于_____透镜。

(2) 在仪器盒中，请找出其中的凸透镜。

[设计意图：通过课前的实验和观看新课前的视频片段，学生已经明白有两种透镜。通过自主阅读，知道两种透镜的概念及主光轴、光心、焦点和焦距等名称。触摸近视眼镜，近距离地感受物理在生活中的应用。在仪器盒中找出凸透镜，最直接地动手检验，巩固知识。]

(二) 探究：平行主光轴的光线经凸透镜后的光路

1. 回忆：光通过三棱镜时的光路。

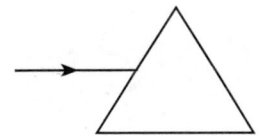

2. 猜想：平行主光轴的光线经凸透镜后会怎样？

理由是：_____。

[设计意图：学生由课前的动手经历和看视频的体验，能猜想到平行主光轴的光线经凸透镜后会聚于一点。可将凸透镜看作几个三棱镜的组合，引导学生推理，使其将光的折射与透镜知识融会贯通，理解光经透镜的变化是因为光发生了折射，知其所以然。以此让学生明白，猜想必须有根有据，而不是乱猜。]

[课堂片段：

生1：太阳光可看作平行光，做实验时，经凸透镜后能形成一个很亮的点，说明可会聚。

生2：凸透镜可看作由两个三棱镜拼成，水平的光线经正、倒两个三棱镜折射后会相交于一点。]

3. 学生利用光具盘实验，根据实验现象，画出光路图。

［设计意图：教学生如何调节平行光后，放手让学生去探究实验，并根据看到的现象，画出光路图。每组给了两个不同焦距的凸透镜，现象非常明显，凸透镜会将平行光线会聚于一点。学生动手操作、观察现象、绘制光路图，独立完成知识的学习过程。］

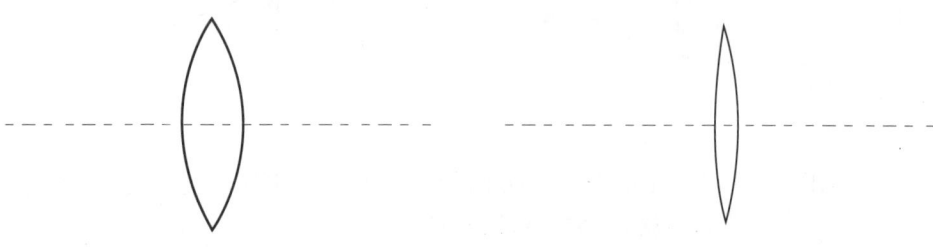

［课堂情景：个别组中的凸透镜焦距较大，没有在光具盘上的主光轴会聚。学生质疑，通过实物投影请学生展开讨论。学生发言积极，语言表述也相当清楚。对"凸透镜"的探究过程中，学生发现问题，互相解决问题，再比较得出结论。同学们互相协作，乐于探究的过程中，教师不需要指导其操作方法，着重关注学生细节上的问题，如虚实线、箭头等的画法错误必须当即指出。］

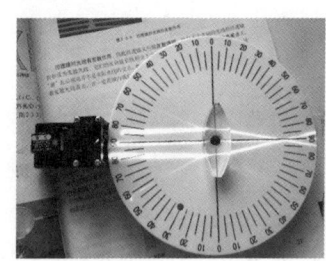 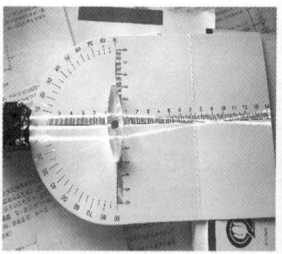 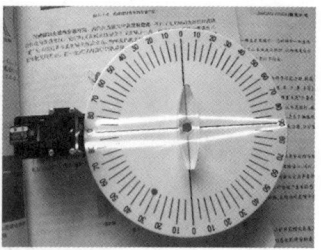

结论：(1) 凸透镜对光线有_____作用。因此凸透镜又叫作_____透镜。

(2) 平行于主光轴的光线经凸透镜折射后，会聚在主光轴上一点，该点叫凸透镜的_____，用字母_____表示，透镜两侧各有一个焦点。从光心到焦点的距离叫作_____，用字母_____表示。

(3) 凸透镜的球面越凸，焦距越_____，对光线的会聚作用就越明显。

(4) 根据光路可逆原理，在透镜焦点处放一光源，它能将发出的发散光束会聚成_____光束。

4. 练一练：画出下图中凸透镜的折射光线光路图。

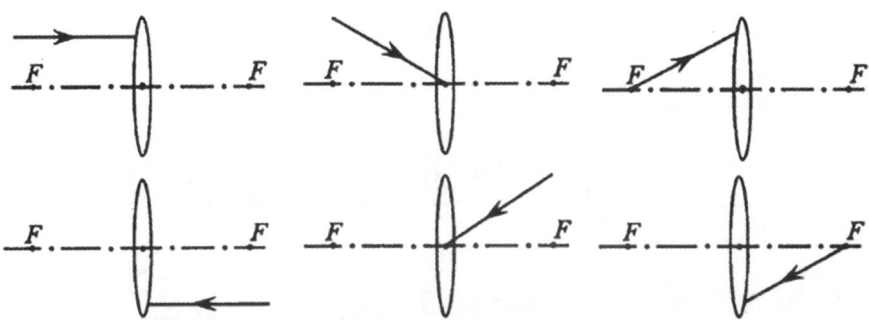

(三)探究：平行主光轴的光线经凹透镜后的光路

1. 猜想：平行主光轴的光线经凸透镜后会怎样？_____。
   理由是：_____。
2. 根据实验现象，画出光路图。

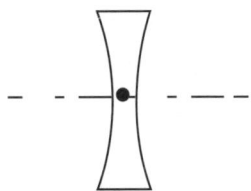

[设计意图：有了探究凸透镜的经验，让学生继续探究凹透镜的特点。选取典型的光路图展示交流，同学们都能得到是发散的光线，但画得比较随意。老师质疑，激发学生更规范作图，利用直尺或笔等工具进一步探究，发现两条折射光线的反向延长线交于一点，学生恍然悟得。出现问题是学习过程中的必然，解决问题更带给学生们成功感。]

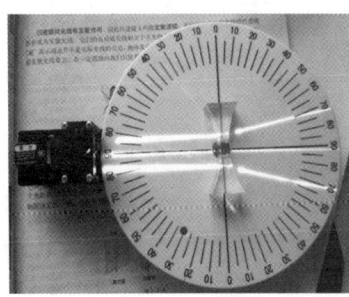

结论：(1) 凹透镜对光线有_____作用，因此凹透镜又叫_____透镜。

(2) 平行于主光轴的光线经凹透镜折射成发散光线，它们的反向延长线相交于主光轴上一点，该点叫凹透镜的_____。

3. 练一练：画出下图中凹透镜的折射光线光路图。

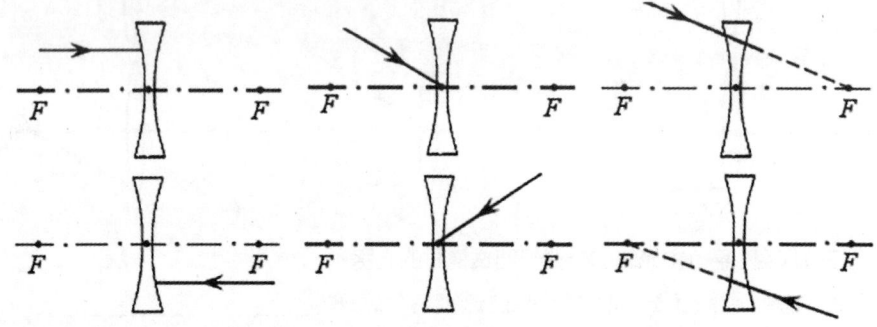

(四) 知识应用

1. 如何区分凸透镜和凹透镜？你有几种方法？
2. 蔬菜大棚的积水，必须及时清理，你知道为什么吗？

课后延伸

1. 完成下列光路图。

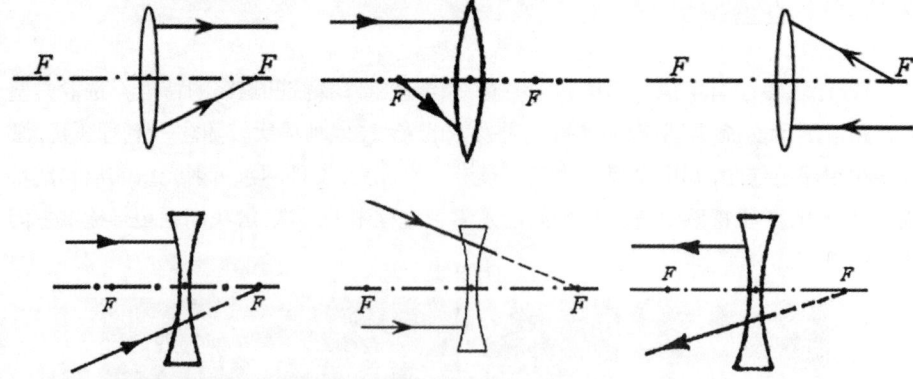

2. 课后小组实验：请每组同学完成两个凸透镜的焦距测量。

课后反思

为了引入物理问题，课前进行了充分的准备，从儿时玩过的"引燃"游戏入手，引发学生的兴趣。给学生两个透镜，其中凹透镜不能达到目的，引出"问题"。课堂教学中,让学生观察现象与阅读教科书上相关的内容,知道有关透镜的概念和名称,达到学生自主学习的目的。探究活动中,首先由学生根据已做的实验或学习的知识,对平行光经凸透镜后会怎样进行猜想,激活学生的经验和已有知识,使他们动脑思考,积极参与到学习中。学生探究实验时,将看到的现象通过绘制光路图表现出来,培养严谨的思维习惯和实事求是的科学态度,也为将来"图像法"在物理知识的应用奠定基础。同学共同协作,相互配合完成实验,培养学生的集体性和合作意识。在探究"平行主光轴的光线经凹透镜"实验中,只得出发散的结论,老师或学生质疑,引发学生进一步探究,激励学生再思考、再实验,体验知识的形成过程,感悟科学思想和科学的精神。

本节课始终由实验贯穿于整堂课,从课前的准备到课中的探究,到课后的延伸。透镜的实验符合八年级学生的能力水平,所以大胆放手让学生去做。学生现在都有手机,能方便地进行拍摄并转发。本次的课前实验准备比以往的书面准备完成得好,在课中交流过程中,学生都被视频实验现象所吸引。在猜想"平行于主光轴的光线经凸透镜后会怎样",很多同学根据课前所做的实验说到"会聚一点"。有了经历的过程,就会有自信的表现。通过回顾"光线经三棱镜的光路",引导学生发现"平行光经凸透镜会聚一点"的原理。使学生不仅知道现象,更要理解形成这一现象的原因,也为下面学习凹透镜奠定基础。

实验的过程中肯定会出现这样或那样的问题,但由实验失败或成功带来的乐趣使学生享受于其中,激发学生探知的欲望。本节课学生的参与度非常高,平时物理不太好的同学也积极地将其光路图呈给老师看,有的同学为了急于表现,甚至忘了画箭头,这正好是一个典型反馈。当凸透镜的焦距太大,有学生质疑不能会聚一点时,一个平时调皮对物理学习不太重视的学生第一个脱口而出"它们后面会相交于一点的"。我给予他表扬,其他同学补充完善,并接"纸板"实验验证。

本"学案"是以学生的自主活动为主线,将活动、观察、猜想、探究实验、作图记录、分析归纳、讨论交流、再探究实验等学习活动串联起来,为学生搭建科学探究的平台,充分展现学生的睿智,在体验中获取知识和成就感,提高学生的动手操作和思维能力,充分体现"学"为主,"导"为辅的教学主旨。

巧设材料导学活动,打造劳技智慧课堂
——以"认识织物"为例

黄睿智

一、背景目标

"认识织物"这节课选自上海科技教育出版社六年级《劳动技术》教材中第四单元"布艺——笔袋",属于该单元中材料部分的教学内容。根据《上海市中小学劳动技术课程标准(试行稿)》中对材料类教学的要求,本节课的三维目标这样设置:

1. 知识与技能
(1) 了解织物纤维的分类。
(2) 了解常见织物纤维的特性。

2. 过程与方法
(1) 经历对常见衣物面料的观察、调查、讨论、分析等过程,了解织物纤维的分类。
(2) 通过实验探究,了解常见织物纤维的特性。

3. 情感、态度与价值观
(1) 通过探究,初步形成常见织物的实验研究方法。
(2) 经历调查、探究、归纳、运用等织物学习的一般过程,体会合作学习的重要性。

二、整体呈现

(一)导学案

【活动1】小调查——衣物织物纤维的分类

任务: 观察衣物的成分标签,将其中的织物纤维填入下表中。

要求: 1. 在课前观察衣物的成分标签;2. 课堂上对调查结果进行交流;
3. 对不同的织物纤维进行分类。

衣物名称	织物纤维
呢大衣	羊毛
T恤衫	棉、氨纶

结论：通过调查、归纳，我们知道织物纤维可分为_____、_____两大类。

【活动2】小实验——探究常见织物的性能特点

任务：通过实验探究常见织物的性能特点。

要求：1. 小组讨论实验探究方案及所需实验器材；

　　　2. 交流实验探究方案；

　　　3. 实验探究，实验结论填写。

实验表格：

织物	柔软度	耐磨度	吸水性
牛仔布			
不织布			
棉布			
真丝			
平纹针织布			

注：通过实验，比较织物柔软度，选出耐磨度、吸水性最好的织物，并在空格内标记"√"。

【活动3】小游戏——织物的选择

任务：为以下的布艺作品选择合适的制作织物。

要求：1. 以小组为单位，通过讨论交流，在牛仔布、不织布、棉布、桑蚕丝、平纹针织布中选择合适的织物，制作布老虎、方巾、卡包、束口袋；

　　　2. 各组派代表上台完成游戏；

　　　3. 各组代表交流织物的选择及理由。

布老虎　　　　　方巾　　　　　卡包　　　　　束口袋

牛仔布　　　不织布　　　棉布　　　真丝　　　平纹针织布

(二)导学流程图

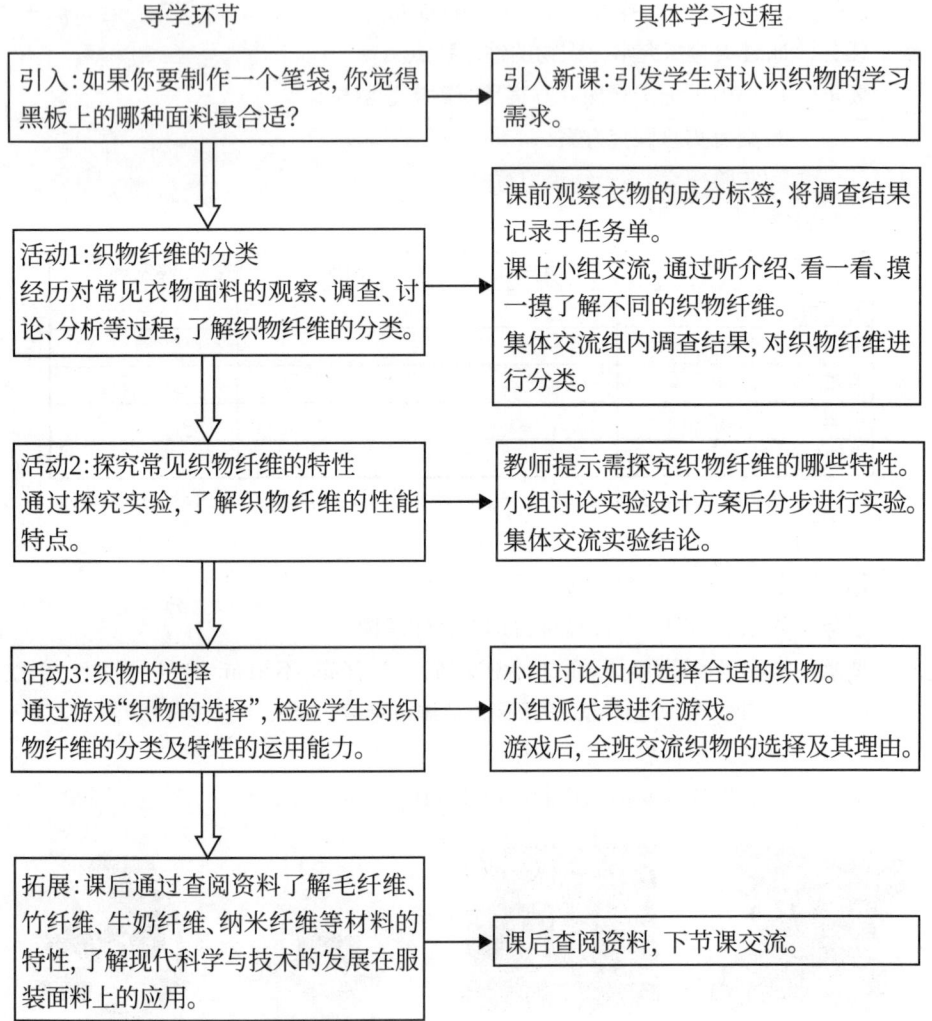

三、设计创意

对于以动手实践为主的劳技课而言,材料类的教学内容主要以知识介绍为主,无论是教师教的过程还是学生学的过程都容易对其忽略或觉得乏味。在"认识织物"这节材料类学习课中,我尝试通过导学案设计有层次性的导学活动,来突破这一教学瓶颈,激发学生的积极性,从而达成教学目标。下面结合"认知织物"这节课,谈谈在劳技教学中导学活动设计的有效做法。

◎ 创设基于真实问题的学习情境

在引入部分,以学生每天用到的笔袋创设情境,提出问题"如果你要制作一个笔袋,你觉得黑板上的哪种织物最合适",以此开启整节课的学习。

在知识运用环节,为学生创设角色体验的情境,假设学生是商场导购员,提出问题"请结合所学,为顾客所需制作的布艺作品建议合适的织物",以有趣的游戏形式检验学生对所学知识的掌握程度以及运用能力。

◎ 提供概念支架、元认知支架、过程支架和策略支架

学习支架就是指维果斯基社会文化学说中的脚手架。在支架教学中,教师作为文化的代表引导着教学,使学生掌握、建构、内化那些能使其从事更高认知活动的技能。在劳技课堂中,学习支架包含概念支架、元认知支架、过程支架、策略支架等。本节课中重点运用了概念支架和过程支架。

概念支架。导学活动的设计,要符合学生的认知规律,可利用学生已有的知识与经验,为其搭设概念支架,让学生更轻松地获得新知。通过小学阶段的学习,学生能熟练地判断哪些纤维来自动物、哪些纤维来自植物,因此在"织物纤维的分类"的学习中,学生围绕任务单上的任务,在课堂之外自由开放地感受生活中的织物纤维,再回到课堂归纳出活动单中所罗列的动物纤维、植物纤维,教师加以启发引导,自然地得出纤维的分类。这个概念支架的设计,基于学生已有的认知,让学生攀着收集信息、加工信息等脚手架,逐步成功地获得新知。

过程支架。有效的学习过程应具备层次性和梯度感,层层推进,环环相扣,以此实现教学目标,解决难点重点。织物纤维的性能特点对学生来说比较抽象,因此,通过探究实验将抽象知识形象化。结合授课时间、实验的难易程度以及学情,将其分解为三个层层递进的小实验,每个实验采取不同形式的学习活动。柔软度最容易操作,因此采取师生一起摸一摸的方法比较;耐磨度实验稍难些,采取学生交流操作步骤,教师进行要点提示的方法;吸水性实验最复杂,教师先提出有驱动性的问题,学生小组讨论后再集中交流,教师在学生的交流中穿插实验要点。这三个层层递进、分步实施的小实验即过程支架,攀着过程支架,学生的认知水平逐步提升,思维发展逐步深入,有效提升了课堂效益。

四、明显成效

(一)课堂精彩片段——探究常见织物的性能特点

师:请大家拿出棉布、真丝、牛仔布、不织布、平纹针织布,我们一起来摸摸看,哪些织物比较柔软?

生:真丝、棉布、平纹针织布。

师：我们如何比较耐磨度呢？我们可以借助桌上的哪个实验器材？

生：需要借助砂纸，将5种织物分别放在砂纸上摩擦。由织物的磨损程度来判断它的耐磨度，没磨破的一定是最耐磨的。

师：如何比较吸水性呢？

（小组讨论）

生：将5种面料同时完全浸没在水中，浸入相同时间，看谁的液面下降得多，吸水性就强。

（学生分组实验）

师：通过实验，我们发现吸水性最好的是？

生：棉布。因此，我们推断出天然纤维具有吸水性强、透气性好的优点。

师：但你们刚才实验中发现棉布耐磨吗？

生：不耐磨。天然纤维有不耐磨、弹性弱等缺点。

师：通过刚才的实验我们发现，牛仔布（平纹针织布）很耐磨，大家知道其中的原因吗？

生：那是因为牛仔布中加了锦纶，从而增加了它的耐磨度。化学纤维具有耐磨、弹性好的特点。除此之外，通过刚才的实验我们还发现化学纤维还有抗皱、吸水性弱等特点。

师：学到这里，大家说说看这些织物哪个做笔袋是最合适？

生：牛仔布。它耐磨并有质感，最符合笔袋的功能需求。

（二）教学效果

1. 基于学情，生发动机

学习活动的设计，要符合学生的认知规律。可利用学生已有的知识与经验，为其搭设学习支架，让学生更轻松地获得新知。通过小学阶段的学习，学生能熟练地判断哪些纤维来自动物，哪些纤维来自植物。因此，在"织物纤维的分类"的学习中，学生围绕活动单上的任务，在课堂之外自由开放地感受生活中的织物纤维，再回到课堂归纳出活动单中所罗列的动物纤维、植物纤维，教师加以启发引导，自然地得出纤维的分类。这个学习活动，基于学生已有的认知，让学生经历收集信息、加工信息的过程，成功地获得新知。

预备年级的学生爱动手、爱尝试，过多的知识讲授会让其感到乏味，失去学习兴趣。结合学生的年龄特点，为知识运用环节创设情境——学生模拟商场导购员为顾客推荐布料，并在下节课以游戏的形式反馈。教学中创设学习活动情境，让学生在有趣的情境中产生学习动力，唤起主体意识，激发学习兴趣，调动学习潜能，进入最佳学习状态,成为课堂学习的主人。

2. 服务目标,凸显层次

"活动是目,目标是纲,纲举才能目张。"教师在进行教学设计时,不能为了活动而活动,更不能没有目标地活动。"认知织物"这节课,无论是三维目标还是教学难点重点,都紧紧围绕着"织物纤维的分类"及"织物纤维的性能特点"这两大内容,因此,课堂学习活动也为达成这两大目标,化解难点重点而设计。在"织物纤维的分类"这一教学环节中,设计了课前调查、小组交流、归纳分类等学习活动;在"织物纤维的性能特点"教学环节中,织物纤维的性能特点对学生来说比较抽象,因此,通过探究实验将抽象知识形象化。这个探究实验的容量比较大,考虑到授课时间以及学情,结合实验的难易程度,将其分解为三个层层递进的小实验,每个实验采取不同形式的学习活动。从课堂反馈来看,这些导学活动的设计收到了良好的教学效果。

五、实践反思

在导学活动的不断完善中,课堂主体发生了改变,教师更能够站在学生的角度去审视课堂实施,把"我怎么教"变成"学生怎么学"。因为有了有效的导学活动支撑,学生有了适合的学习载体、学习途径,课堂中的主讲也变成了学生,而教师则成为一名倾听者、观察者、引导者。在这节课中,我初步感受到作为一名倾听者和引导者,与学生互动交流的快乐,找到了以往小组活动形式大于实效的原因。

从以上的导学过程中,我们不难发现,多样而精准的导学设计,改变了单一的劳技课堂教学模式,情景模拟、实验、体验、实践等方式提高了学生的课堂参与度,增加了师生互动,形成了良好的课堂氛围,从而激发了学生技术学习的兴趣。有效的课堂导学不仅是掌握知识、运用知识、提高技能的重要手段,还是培养学生良好的心理品质,发展创新能力的重要途径。

关于课堂教学的有效策略,课堂导学设计只是一个开始,我们的每一堂课都可以设计出精彩的导学活动,希望我们广大劳技同行在教学实践中,不断探索、不断完善、不断总结,通过全面而系统的课堂设计,更好地达成劳技课程育人目标,使导学活动设计成为劳技课堂全新的增长点。

巧妙融入人物角色,激活英语课堂教学

朱沁雯

近年来的英语课堂教学中,导学案的出现使得英语课堂教学上升到了一个新的高度。初中英语导学案立足学情,突出教师的主导作用,关注学生主观能动性的充分发挥和自主学习能力的培养。在上海市东辽阳中学,英语导学案的编写和实施也在如火如荼地进行中,虽然我们学校90%的学生是外来随迁务工子女,他们的英语基础和能力相对来说比较薄弱,但是通过教师认真设计导学案和在课堂上的充分利用,促使学生更有兴趣地投入课堂的学习。英语导学案进入课堂打破了传统的课堂教学模式,教师需要思考如何充分发挥学生的主动性来推进导学案的学习,如何激发学生的自主学习能力和语言实际运用能力使其能轻松地进入导学案的学习。

教育心理学告诉我们,只有学生感兴趣的东西,学生才会积极地开动脑筋认真思考,并以简捷、有效的方法去获得必要的知识。因此,在英语课堂教学中,教师应该选择并且采取符合学生年龄、心理和情感需要的教学情景。本案例就是通过"巧妙融入人物角色"来调动学生学习的积极性,激发学生学习的热情和动力,使英语课堂"活"起来,以提高学生在英语课堂上使用导学案的学习效率。同时,教师为导学活动所引入的人物角色必须要符合以下几点:一是人物角色要适合学生们的年龄、心理和生活特征;二是人物角色在此课堂上的出现能点燃学生的热情点;三是让学生的好奇心始终保持在贯穿人物角色所引导的课堂教学。所以在英语课堂上巧妙融入人物角色,促使学生能自主并且一步步地完成课堂导学案,这也是激活英语课堂教学取得成功的重要条件。

本案例是《英语(牛津上海版)》六年级第一学期 Unit 8: The food we eat 中的第二课时课文的学习。

教学目标:本课学习结束,学生应学会:

语言目标:1. 学习如何用情态动词向别人发起询问;
    2. 学习几种询问的句型;
    3. 学习课文。

技能目标： 1. 通过口语和结对练习，操练句型；
　　　　　　2. 通过听力练习、快速应答、角色扮演朗读帮助学生掌握课文内容。
情感目标： 学习更多关于食物的知识，建立健康饮食习惯。

教学课文原文：

Mrs Li： What would you like for dinner tonight? Would you like rice or noodles?

Ben： I'd like rice for dinner.

Mrs Li： Would you like meat or seafood?

Kitty： I'd like steamed prawns with garlic.I'd also like some soup.

Mrs Li： What kind of soup would you like? Tomato or cabbage?

Ben： Let's have tomato.It's my favourite.

Mrs Li： All right,we'll have tomato and egg soup.

Kitty： I'd like fried eggs with bacon,too.

Ben： Mum,can we have some fruit after dinner,please?

Mrs Li： Yes,what kind of fruit would you like? Strawberries or apples?

Ben： I'd like strawberries.

Mrs Li： Ok,but we need to buy some food first.

[分析： 本课是一篇对话性体裁的课文，是一家人在讨论晚餐要吃什么，喜欢吃什么食物。在本课堂的一开始，教师就巧妙地融入人物角色——哆啦A梦和大雄，并使这两个人物始终贯穿着整堂课的学习，使其成为一条主线，把本来枯燥的课文对话变成哆啦A梦和大雄他们俩生活中真实发生的场景，引导学生一步步地有兴趣地自主学习课文内容，进而能更顺利地推进课堂导学案的学习和活动的开展。而引入的人物角色——哆啦A梦和大雄，是非常贴切预备年级的学生的年龄、心理和生活特征的，正因为有这样一个情境的铺垫，从而使得学生们紧扣哆啦A梦和大雄这条"主线"，一步步地进入导学案板块"分线"的深入学习，进而使导学案在课堂上得到充分落实。]

导学活动一： 1.Write down the names of dishes

Menu 菜单	
Vegetables	Meat/Seafood
Eggs	Soup

课堂教学 PPT 原图：

1

2

3

4

[分析：导学活动一要求学生写出各种菜名，这也是课文中需要掌握的重点单词和词组，是为后面学课文做准备。这些菜名已经在第一课时学过了，这是一个复习活动，教师通过"巧妙融入人物角色"创设情境，引出假设哆啦 A 梦和大雄这两个动画人物。假设他们俩昨天在学校也学过了这课的第一课时，他们俩要比赛谁能够说得有准又快。然后提问学生："你们可以吗？如果你知道，请你站起来大声说出来。"通过巧妙融入人物角色，点燃学生课堂的热情点，切实做好导学案中的复习板块，同时在导学案上落实笔头的书写和拼写，教师就在这短短的 2 到 3 分钟里同时训练了学生的说和写的能力。]

导学活动二： 2.＿＿＿＿ would like ＿＿＿＿ for dinner.
课堂教学 PPT 原图：

1

2

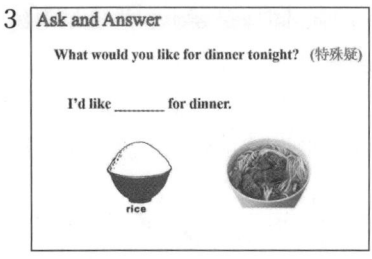
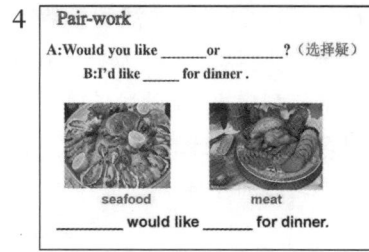

教师创设情境：傍晚了，天黑了，哆啦A梦和大雄走在大街上，讨论着晚饭是吃饭还是面。

[分析：应着这个景，要求学生完成结对练习：A: Would you like _____ or _____? B: I'd like _____ for dinner. 当教师在邀请几组同学做结对练习时，其他的同学也不能空闲着，他们需要在导学案上记录下自己对本题的回答，最后教师抽取几名同学回答导学案上的记录。通过巧妙融入人物角色，使得学生们更好地去习得课文中需要掌握的新句型"I'd like..."以及"Would you like ...or ...?"所以，通过导学案，学生们能切实掌握课文中的重点句型。

本板块虽然只有短短的一句话，但是教师却能充分利用导学案使其充分发挥对课堂教学的作用。课堂不应该仅仅只是个别同学参与的，而应该是每个人的课堂，那么如何才能每时每刻让人人参与课堂呢？这就需要教师设计这样的导学活动，既练习了学生们的结对练习能力，同时也锻炼了他们快速记录的能力，正因为有这样一份紧张感，学生们才会聚精会神地投入到课堂的学习中去。]

导学活动三： 3. Write down who likes this kind of fruit

apples: oranges:
strawberries: bananas:
课堂教学PPT原图：

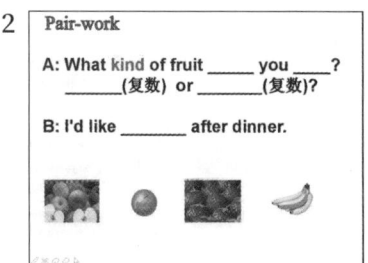

[分析：导学活动三是活动二学生能力的加强，同样是要求学生做结对练习，然后学生记录下谁喜欢哪一种水果。在这个导学活动中，教师不给出句子，而是让学生通过记录的笔记自主说出相关句型。因为导学案不是纯粹地课堂笔记记录，而是为更好地学习课文而设计的。由浅入深，由易到难，如此层层递进，步步深入，让学生的听说读写学习能力在导学案的引导下不断地提高，这样的导学案学习才更具有价值和意义。]

导学活动四： 4. Write down the dinner menu
1. Rice（　　）　　2. ＿＿＿＿＿＿（　　）　　3. ＿＿＿＿＿＿（　　）
4. ＿＿＿＿＿（　　）　　5. ＿＿＿＿＿＿（　　）
Summary: ＿＿＿＿＿＿＿＿ would like sth. for dinner.

导学活动五： 5. Answer some questions
Would Ben like rice or noodles for dinner?＿＿＿＿＿＿＿＿＿＿＿＿＿＿＿
What would Kitty like for dinner?＿＿＿＿＿＿＿＿＿＿＿＿＿＿＿＿＿＿
What kind of soup would they like? ＿＿＿＿＿＿＿＿＿＿＿＿＿＿＿＿＿
What do they need to do first? ＿＿＿＿＿＿＿＿＿＿＿＿＿＿＿＿＿＿

课堂教学 PPT 原图：

[分析：教师通过哆啦A梦和大雄这条人物主线，把课文的对话完完全全对应到哆啦A梦和大雄的日常生活，通过6个情境和对话的来回，课文的对话内容早已让学生们习得并且印象深刻。接着，教师创设如下情境：哆啦A梦和大雄吃得饱饱的，他们俩躺在床上，还是回味着那顿丰盛的晚餐。进而顺利地进入导学案板块四：课文的学习和重点句型的深入运用。教师播放第一遍音频，让学生在导学案板块四上记录Ben一家人今晚晚餐的菜名。教师播放第二遍录音，需要学生在刚写下的菜名旁边记录下谁喜欢这个菜。虽然课文对话有点长，但是两遍的音频足以让学生们出色地完成这个导学活动，因为在之前的哆啦A梦和大雄的一系列情境教学中，课文中的对话早已让学生们操练地滚瓜烂熟了。

导学案第五板块是回答问题，在设计这个板块时，教师考虑到，这不是仅仅写出答案而已，而是要让学生通过和练习搭档做问答对话，双方轮流提问和回答，这样所有同学都能获得全方位的句型操练和运用。]

导学活动六：6. Activity: Look at the menu above. With a classmate, ask and answer questions to make a dinner menu for him/her. Page56

Dinner menu

课堂教学PPT原图：

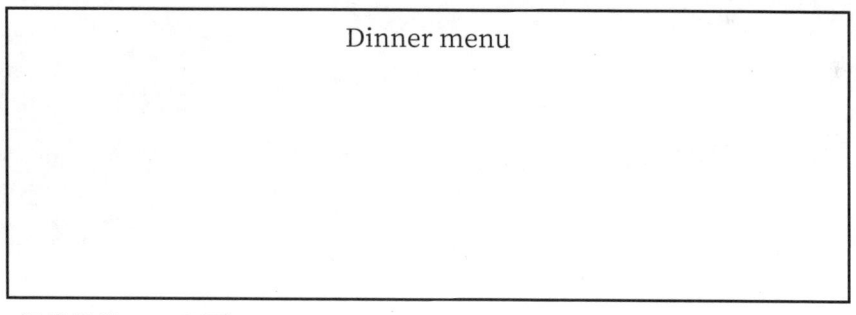

教师创设情境：大家都看到了哆啦Ａ梦和大雄饱餐一顿了吧，你们是不是也饿了呢？那么现在假设你也要去吃一顿大餐，服务员正在为你点菜。

［分析：教师通过之前融入的人物角色，再次推进课堂学习至升华部分，要求学生和练习搭档自拟对话来完成一份菜单，这也是进一步巩固课文中的重点句型和词组等，为本课的学习画上一个完美的句号。导学案上给出的是一份空白菜单，学生们在边做对话的同时边做记录，充分利用导学案，让学生们同时训练了听、说、写的多方面能力。］

总结：新课标指出，基础教育阶段英语课程的任务是，激发和培养学生学习英语的兴趣，使学生树立自信心。因此，寻找教学内容与学生之间的交叉点，是英语教学至关重要的一步。教师通过联系生活、贴近生活、深入生活，巧妙融入人物角色，根据实际情况对课文内容做加工、修改和创新。同时教师精心设计导学案，使得学生科学而又合理地使用导学案，实现教师的教与学生的学有机统一，把教学过程变为学生自主学习、主动探究的过程，从而使学生获取知识、掌握方法、培养能力、形成正确的价值观，以实现优化英语教学成效的目标。

教　学

中考改革背景下"融入"教育教学的思与行

孟宪尧

东辽阳中学作为杨浦区新优质学校,近年来一直以"融入"为特色,开展以外来务工人员随迁子女生源为主的适性教育教学,取得了丰硕成果。学校现为上海市文明单位、上海市学生行为规范示范校等。在随迁子女占生源比达到94%,沪籍生源学习基础薄弱的情况下,通过全校上下的齐心协力,已连续11年保持了沪籍学生参加中考合格率100%,优秀率逐年提高。2018年学校考入上海市重点学校比例达42%;同时,学校的随迁子女学生通过参加上海市统一考试,进入中高职一贯通学校的比例达50%。

今年的中考已悄然结束,这是中考新政落地后迎来的首届考生,虽然这些考生未受新政影响,但中考新政所产生的冲击,已在我们学校产生了巨大的震动。

我们认为,这次中考改革撬动的是不同学段贯通的人才培养方式变革,与"新高考"政策传递出相同的素质教育导向:改变"唯分数论",促进学生全面发展,提高学生的问题解决能力和实践创新素养,回归教育本源。这些育人目标也都可从此次中考命题上一窥究竟,不论是作文考题的思辨性,还是数学考题的利用基础知识寻求应用方案,无一不是如此。此次考试评价制度发生的深刻变革,必定撬动教育教学的改革。

中考新政的发布,显性标志是计分分值从630分变为750分,潜在指向却是促进课程和教学改革不断深化,以能力导向、实践导向、综合导向为目标。中考新政推动学校自我变革,破除教育"顽疾"。对比新旧中考方案,变化主要体现在以下几点:一是考试科目的增加:在原有的考试计分基础上,外语科目增设听说测试,物理和化学实验操作考试成绩计入初中学业水平考试总成绩,设置跨学科案例分析考试,历史、道德与法制将计入总分,同时,初中所涉及的其他所有学科都将通过不同的考试或考查形式,作为学生毕业成绩;二是考试与考查对象的调整:此次中考改革所涉及的考试对象,开始于2017年入学的每所初中学校所有在籍学生,包括外来务工人员随迁子女学生,这将作为每个学生毕业和升学依据;三是学生综合评价机制的引入：参照"新高考"的实施方案，初中学生实行综合评价制度，这既是与高考制度的衔接，同时也是初中学校提升教育教学水平的重要内容和要求；四是高中招生制度的改革：这次高中招生制度的改革中，原有的自招比例有一定的下降，同时加大了名额分配的比例，特别是对不选择生源的学校倾斜。这些新政对我们这样的学校影响是全方位的，学校将要从课程建设、教学方式、评价方式等多方面进行改革。对此，学校就新政的落地生根，进行了一定的思索与实践。

一、"融入"教育理念的升华

学校作为以外来务工人员随迁子女为主要生源的学校，经过十多年的实践与探索，逐渐确立以"融入"教育作为学校发展的理念。在此理念下，学校近年来着力打造多门课程，以心理导航为引领，通过各种活动类课程，多方位开展学生的心理教育，从造就学生自信开始，以自信、阳光引导学生融入班级、学校、社会，同时，学校及教师、沪籍学生也共同融入这一集体。这一历程，促进了全体学生的发展，激发了教师的专业成长，造就了学校辉煌。面对悄然已至的中考改革，为了使我们的事业继往开来，我们必须思考，必须以创新与改革来面对。

"融入"教育是我们学校通过多年的实践与探索总结出来的办学理念，符合我校的生情与校情，我们已然走出一条适应我校发展的创新之路。结合中考改革的精神，将新形势、新政策等注入"融入"教育理念中，使之升华，为我校发展带来新活力。

学校近年来一直关注到教育的发展，2017年上海高考改革后，我们意识到中考改革即将临近。首先，要树立中考改革的意识。为此，学校在2017学年下学期的校本培训计划中将中考改革作为重要内容列入其中，本学期更是将中考改革内容作为主要内容。通过学习让全校上下明确中考改革会对学校的教育教学带来巨大的变化，"融入"教育的内涵中要注入新思维、新创造。在关注学生全面发展方面，作为学校、教师要关注到每个学生的全面发展，包括大量的外来务工人员随迁子女的所有学科的学业成绩。结合学生综合评价体系的建立，学校、教师要关注到学生的全面发展，包括学生健全人格的培养、社会实践活动能力的建立等，真正形成从"育分"到"育人"的观念转变。第二，要有适应中考改革的新举措。我校以外来务工人员随迁子女生源占多，在做好沪籍学生教育教学工作的同时，更好地服务于外来务工人员随迁子女学生的发展，将还是今后相当长一段时期学校教育教学工作的重点。学校通过不断地开设多门类的拓展课、探究课，对国家基础课程进行校本化开发，坚持开展学案教学实践，力图打造学科教学的多台阶，促进学科适应性教学能力提高。为加强对外来务工人员随迁子女教学成就的奖励，学校特制定了初三年级外来务工人员随迁子女升学奖励制度，以此来推动对外来务工人员随迁子女教育教学的全面发展。

二、学校课程计划的完善与执行

学校的课程计划是学校一切教育教学活动的总安排,涵盖了学生在学校活动的所有,体现着学校办学的理念与方针。学校每年都会根据教委相关文件制订符合政策规定同时又与学校实际相适应的学校年度课程计划,在得到上级部门的肯定后作为学校教育教学的总体安排来执行。今年是中考改革方案出台后的第一次学校课程计划制订,市教委及时出台了指导性文件。文件充分体现了中考改革精神,从课程的设置、学生活动的安排、学生课业的减负等多方面做出了刚性的规定,与2021年的中考逐渐衔接。对此,我校在制订2018学年课程计划的过程中,首先是与市教委文件精神保持高度一致。在课程设置上保证了所有相关学科的开设,并确保课时按标准执行,包括对历史、道德与法制等这次中考改革后列入考试总分计入的学科。同时,结合物理、化学等科目的实验考试要求,保证这两门学科的实验课时,并提高了实验室的建设水平。在基础课发展的同时,也加大拓展课、探究课对相关学科的支撑,例如名著导读、科学手工、自然笔记、稼园种植、理财知识、行走远方、历史畅游等,通过这些课程学习,使得部分学生在掌握了基础性知识与能力后,加深对相关学科的了解,形成一定的继续学习的能力,特别是跨学科学习的能力。第二是保留学校已有的符合学校实际且与学校、学生发展相适应的举措。学校在"融入"教育理念下,通过多年来的探索与实践,开发系列化的学生活动课程,其中"心理导航"课程已作为区本课程推向区域内的有关学校。这些学生活动的开展与中考改革的理念是并行不悖的,例如学校的行进管乐队课程,学生们通过两年多的学习后从零基础到获得国际比赛金奖,在付出汗水与泪水后,获得了荣誉,更获得自信和社会的认可,自身艺术素养也得到提升。学校的摔柔散打课程中,学生们通过在课堂上的摔打,在伤与痛中健壮体魄,也赢得了赛场上的荣誉,更培养了毅力。学校的诚信考场设置,是学校坚持了多年的学生诚信教育阵地,每学期的考试中,学校以自愿报名、试前教育、试中实行、试后总结的方式,在每个年级安排专设的无人监考的诚信考场。通过这样的考试,学生们既获得与其学科知识与能力相对应的分数,又得到心灵的洗礼,养成终身受益的好习惯。学校麦秆画课程,将学生们带入非物质文化遗产学习的领域,当学生们用自己的双手制作出"东方明珠""大熊猫""杨浦大桥"等作品时,其学习自信心得到提升,学习能力得以进步。学校的将棋课程,让学生们参与国际交流,我校学生每年在市级层面的比赛中屡屡获得奖项。与日本学生的交流切磋,提高棋艺,也丰富了生活。学校每个月的主题教育活动,将学生的综合素质教育系列化,使之植根于学生的行为习惯养成,浸润于学生的每时每刻。学校内各类活动中,社会相关组织的介入,家长们的参与,使得学生们能够更加深度地"融入"社会,加深了对社会的认知，更使得我们作为区新优质学校得到社区的认可，履行了"家门口好学校"的建设初衷。第三是学校课程计划的严格执行。学校课程计划作为学校教育教学的总安排具有一定的法性，是学校依据上级文件和本校实际而制定的刚性文本，其中既有学校各类各项活动的安排，又有着学校对有关活动的具体要求，涵盖了上级部门的规定、社会对学校的希望、学校对社会的承诺。为此，学校要求全校上下对学校课程计划的执行必须保持严肃性，要具有法的意识。领会中考改革规定的全员全科考试的精神，以学生的全面发展为引导，确保每位学生都能够参加相关学科学习活动、社会实践活动等，杜绝任何形式的增负减效行为，对学生的学科作业进行总体把控，既提出量的要求，又有质的保证。

三、学科教学水平的提升

本次中考改革迈开了上海初中教育教学整体改革的一大步，对学校教育教学改革形成倒逼机制，特别是在学科教学上，必须改变以往的教学方式，单纯的补课、刷题等重复性操练会越来越"不管用"，因为这些都解决不了学生能力发展的需求。不难预见，通过跨学科学习，发展学生综合运用多学科知识解决问题，将成为今后初中教育的重要内容之一，构建以学生学习行为能力的建立为目的的新教学方式已迫在眉睫。学校坚持通过学案教学研究等手段，力图通过在充分研究学情的基础上，开发适宜于我校学生的导学案，对国家课程进行二次开发，以实现各学科教学目标的达成。经过近四年的探究与实践，学校在学案教学方面取得了一定成效。目前，学案教学在语文教学中实现了全覆盖，数学、英语、理化的学案教学在各年级中部分使用，政史地教学中也启动了学案教学。通过学案教学的探究实践，学校教科研工作获得了上级部门的奖励，学科教学上升到新的台阶。面对新中考改革，为了能尽快适应时代的变化，学校将继续进行学科教学相应的改革。

学校将提高对各学科教研组教研活动的要求，在学科的教研活动中要增强针对中考新政的研究与学习。今年开学伊始，学校要求各教研组在每学期的活动中要安排对学科课标的学习、近年毕（结）业考试分析及其趋势的研讨、学科学习中分层教学策略的制定等，学校对此进行专题性考核。

学校将根据"全员全考"精神的要求，加大对教师教学中对全体学生关注度的考核，包括在对教师课堂教学的评价中，制定评价量表突出对全体学生关注度指标，对学生作业的考核中，在坚持以往教师批阅指标维度的同时，将增加学生减负度指标维度、分层指标维度等内容。根据英语学科增加听说测试的要求，学校加大对英语听说能力的教学支持，学校计算机房里的计算机添加特定软件，以便于英语教学使用，并安排各班级每周使用的时间，同时，借助于信息科技，与"来了网""芝士网"等合作，加大学生英语学习的家校互动,既提高学生学习英语兴趣,也使得教师对学生学习情况的了解有了较便捷、有效的手段。相信不久的将来,我校学生的英语学习能力、水平会有极大改变。

学校将根据"全科全考"精神的要求,加大对全学科的考核要求,绝弃主副科概念。继续加大对学案教学的研究与实践,在总结已有的学案教学经验基础上,依据中考改革的新要求,对各学科的导学案进行新的探究与实践。各学科教学既要关注全体学生,同时也要顾及特殊学生的需求。其中,针对近年来学校在"绿色指标"考核中高阶思维分数不高的现象,各学科加大学科拓展课、探究课的开设力度,满足部分学生对学科学习的较高要求,以利于这部分学生综合学习能力的提高。同时,对学科学习中部分学生表现出的学习困难状况,借助于学校心理教研组力量,进行个别化分析,实行个别化教育教学。学校的随班就读学生教育教学工作,也要保持正常有序开展。学校针对物理、化学学科的实验考试,将加大学校实验室的建设力度,确保实验课的课时、实验室设备的更新、实验室工作人员的培训等。跨学科考试是本次中考改革的新气象,也是一个风向标。学校已建立的跨学科教研组由学校科研主任牵头,学校地理、生命科学教师参加,定时、定点、定内容进行活动,力图摸索跨学科教学的新途径。

综上所述,面对中考改革的新形势,学校的管理必须是以此作为新课题、新任务,用创新驱动来引领学校的新发展。在新一轮的学校发展中,继续坚持学校多年来的"融入"教育理念,在实践中不断丰富和提升其内涵,通过适切与特色的研究与探索,着力将学校打造成师生共同成长的家园、在百姓中具有好口碑的"家门口好学校"。

以读促教，以想促悟
——《天上的街市》教学案例

陈伟英

【背景介绍】

这首诗最初发表于 1922 年 3 月出版的《创造季刊》第 1 卷第 1 期。1921-1922 年，中国处于军阀混战时期，面对半殖民地半封建社会的黑暗现实，郭沫若感到极大的忧愤。他从地上的街灯联想到天上的明星，又联想到街灯，于是写下了《天上的街市》这一富有想象力的诗篇。

【案例描述】

一、新课导入

1. 师：昨天同学们都已读了《牛郎织女》这个民间故事，牛郎织女的最后结局怎样？每次读到此结局，你的心情如何？如果给你机会改结局，你会安排怎样的结局？

生：一年相会一次，他们的生活有点悲惨。

生：心情悲哀、沉重。

生：在人间幸福快乐的生活。

师：看来你们都是善良、感情丰富的孩子。

2. 走近作者

师：曾经有位诗人以他们的故事为题材，创作了著名的诗篇《天上的街市》，你们知道作者是谁？对他还有哪些了解？怎么知道的？

生：郭沫若（1892—1978）我国著名的诗人、学者，原名郭开贞，四川乐山人，他的著作有诗集《女神》《星空》、话剧《屈原》等。

师：这些书上注释都有，要善于利用注释来学习。

二、初步感知

1. 师：在这首诗中，牛郎织女过着怎样的生活呢？今天就让我们走近诗歌，一起学诗。同学们，调动你以往的学习经验和学习经历，如何让你读懂文章呢？

生：朗读——书读百遍其义自见。

2. 师：今天我们从题目读起,一篇文章看题目,你能读出哪些信息,产生哪些疑问,带着这种思考去读文章会更有深度。

师：请同学细读题目,你能产生哪些疑问呢？

生：天上的街市有哪些特点？作者为什么要用"天上的街市"为题？天上的街市到底有什么东西？很好奇。

3. 带着疑问,走进文章,寻找答案。

初次朗读,老师有 2 个要求：(1) 准确流利的朗读 (2) 把你的感悟、发现、思想记录在文中空白处。

4. 在朗读中,诗歌中那些词影响了你对诗歌的理解？

缥缈：隐隐约约,若有若无 (联系虚无缥缈),看来字词没有问题

5. 准确流利地朗读 (全班齐读)

师：读得流利准确,天上的街市是怎么来的？

生：想象而来的。

师：谁能告诉我,什么是想象？不是联想,老师问的是想象。

生：想象应该是不存在。

师：凭空而来的吗？

生：由一些灵感而来,从外面事物触发灵感而来。

师：想象就是,在已有形象的基础上创造出新形象的心理过程。它一定来源于现实社会,天上的街市是作者想象出来的,咱们没见过,但是街市我们见没见过,现在我们来看看作者想象的这个街市有什么,什么样？

生：天上的街市是美丽的。

师：结合具体句子读一下,这些是天上的街市吗？把表明天上的街市特点的词圈画出来,"美丽""世界上没有的珍奇"(把这几个词读重音)。

师：天上的街市还有什么？他们是谁？

生：牛郎织女。

三、研读赏析

师：诗中牛郎织女与神话故事中牛郎织女有什么不同？"此时他们可以自由来往,不受束缚,定然在天街闲游。"为什么不用"闲逛"而用"闲游"？

生："闲逛"指无所事事、漫无目地闲荡 (周六没事我们去闲逛)；"闲游"指闲适、悠闲地游玩。意境上没有游手好闲。诗讲求押韵,韵脚在句末 (诗要讲求意境美、韵律美)。

师：诗中牛郎织女"提着灯笼在走"与你们早晨背着书包走有何不同？

生："提着灯笼在走"走得慢点，所以读得慢点，要读出拖音，慢点再慢点；"上学走"走得急，怕迟到。

师：诗中牛郎织女过上自由、幸福的生活，这节中哪个字也用得挺好？那"朵"流星不应该用"颗"吗？

(1) 朵：一般形容花，很美丽，现在的牛郎织女心中装满幸福，眼中的任何事物都显得很美丽。（"朵"字常用于花，花是美好的象征，把流星比作花，比喻天上的生活像花朵一样美好。）

(2) 读：谁能读一读3、4节，读出牛郎织女的那种幸福，让我们感受他们的幸福。个别学生读。

师：仿佛看到他们满脸笑容。

全班齐读，有感情读。

四、质疑探究

师：大家有没有发现，我们学了半天，第一节备受冷落。存在的就是合理的，第一节有什么作用？

生：引出下文街市。

师：作者由什么写起？首先看到街灯，然后想到明星，为什么由街灯想到明星？

生：因为街灯明星都是亮的，他们很相似。

师：你站在一盏街灯下，看着看着就想到明星吗？

师：为什么作者看到的街灯就想到明星？他看到什么样的街灯？（提示：看修饰语"远远的街灯"），由一个物想到另一个物，且两个物有相似点，这种思维就叫联想。联想要注意，两个物有相关点或相似点。

师：看到街灯想到明星，放眼望去满天星光，为什么由街灯想到明星？看到远远的街灯。

师：让我们跟随作者联想，视线由人间转到天上，追随作者的想象，我们也漫步在这美丽、富足、自由、幸福的天上街市。

五、感悟诗情

师：还有一个问题没解决，作者为什么要想象这样一个天上的街市？

生：因为希望牛郎织女永远幸福快乐。

师：联系时代背景：本诗创作于1921年，半殖民地半封建的中国，依旧被帝国主义列强和各派军阀蹂躏着，人民生活在水深火热之中！此时，诗人从日本回到祖国，目睹了现状，他苦闷感伤，但他并没有悲观失望，依然不倦地追求光明和理想。凝望星空，他写下了这首诗。

生：作者对光明、自由、幸福的向往。

师：他不满黑暗的现实,向往光明,向往幸福,虽然这只是愿望,是一种期盼,但作者对于自己理想的实现是深信不疑的,文中哪些词句可以透露出作者这样的信心?"定然""定能""一定",用什么样语气?

生：语气肯定、坚定。

3.师生对读 (2-4 节)：师读1、3句,生读2、4句

4.小结：

师：作者坚信这样的地方一定存在,这种日子终有一天会到来。

师：有人说：诗人是落在凡间的天使,他在人世间传播真善美的信念,将美好的理想留在人间,留给后世,现在闭上眼睛,用心聆听诗人的深情絮语。

六、熟读成诵

1.快速背诵

师：美吗?

生：美。

师：现在你就是郭沫若,遥望星空,脑中浮现幸福的场景,随口吟诵这美丽的诗篇,谁能为大家有感情地朗读?

一起朗读,读书的时候大家都很专注。老师请同学来读一读,走到郭沫若的内心。

师：这么美的诗篇应该熟读成诵。介绍快速背诵法：(1) 理清思路 (2) 抓关键词 齐背课文

2.学生谈收获

师：想想这堂课的学习,你有哪些收获?

生：诗歌抑扬顿挫的语调。

生：诗要押韵。

生：想象和联想的区别。

生：如果想读好诗,必须走进作者心灵。

结束语：培根说,读诗使人聪慧。中国是诗的国度,从《诗经》算起,到现在,诗的历史有3000多年,老师衷心希望,你们能做一个爱诗的人,做一个聪慧的人,带着本节课的收获,阅读郭沫若的诗集《女神》《天空》等作品。

七、布置作业

郭沫若先生借着丰富新奇的联想和想象描绘了美妙的天街景象。让我们也展开联想,插上想象的翅膀,续写下边的句子：

1.牵牛花开放了……

2. 月光照在地上……

【组内评价】
优点：
预备年级的学生充满热情，课堂上学生发言面广，课堂气氛活跃、充满生机，教师引导有的放矢，特别是诗歌教学开创了自己语文教学的新模式。学生在老师润物细无声的点拨之下，沉浸文本，以朗读作为主要指导手段，各种形式的朗读，不流于形式，设计有层次感，朗读充分，有声有色的朗读使学生沉浸文本，读出了诗歌的美感，感悟到作者的情感，从诗歌外在到内在，教师指导有针对性、时效性。教师对本首诗的研究准确，问题设计根据学情，由浅入深，教师的机智提问，激发学生积极思维，整堂课运筹帷幄，将课堂教学的预设与预生把控得娴熟自如，整堂课将诗歌的韵律美、意境美，作者的情感美，师生互动的和谐美融为一体，营造了轻松愉快的课堂氛围。

不足：
文章内容太丰富了，结尾是课堂的高潮部分，要呈现的东西太多。
建议以这首诗为歌词，谱上曲子，将乌兰齐齐格传唱的优美动听的歌曲《天上的街市》放到开头，因为学生不知道这首诗还是一首被传唱的歌，那优美动听的音乐会一下子激发起学生兴趣，借助于音乐的感染力，将学生迅速拉进郭沫若的这首美丽的诗歌。建议整堂课将此曲作为背景音乐循环播放始终，给人余音绕梁之感。
教学中忽视了PPT的作用，闲置在一旁，没能起到很好地辅助教学的作用。
另外，在分析到诗歌的意境美和韵律美的时候，讲到押韵，不仅第4节要讲，还要联系前面三节也有押韵。此外，现代诗与古诗的区别要提及，让学生了解现代诗的自由度。

【案例分析】
这是一篇诗歌诵读的篇目。我在这一节课的教学设计上，力求面向全体学生，使学生获得基本的语文素养。重视学生诵读，让学生在诵读实践中丰富语言的积累，培养语感，发展语感，通过朗读加深体验与领悟，尊重学生独特的感受、体验和理解。注意发挥师生双方在教学中的沟通，让教学在师生平等对话的过程中进行。但对话并不是让学生自发的讨论，而是在教师的引导下，让学生带着自己的经验、情感去钻研诗歌，进而领悟诗人的思想感情。由于六年级班的学生对语言的理解本来就没有很好的基础作平台，所以我就参与其中，营造一种平等、和谐的对话氛围，让每位学生都能做到感情融汇感情，思想碰撞思想，同时，我的感情和思想也应该参与到学生的感情和思想之中，分享学生的收获。

为此，我设计了以下环节来体现我的教学思想：

一、教读，感知诗歌的音韵美

诗歌富有音韵美。让学生从读中去感受诗歌呈现的音韵美。古人云："诗缘情""情动而辞发"。把握好诗歌的节奏韵律，学生就可能体验到诗人所要表达的情感。

范读不仅能引起学生学习诗歌的兴趣，而且能引领学生感悟到诗歌所描绘的意境，体会诗人所表现的情感，领略到诗歌语言的美妙。老师通过范读或播放音频示范朗读来感染学生，激发其学习兴趣。预备年级学生毕竟还小，需要给他们示范，让他们从老师的朗读中去感知、去模仿、去体会。这样学生读起来就有了一个抓手，从而有章可循。当然，在学生的个人展示之前，我先让学生在小组内热一下身，消除其紧张心理，增强其自信心。相信经过这样的安排后，学生自然就读得有模有样，也就能感知诗歌的音韵美了。用心去教，用自己的情感感染学生，努力使师生的情感融入作者浓烈的情感之中，产生心灵上的共鸣。

二、想读，想象诗歌的画面美

诗歌不仅具有音韵美，而且还具有想象的画面感。可以这么说，本首诗的每一节都给我们极大的想象空间，描绘了一幅唯美的画面。让同学们来欣赏其美，从而为下面学生用自己的语言描绘其中的一幅画作一个很好的铺垫。

课堂上我借助多媒体的音乐设计，所以学生的画面描述得甚是精彩。在学生描述画面的基础上，我的朗读设计更是加了一把火力，让学生的朗读更富有激情，让学生的理解更加深入。

同时，在设计这一环节时，我作了一些思考，如何让学生想读、读好。于是我做了一点大胆的尝试，如第一小节的男女分读，第二、三、四节，师生连读。第二小节的"世上没有的"几个字以渐强的方式重复两遍，第三小节的"自由"以渐弱的方式重复三遍，第四小节"是他们提着灯笼在走"这一句，读两遍，读第二遍时，要读出一种惊喜之情。这样的一种读，让学生读出情感，让课堂充满活力，让文本散发魅力。

当然，教师要尊重学生在学习过程中的个人体验，让学生在交流中做出自己的判断。提倡学生提出自己的看法，这样能充分激发学生的主动意识和进取精神，让学生在主动积极的思维和情感活动中，加深对诗歌的理解和体验，让学生有所感悟和思考。

三、品读，理解诗歌的情感美

对诗歌情感的理解，可以通过多种途径达到效果，本堂课我一方面从本诗写作背景的呈现和作者本人的写诗初衷入手，让学生从老师提供的两则材料当中去提取、整合有效信息,从而深入理解作者对人间现实的不满,对光明、自由、幸福生活的向往。另一方面他们对诗歌语言丰富的表现力感受并不深,因此在理解鉴赏诗歌的能力上,仍需要进行培养。特别是通过换词:"闲游"与"闲逛",那朵流星中的"朵"为何不用"颗"等。在语言的品味中,使他们深切感受到诗歌的语言美和情感美。

四、延读,体会诗歌的手法美

学生对联想和想象这两种写作手法比较陌生,所以,我一反以往让学生去说,而是通过老师的解读让学生去辨别文本中哪些句子运用了想象,哪些句子运用了联想,并借助于课文后的学习卡中对想象与联想概念的定义,这样的设置,学生容易掌握。在此基础上的仿写便是水到渠成了。

当然,这只是一次诗歌教学的尝试,还有很多不足,我们教师以后应多引导学生广泛阅读,拓宽视野,加强朗读训练,让学生在读的过程中多领会诗的情感,真正做到"读出情感"。

初中劳技"创智课堂"教学实践研究

黄睿智

2009年4月,上海市教委批准杨浦区为"上海市基础教育创新试验区"。根据市教委的要求,"创新试验区"着力探索两个转型:一是教育发展模式的转型;二是课程教学的转型。"创智课堂"就是在杨浦区课程教学转型的探索中提出的。

通过多年的课堂教学实践,可知劳技课程是一门兼具实践性、综合性、创造性的基础课程。劳技教学的核心是:让学生通过一系列的活动过程,学习技术知识,掌握技术操作,增强技术意识,提高技术素养。这些教与学的活动,强调以学生为主体,关注学生的终生发展,开发学生的创造潜能,培养学生的综合实践能力,与"创智课堂"的理念不谋而合,也是劳技教学的始终追求。

一、劳技创智课堂的内涵界定

创智课堂,即创生智慧的课堂。它不是单纯改变教学环境,也非简单地转变教学模式,而是"教"与"学"之间诸多教育要素的全方位变革,超越把学生当作纯粹客体、单纯灌输知识的教学实践,是一种启迪学生智慧、鼓励学生进行创造的新型课堂。劳技课堂教学不仅是一门科学,其中的课堂组织、引导、合作等教学活动更是一门艺术。"初中劳技创智课堂"是指,通过师生关系的重建、教与学方式的变革、课堂文化的营造、学生潜能的开发,建设激活学生的潜力和思维活力的劳技课堂。初中劳技创智课堂的构建不是单纯地改变教学环境,也不是简单地转变教学模式、改变教学方式,而是通过良好的师生关系,有质量的师生对话,将学校情况、纲要要求、学生情况、社会情况、学校课程资源等要素融合,从而提升学生技术素养的全方面变革。它主张不能把学生培养成标准化模具,而是要让学生成为他自己,要坚持以学生为中心,以活动为载体,以体验、感悟代替空洞说教。

正确理解"初中劳技创智课堂"的内涵,需要纠正两点认识。一是创智的课堂不是教师完全放手的课堂,需要教师创造各种机会,让学生真正参与实践活动,借以激发和保持学生对知识的渴望和创造的激情。二是创智不是创造与智慧的简单并列,更指向创设智慧生成的环境,只要这个课堂能通过良好的师生关系,有质量的师生对话,形成一个学生把学习当作创造,教师把教学当作研究的氛围,这就是创智。

二、劳技创智课堂的教学实践

1. 学习环境创新:以学习者为中心

创智课堂是一种促进学与教革新的生态环境。学习环境的创新,包括空间上学校、家庭、校外、网络虚拟社区等各种正式与非正式学习环境的整合,也包括提供资源、情境、工具、支架等多层面的支撑,提供适宜的氛围,创建安全的心理环境。

劳技课程的教学,在空间上不局限于课堂,可以直接切入学生的日常生活,在他们熟悉的日常生活场景中开展教学或教学准备。我们通过为学习者提供学习资源、创设基于真实问题的学习情境、为学习者提供教学支架,以及促进学习者之间的互动、协作和交流等做法,建立凸显以学习者为中心的学习环境。

《多彩的向日葵》导学案

1. 向向日葵名称_____
2. 向日葵所代表的含义_____
_____
_____
3. 组内制作分工:
花盘:_____
花瓣:_____
花梗:_____
组装:_____
4. 向日葵各部分所用材料:
花盘:_____
花瓣:_____
花梗:_____
5. 制作作品各部分所使用的技能:
_____
6. 作品的缺点:
_____

图 1

在学生掌握了纸艺基本技能的基础上，安排了"纸艺——多彩的向日葵"这节课。为提高学生设计创作的质量，课前这样安排：设计导学案(图1)，提出问题与目标，让学生理解教学构架；指导学生通过实物的观察与网络资源学习，了解制作目标的形态与特征，将学习空间从课堂扩大到了生活场景以及网络环境；帮助学生根据各自设定的目标需求，在课堂外寻求合适的制作材料；组织学生以小组为单位进行头脑风暴式的作品讨论和设计，加强学生对学习目标的全面理解与掌握；在资源准备方面，激励各小组发挥团队精神，组员之间互相检查所需的制作工具，再由组长进行复核，最终教师把关。

这样充分的课前准备，为学生构建了充足的资料基础和积极的心理环境，成为课堂顺利实施的保障，为师生将更多精力投入设计创作奠定基础。从教学效果来看，也体现了这种以学生为中心的学习环境建设，为教学起到了积极全面的保障作用。

教学的本质是一种服务，即服务学生健康成长的需要，服务学生生命增值的需求。日常教学中，教师要积极为学生创设各种正式与非正式学习环境，提供资源、情境、工具、支架等多层面的支撑，提供适宜的氛围，创建安全的心理环境，让学生在其中自由驰骋，引导他们立足生活，探究知识，生成精彩思想与理念。总之，智慧环境由教师创设，课堂发挥则交给学生。

2. 学习创新：转变学习体验的创新经历

创智课堂视学习为求知、实践和创造融为一体的活动。我们珍视学生的内在学习动机，维护他们对学习本身的兴趣，以学生为中心，鼓励他们的个性化学习。同时，运用分组协作等多样化的学习方式开展学习，通过交流研讨中的学习，提高学生的批判性思维和统整思维。我们鼓励学生在创作中学习，创建完成他们自己的作品，实现自己的想法，鼓励精彩创意的诞生，让学习成为一种全新体验的创新经历。

在"纸艺——多彩的向日葵"课堂中，我们不拘泥于教材也不拘泥于教师，而是以学生为中心，充分发挥他们自己的想象力和创造力，用先行准备的纸艺材料和工具，综合运用纸艺的各项基本技能，制作他们心目中的向日葵。安排学生分组合作学习，每组制作一个创意向日葵，学生制作前我们强调团队合作的重要性，引导学生达成共识：作品的制作不在个人之功，只有组员的通力协作才能顺利完成，一件作品的成功彰显着团队的智慧与力量。

内在的学习兴趣激发学生创意层出不穷，有的用一次性纸杯制作花盘和花瓣，用吸管制作花梗(图2)；有的直接采用瓜子粘贴于花盘以此取代镂刻技术(图3)；有的将制作康乃馨所用到的揉纸技术用到了葵花瓣的制作(图4)……这些精彩的创意让大家眼前一亮(图5)，效果之好是教师所没有想到的。这种转变学习体验的创新经历，以学习创新为核心，教师的教学以创新为依托，突破传统的教学结构及形态，引导学生以自主、合作、探究的方式进行学习，拓展了学生的学习空间，改进了学生的学习过程，有效促进了师生智慧生成的课堂变革。

图 2　　　　图 3　　　　图 4　　　　　　　图 5

3. 教学创新：突破传统教学方式的创新形态

创智课堂通过重构教学的过程与要素，超越了传统的教学形态。在教学目标上，我们与学生共同厘定学习期望，通过使用表现性目标来引发学生多样化和个性化的反应。在教学过程中，我们关注教与学之间的对话，调整生成基于学生需求的教学时间表。在教学评价上，我们倡导促进学习和作为学习的评价，强化学生的自我学习意识和对自学过程的监控。我们还将反思与改进教学作为重要的一环纳入教学过程，体现教学与研究的一体化。

在"布艺——制作卡片包"一课中，教师先结合卡片包样例(图6)和基础材料(图7)进行适当的铺垫和引导，和学生一起建立成果的样例目标，为学生提供基本的制作思路，以此来激发学生创意的多样性和个性化。在此基础上，学生分组讨论探究，根据自己的喜好选择布料的版型，搭配布料的颜色，选择不同的叠放顺序和特色修饰，然后再动手实践。这样的教学安排收到了很好的效果，完成的创意作品各有特色：版型有横版的、竖版的；线色有对比色也有相似色(图8)；卡片包边缘有锯齿状、花边状(图9)，甚至有的剪出了小动物造型(图10)。这些成品令我不由惊叹：学生们真是创意无限。

图 6　　　　　　　　　图 7

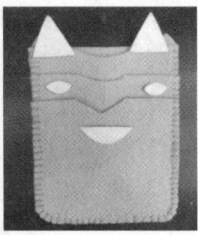

图 8　　　　　　　　图 8　　　　　　　　图 10

　　课后师生反思也是创智课堂不可或缺的重要一环，学生们在课堂上掌握的技能、感悟的道理以及迸发出来的智慧火花，都可以通过及时的复盘与反思得到沉淀，从而真正将创智课堂的所学所得内化成为自身素质提升的一部分。"纸艺——多彩的向日葵"课堂结束，全班8组同学，5组在规定时间完成了制作，2组即将完成，还有1组未完成。课后和学生们一起分析了其中的原因：有的小组创意很好，但制作工艺复杂，短时间无法完成；有的小组部分组员动手能力弱，组内成员又不肯通力合作，所以自然无法完成作品；有的小组，制作工具准备不充分，无法完成制作。（图11、图12）通过对失败经历的反思，学生们明白一件成功作品的诞生需要我们事先有周全的策划准备，过程中有认真的态度和团队合作意识。这样的课后反思是一节创智课堂成功完成的标志，更为我们今后创智课堂的构建带来良多启迪。

图 11　　　　　　　　　　　　　图 12

　　建构劳技创智课堂，教师要突破传统的教学方式，善于建设安全、自由的课堂生态环境，开展丰富多彩的创智课堂活动，多创设"互动的课堂""问题的课堂""创新的课堂"，让学生动起来，课堂活起来，效率高起来，使教学过程成为师生间、生生间交互活动的动态过程，让学生享受真实的课堂之旅、快乐的心灵之旅、丰盈的思想之旅。

三、劳技创智课堂的教学实践反思

　　学生到底需要什么？我们一直在思索这样的问题。他们需要知识、技能，更需要拥有良好的学习习惯与科学的思维方法，而无论他们"成材"与否，"认同他人，欣赏自己"一定是他们都需要的。美国著名心理学家盖茨说,"没有什么比成功更能增加满足的感觉,也没有什么比成功更能鼓起进一步追求成功的努力。"我们构建劳技课程创智课堂,就是让学生们人人去创造,人人有收获,在创造的过程中不断地体会到成功的乐趣,学生们在创生智慧的同时,增强自我的存在感和认同感。

创智课堂,是一个智慧创生过程,是一个师生合作生成智慧的集体行动,也是让师生合作探究和创造新知的过程。课堂上学生表现出的创意和智慧远远超出了教师的想象,师生在体验成功中不断收获成长。其实创智课堂没有模板,它有着 N+1 种理解,最基本的创智在我们每一位教师身边,只要我们考虑到了学生思维培养,扎根自身特色,以自己的理解,创设出激趣增智而非唯分数论、单向灌输的环境,就是创智课堂。如何启迪智慧始终是教育的一个大命题,通过劳技学科构建创智课堂就是这方面的有益尝试,带着"让全体学生得到创新教育的启迪,获得科学精神、人文情怀、艺术素养和实践能力"的美好愿景,我们教育人永远在路上。

激发兴趣·团结协作·尊重差异
——体育特长生的体育课堂教学有效性初探

夏旭禧

摘要

研究目的：针对初中年级段的体育特长生上体育课所表现出的"症状"，我深入到任教的各年级体育课进行了调查与反思。由于教师忽略了这些学生的"特殊情况"，导致了他们不愿意参与到体育课的教学中来，体育课堂效率低下。究其深层次的原因是没有深入贯彻新课程标准的理念，教师的主导作用没有得到充分的体现，学生的主体地位没有得到充分的发展，课堂教学没有考虑到"体育特长生"的特殊性，导致了课堂教学的随意性、教学效率的低下。

研究方法：实践调研、课堂探究。

研究结果：试从影响课堂效率低下的原因，提高体育课堂效率的措施与方法，提出反思与设想，进行简单的思考与分析。

1. 创设条件，激发兴趣。

首先，注重教材内容生活化、趣味化、形象化；

其次，注重发挥学生的特长；

第三，注重营造和谐、轻松的学练氛围；

第四、注重优化体育课堂评价语言。

2. 突出主体，培养能力。

3. 重视学法，学会自主。

关键词：体育特长生、体育、课堂效率、有效性

一、研究目的

全面推进素质教育是我国教育领域的一场深刻变革，也是学校体育教育思想观念上的一场变革。体育课是中学教育的一项重要课程，对于体育特长生而言，体育课作为学生学习体育、参与社会体育的基础，是全面实现素质教育中不可替代的一部

分。我所在的学校是一所区体育传统学校,开设的项目有柔道、摔跤、散打、拳击,是与青少年体育业余学校合作开展管理和训练的一所初级中学。学校非常注重体育特长生的培养和提高体育课的有效性。既然体育课和体育特长生的培养如此重要,那么体育特长生在参加体育专项训练之外如何上好体育课,即如何提高体育课堂效率,是一个值得研究的问题。

二、体育特长生的体育课堂教学有效性的现状与成因

新课程改革之后,追求体育课堂有效性,实现教学效果的最大化,一直是体育教师孜孜以求的目标。为实现有效教学而进行的教学设计,其核心是为了追求有效。有效性教学是指师生遵循教学活动的客观规律,通过体育课堂教学后,在身体健康、运动技能、运动参与、心理健康和社会适应等方面获得实实在在的进步、发展。

1. 体育特长生的学练特点

体育特长生作为学校体育教学中一个特殊的群体,和普通学校的学生相比,他们的"特点"非常鲜明:一、身体素质好、运动能力强,体育专项运动成绩优秀;二、长时间地参加体育专项训练且身体易产生疲劳;三、松散、贪玩、自律性较差,心理发展不稳定。

2. 目前体育特长生体育课堂教学存在的主要问题

然而正是由于这些"鲜明"的特点,有一个班级(体育特长生占40%)上体育课时与普通学校的学生相比有着明显的"区别":

身体疲劳、学练不积极。由于这些体育特长生长时间进行体育专项训练,机体容易产生运动性疲劳及心理性疲劳,致使学生在上体育课时经常显现出动作迟缓、运动能力下降,上课注意力不集中、精神涣散,关节僵硬。

课堂积极性不高。由于体育特长生的专项运动成绩较好,所以在从事某些相关运动项目练习时表现出积极性不高,或是觉得自己在这项目上已经很优秀了已经不需要再练习,甚至是出现反抗心理。

出现消极懈怠情绪。体育特长生由于长时间从事专项训练且运动手段单一,所以当体育教师在组织学生练习相对单调的运动项目(如耐力跑)或采用的练习手段单调时,学生显现出明显的不配合,情绪消极。

3. 存在问题的原因分析

一是教学内容的选择。教学内容是课堂教学的核心,如何合理有效地选择和搭配教学内容,是提高课堂教学有效性的根本保证。例如,在最初上健美操开合步的教学中,为了提高学生的学习兴趣,安排了观看竹竿舞,经过实践发现其实两个内容完全没有联系,甚至后一内容对前一动作有破坏作用,最后教学效果极不理想。

二是忽视学生的兴趣。"知之者不如好之者,好之者不如乐之者",兴趣是最好的老师。当学生对体育课或者体育学习表现出极大的兴趣时,肯定是以精神饱满的状态参与活动和练习,学习体育技术动作时就会产生事半功倍的教学效果。譬如在教授耐力跑的教学内容时,由于教学内容本身的枯燥性和采用的练习方法单一、枯燥,致使部分学生的学习兴趣不高,更有个别学生出现抵制情绪,导致未能达成该课的目标与任务。

三是学生的主体地位被忽略。学生的学习内容、方法、组织由教师定,导致教师上体育课时过分强调自己怎么教、学生怎么学,没有充分发挥学生的主体地位;同时在课中没有留有充分的时间让学生主动选择参与体育活动,引导和鼓励他们自主地进行体育锻炼。

三、体育特长生的体育课堂教学有效性的策略与措施

实施素质教育关键在课堂,只有认真把握教育的目标和要求,不断创新知识、与时俱进,才能增强素质教育的意识,提高体育课堂教学效率。针对体育特长生的"特殊"情况,我试从以下几个方面入手:

1. 创设条件,激发兴趣

体育兴趣是人们为求积极和优先从事活动的心理倾向,它是与参与体育活动的需要相联系的意向活动,是个性的最直接的体现。

俗话说"兴趣是最好的老师"。学生存在"厌恶"体育课的状态,究其根本原因便是体育课缺乏学生所需的学习动力,而学生能否积极参与的主要原因在于教师。因为作为课堂教学的组织者和引导者的教师,能否调动学生的积极性对课堂的成功起着决定性的作用。

注重教材内容生活化、趣味化、形象化。趣味性、娱乐性、生活化是体育课的一大特点,我充分挖掘教材的趣味性和贴近生活实际等因素,充分调动学生的学习积极性。体育特长生学生具有"好奇、好动、好胜"等心理和行为特点,因此对于一些相对枯燥的学习内容,我尝试性地处理教材,细心挖掘各个运动项目之间的内在关系,从而激活教材使其更加符合体育特长生的口味。例如,在原地投掷实心球项目中,我根据投掷实心球的技术与足球中的投掷界外球的技术相似的特点,在练习初期用足球来代替实心球,使得学生的练习兴趣大大增加,课堂学习效果也更好。

注重发挥学生的特长。体育特长生群体是一个充满活力、智慧的集体,他们几乎每一个人都有自己的爱好与特长,所以作为一些"特殊生"的体育教师应在课堂中发挥每个学生的特长与爱好,让他们展现自己的特殊才能,让体育课成为另外一个充满鲜花与掌声的舞台。如,初一(1)班在学习原地向前投掷实心球的初期,使用足球来代替实心球,而班上有训练足球的体育特长生,让他们适时发挥自己的特长指导同学进行练习,这样既提高了学生的学习兴趣与积极性,又发挥了某些学生的特长。

注重营造和谐、轻松的学练氛围。体育特长生长期顶着繁重比赛任务的压力进行着训练,氛围甚是单调与紧张。如在体育课中师生相互尊重、相互信任、相互配合,创造出一种自由宽松的教学氛围,利用和谐的师生关系实施体育教学,使学生真正感到教师的亲切和激励、期待与真爱,从而形成课堂合力。比如,适时采用同伴之间或小组之间的互相研究、互相交流、互相帮助,让同学们互相学习,共同提高。当代美国心理学家罗杰斯说:"只有亲密融洽的师生关系,学生对课堂学习才有一种安全感,才敢于真实地表现自己,充分表现自己的个性,创造性地发挥自己的潜能。"在体育教学过程中,营造和谐、宽松、民主的课堂氛围,对提高课堂教学的有效性有着积极的意义和重要的作用。

注重优化体育课堂评价语言。评价是为了全面了解学生的学习状况,激励学生的学习热情,促进学生的全面发展。科学、有效的教学评价能够有力地促进体育教学活动的开展。体育特长生平时顶着繁重的比赛任务压力,免不了教练的斥责与痛骂,倘使在体育课中多用表扬、鼓励性等评语来激励学生,让学生保持和调动学习的积极性、主动性以形成积极的自信。但是一味地没有原则,不分高低"戴高帽",只能提供一时的轻松和肤浅的满足感,特别是时间一长,学生渐渐在教师的表扬中迷失自我,反而不珍惜教师的表扬。因此,我在体育课堂的评价中,坚持多样化的评价方式。如教学比赛、趣味练习、特长展示等,将评价的参照系建立在每一个学生自己身上,形成个性化的评价标准。让学生自己与自己比,凡是在学识、经验、能力上取得一点一滴的进步,都是值得称道的。这种得到认可的自信,对学生以后的学习会产生很强的推动力。

2. 突出主体,培养能力

在体育教学中,让每一个学生在自主探究中有一定的选择探究问题的权力,并让学生根据自身的情况、自己的喜好去探究某一项运动的方法,学生的学习兴趣会非常浓厚,探究也会更深入、更持久。体育特长生有着强烈求知欲,对于新事物充满着好奇欲,这就要求体育教学要改变封闭和被动的模式,从教师在精心备课时就要去考虑体育特长生的特点,让学生处于积极思考的状态中,并以主人翁的姿态出现在课堂上,而且对所学内容产生一种强烈的求知欲望。通过这样的教学,学生在思想上从"要我学"转变为"我要学",而教师也不仅"教学生学习",更是"教会学生学习",并最终达到"教是为了不教"的目的。

许多事实表明,大多数学生具有在各种活动中发挥自身某种素质潜能的强烈欲望,而在体育教学中运用探究性学习这种积极的教学模式,可以为他们提供实践和创造的新空间。在课堂教学中教师应该根据学生的年龄特点来设计教学的方法和模式,以培养学生的求异思维,而求异思维是创新意识形成的基础。求异思维是从不同的角度进行思考的思维方法,它不依常规,不受现有知识的局限,寻求创新,获得新知,表现出明显的创造性。在体育教学过程中,教师要从实际出发创设问题,同时也要给予学生思考的空间,以解决共同创设的问题。培养学生的创新能力关键在于教师,我们要强调学生的主体意识,开发学生的个性潜能,塑造创新品质,培养创新人才。

例如,在教授预备班的第一堂耐力跑的教学中,由于教师采用教法手段单一、枯燥,学生的学习兴趣和积极性不高,有些学生干脆坐在地上不愿意再继续练习。针对体育特长生所表现出的厌学情况,教师在耐力跑的第二节课中改变教学策略,首先提问,哪些运动项目中有带跑的动作。在教师指导帮助下,学生自行组成小组制定练习方案,后经过实践练习,最终每个学生顺利完成任务。这样既创设了问题,又让学生运用多向思维和求异思维来自创耐力跑练习形式,淡化了学生对跑动距离的注意,激发了学生的学习兴趣,把枯燥无味的耐力跑项目变成有趣味性的学习内容。就是说,在体育课中采用创设问题,通过学生自主学习、合作学习与探索学习相结合去寻找问题的答案,教师起指导作用,倡导学生自创练习活动来激发学生的学习兴趣,取得了良好的教学效果。

再如,在体育课中自编自导自演不失为一种创新激励的好办法。例如:在健美操教学中,可以利用所学的一些基本步法,自由组合动作,自配音乐;在游戏环节,在向学生介绍游戏的创编原则和方法后,就放手让学生自编自导。这样的自编自导,既活跃了学生的思维,提高了学生创新能力,又活跃了课堂气氛。

3. 重视学法,学会自主

教师的作用不只是把知识技能教给学生,更重要的是进行学法指导,让学生"会学"——学会学习,学会思考,学会创新。学法的掌握是学生主动学习的保障,一个人只有掌握了学习方法,形成了学习能力,才能主动地获取新知识。体育教师要通过一定的途径对学生进行学法的传授和辅导,使学生主动地投入和亲身体验身体活动,逐步提高自学、自练、自选、自评、自管的自主学习能力。针对体育特长生的"特殊性",我在体育教学中十分重视学法的指导,通过教会学生看懂本课中图示、图解、学练方法,让学生由被动听讲转为主动观察,同时对学生提出注意点,怎样思考与分析,从而使学生由机械模仿动转为主动地尝试体验,实现掌握技术动作要领。

如在教授预备班广播操时,考虑到体育特长生的动作肢体协调性较好,故先让他们在教室里观看录像,并提出要求,让学生带着问题从整体上有一个大致较为规范、完整的印象，然后再用重放、定格等手段，关键点拨，指出要领，最后到操场上，学生分组看图示练习，教师指导、示范与纠错。通过这种形式的练习，学生不仅过程看得真切、要求听得明白，而且层次清晰，便于学生全面理解，掌握各种动作的衔接。

再如，在学习后滚翻的教学中，教师为了提高学生的滚翻速度，往往采用由高处向低处滚翻的方法，而我认为这是一种欠妥的方法。假如采用由低处向高处做滚翻，这样学生势必要加大蹬地的力度去完成，最终改进了蹬地的技术动作。

当然知识与技能的传授要注意方式方法，以体现针对性、有效性，反之，学生就不会领会它的重要性。如果教师不重视知识与技能的传授，稀里糊涂地教了动作技能而不知为什么要教，势必造成学生稀里糊涂地学，那么动作技能就会大大失去它的意义，体育学科也会失去意义，学生也将不能体会运动的快乐和喜悦。

四、体育特长生的体育课堂教学有效性的反思与设想

著名学者哈罗德·孔茨（Harold Koontz）说过："管理就是为在集体中工作的人员谋划和保持一个能使他们完成预定目标和任务的工作环境。"而一堂好课其实也是一种卓有成效的管理过程。经过一段时间的探究和实践，我所执教的体育特长生的体育课已经有了显著的改善和提高。对于进一步提高有效性，我也形成了几点今后需深入探究的反思和设想。

1. 关注德育渗透

有德的教学才是踏实的教学。体育教育是铸造一个完整的人的教育路径之一。学生良好的行为习惯培养，课堂的组织纪律性，良好的安全行为教育等等，都可以在体育课堂体现出来。

2. 关注约束机制

课堂上要保证每个学生都高效参与，必须有约束的机制。每个学生的课堂练习必须认真完成，错误动作要分析错误原因。教师可以依据学科特点制订相应措施，督促全员学生高效地参与到课堂学习中去。

3. 关注课后反思

著名的美国教育心理学家波斯纳提出了一个教师成长公式：成长 = 经验 + 反思。教师在上完一堂课后，要及时地对教学任务的完成、存在的问题、学生的学习情绪、体育课堂教学的设计和实施进行回顾和反思，将经验和教训记录在案，这是教师经验的累积，教学的研究，以促进个人的发展，为以后自己课堂教学打下扎实的基础。

总之体育教育是一门科学，需要我们下功夫研究教学大纲和教材，需要我们要认真了解学生的实际情况，需要我们结合教材和学生实际采用科学的方法。提高中学体育课堂教学效率不可能一蹴而就，只要我们每一个体育教师坚持长期探索，不断积累,加强学习,就能找到适合本校的实际情况的行之有效的方法,共同营建一个提高体育教学效果的课堂环境,我们的体育课堂教学效率就会大大提高。

参考文献

徐阿根. 根深才能叶茂——体育名师成长之路 [M]. 上海三联书店出版,2011.

王鉴. 课堂教学有效性问题的研究 [J]. 宁夏大学学报,2006 (01).

郭秀兰、徐晓燕. 刍议学生体育兴趣与教学效果的关系 [J]. 南京体育学院学报,2001 (05).

梁明. 体育课教学有效性探索 [OL]. http://www.doc88.com/p-26019361947.html.

肖宏伟. 莆田市南日中学体育课及体育特长生训练现状的分析 [OL].http://wenku.baidu.com/view/11372402b52acfc789ebc9f6.html.

我的"片段写作观"
——语文课堂教学中片段写作的应用与探索

江晓君

"人不能两次踏进同一条河",事物在不断变化,每一刻都是独一无二的。课堂教学方法多样,每一节课也都是唯一的、独一无二的,每一次课堂教学都无法复制。

初中语文课文工具性强、人文性高、情感要求深。多媒体协助、小组讨论、学案导学各种方法都可以帮助学生提高对于文本的认识,在课堂教学中都是常用手段。除此之外,我认为片段写作也可以帮助课堂教学顺利展开。

大多数的教学手段立足文本,从作者的感受出发,提出思考点,让学生体会。但作者和学生的经历不同、境界不同,可能作者的感受并不是学生的感受;加之所处环境背景不同,也可能面对事情当时的感受不同。语文课,文本其实只是一种手段、一种辅助力量,关键是让学生吸取文中好的方面,不论是写作方法还是思想情感,将之转化为自身内涵。所以,我尝试在课堂教学中运用片段写作,让学生先写、先感受,再找出自身与作者的差距,循着这个差距入手,发现作者的好、自身的不足,吸收养分,转为内化。

片段写作,即大作文中的一段,它的篇幅相对短小,内容相对集中,往往可以描写事情的一个场面、一个情节等,或是事物的一个部分、一个特点等,或是人物的一个行为、一个心理活动等,或是环境的一个特点、一个变化等,短小精悍,又可以深入而集中地描写,形式灵活多变。在课堂教学中,片段写作更具有可实施性,短时间内即可检测交流。

我在课堂教学中,尝试结合课文内容,选择一些特定角度的片段写作,帮助学生发现文章优点,深入理解文章,也在潜移默化中提高学生的写作能力。通过一年多的尝试,试图找到在课堂教学中运用片段写作的一些方法和思路。

一、片段写作能帮助学生加强感情体验,提高人文课堂的渗透力

语文课本中对于人物的描写主要可以分成亲情、对伟人名人的尊敬、小人物带来的思考等几个角度。而这之中,最重要的一个部分就是亲情类的文章,诸如《秋天的怀念》《背影》《爸爸的花儿落了》《父与子》等多篇。学生对于这类亲情是很熟悉的。而对于语文教学来说，教好学生文章内容和写作技巧很重要，同时让学生的思想越来越完备也很重要。亲情类的文章仅仅是教课文恐怕是不够的，把作者对于亲人的深深思念、感恩等感情融入学生心中更为重要，以此激发学生对于自己身边亲人的感恩之情。

在课堂教学中，我试图让学生回忆自己父母对自己关爱的点滴小事，从细节入手，感受父母的爱，从而获得上课的感情基础，然后从文章中深入体会作者深深的爱，再回到自身加重感恩之情的激发。例如在教《秋天的怀念》一文中，在课前导入环节我设置了这样一个题目"请你写出一件你对父母做过的后悔的事情，简单交代原因"。同学们纷纷写到与父母吵架、父母让做作业不愿、不理解父母的严苛、父母觉得与异性同学玩不对、父母看日记等等。然后在上课中，我提出了两个问题。第一个是"面对瘫痪的暴怒异常的儿子，母亲是如何表现的"，通过这个问题让学生寻找史铁生母亲关心照顾史铁生的每一个细节，学生透过字里行间的细腻描写深深体会到了父母对孩子无微不至的爱。第二个问题是"本文是作者的回忆，文中描写的作者对母亲的感情如何"，学生再从文中"我没想到她已经病成那样。看着三轮车远去，也绝没有想到那竟是永远的诀别"这句话读出作者记录下了自己深情的怀念和永难偿还的歉疚之情。由此再回到学生自己写的片段内容，让学生寻找事情发生的缘起，思考父母行为的原因，思考自己行为的不足，找到更好的平衡点。这样，学生既可以理解父母，也能够感同身受地理解史铁生在母亲去世后、理解了母亲之后的后悔与自责。这样借助片段写作，让学生和作者的感情同步，帮助学生在理解文章内容时获得良好的感情基础，便于学生更深入地沉浸文本。

二、片段写作能帮助学生化想象为直观，增强辨析文本的感受力

语文课本中有一些文章内容距离学生的生活有一定的距离，因为缺少信息的共通点，学生理解起来往往流于表面，作者讲什么就是什么，作者如何讲就是如何。例如对于《壶口瀑布》这篇文章，通过课前调查，全班没有同学去过壶口，仅有3到4位同学看过瀑布，这样的生活经历，让学生对于文章描写的壶口的水、石和壶口所表现出来的精神很难体会，理解也就仅限于文章怎么写怎么说。再如学习刘鹗的《名湖居听书》，现在学生根本没有在茶馆听书的机会，可能也只有电视片段的接触。要让他们感受白妞说书的声音起伏、高低变化，光靠文字表现显然有些苍白。

多媒体手段可以让学生未曾谋面的东西、只能凭借想象的东西变成直观的感受，而有了这样直观的感受，再同文本内容作比较，就可以使学生对于文本理解更为透彻、也更加内化。于是我在教《壶口瀑布》的时候，就先让学生观看一小段壶口瀑布

的视频,要求学生完成100字片段描写"通过视频,你看到的壶口瀑布是怎么样的"。当学生写道:"壶口瀑布奔腾汹涌,就像刚刚烧开的水一样,充满水蒸气。"我就将之和课文内容比较,即可突出壶口水气缭绕的特点了。当学生写道:"壶口瀑布水量十分大,波涛澎湃,让我看得有点害怕。"我就让学生联系课文中对壶口水的描写,壶口瀑布雨季汹涌的特点就显现得很明了了。当同学写道:"壶口瀑布像是在两座山之间,周围石墙嶙峋,一层层的,像许多台阶,瀑布就从这些台阶上一层层流下去。"联系课文就可以想到为何如此描写壶口河床、石头。学生用的"流"和作者用的"跌"一对比,用词的优劣也立刻见分晓了。通过自行描写,通过观看壶口瀑布的汹涌气势,再回到文章联系中心主旨,学生就能水到渠成地体会壶口瀑布所代表的坚强博大的精神。

同样的方式我用在《明湖居听书》上,先让学生听一段高低起伏的音乐,然后让学生用比喻的修辞手法将听到的音乐表述出来,体会用文字表现声音高低的方式。再比较文章中作者如何用比喻来描写声音起伏变化的,两相比较,如何表现声音高低起伏的方法学生自然就明白了。

三、片段写作能帮助学生拓展想象,增进对诗文内涵的理解力

初中语文"三怕"之一就是文言文,但是有一类文言诗文学生还是比较容易接受的,就是具有故事情节的文言诗文。故事情节即可吸引学生阅读兴趣,也帮助学生更加容易理解文言诗文的内涵。而故事情节的表达在古诗里往往受制于篇幅而不够完整,作者的感情却深藏在看似简单的字句中。因而用扩写或者创作想象性的片段为古诗创设合理的故事情节就可以帮助学生理解作者感情、文章内涵。

我在教学李清照的《如梦令》时就尝试用这一方法。在学生可以熟读这首词的基础上,要求学生根据自己对这首词的理解和对作者生平的介绍创作一个故事。学生在创作的时候就对文章内容开始有了质疑,例如"浓睡不消残酒"就说明李清照昨天晚上喝了很多酒,那她为什么要喝这么多的酒呢?学生自然想到李清照的这首《如梦令》写于婚后,就大胆假设她心里有苦闷,而且关键是丈夫不在身边。这样的一系列思考,自然就让学生对于这首词的感情基调有所感受。又如大家在创作的时候都没有注意到"试问卷帘人"的"试"字,为什么用这个字,作者用什么口气说这个字的,学生都没有创作。所以教师就据此进行指导分析提出"为什么这里不用'就'问卷帘人,而用'试'问卷帘人呢",学生再讨论,联系后面的"应是绿肥红瘦"可以看出作者心中明明有数,但还是要问问,可见是尝试问问看是否不是自己所想,这样矛盾的心情也就表现出来了。

文言诗文还原故事情节不仅可以训练提高学生的写作能力,也让学生对于古诗

古文的内容理解更容易、更深入，因之源于自我创作，所以理解起来也就更加主观、更加主动。

四、片段写作能帮助学生加强学习反馈，提升教学的针对性

在课堂教学中，片段写作也可以作为一种检测手段来实施，帮助老师学生检测一节课所学内容情况，有无学习后的盲点，也帮助老师了解学生一节课学习的状态，及时纠正问题补缺补漏。初一年级下有一篇文艺性说明文《旅鼠之谜》表面看很简单，实则文章表达、语言特色是一大重点难点。我选择这节课在学校里开设了公开课，公开课不能面面俱到，上课有所疏漏。在课后我留下片段写作作业"你从旅鼠身上获得哪些启示？"在学生的反馈作业中，我发现了一个严重问题，有三分之一的学生提到要向旅鼠学习坚持不懈的精神。虽然这点从文章在描写旅鼠的第三个谜"死亡大迁移"的时候是有表现的，但是这里旅鼠坚持不懈的目的是去死、去自杀，而原因是自己过度繁殖。于是我立刻给学生进行了纠正，让学生针对旅鼠为什么要"死亡大迁移"、它们这样坚持的目的是什么等问题进行再思考、再讨论，学生才明白，不能盲目地学习它们的精神，先要判断这种精神从何而来、为何产生。

课堂教学手段多种多样，多变化就可以带来多方面新的突破。教师不仅是课堂教学的实施者，更应该是研究者、探索者，笔者将在这条路上慢慢摸索、静静思考。

设计有效的教学活动

黄 蕾

一堂英语课,教学活动的形式不必也不可能太多。关键在于教师如何根据教学目的来设计相关的教学活动,找准切入点,根据学生学习能力的现状由浅入深,循序渐进,形成层次清晰、螺旋上升的教学活动。

一、由浅入深,循序渐进

英语学习是一门注重基础的课程。在教学实践中常常发现,不少学生不了解学习英语的关键和要点,误以为英语是知识型、理解型的课程,仅满足于老师讲的内容听懂了,而没有把主要精力用在听、说、读、写实践练习上,忽视了语言学习的渐进性。因此,在设计教学时要遵从学生学习知识是由浅入深、循序渐进的规律。

明确教学目标后,整节课的教学设计都要紧紧围绕教学目标,尤其在基础性环节训练时要精讲多练,扎实推进。如,牛津教材 7B Module 2 Unit 6 About the seasons 这节课,因为 awful 是这节课第一次遇到的单词,除了领读、用英语解释这个单词,还要创设由 nice 和 awful 形成对比的情景让学生去使用这个新词,提高单词复现率。整节课的基础部分一直在通过问答操练"… makes me think of …"和"It is … to do …"这两个句型。尽管活动形式不是很多,但紧贴教学目标,为教学目标服务。可见,为学生"量体裁衣"设计出来的活动才是最好的,才是最有效的。

二、层次清晰,螺旋上升

学生的学习过程具有学习水平、思维能力由低级到高级,学习结果由简单到复杂的规律,因此,教学活动的设计也要由简单到复杂排列,形成层次清晰、螺旋上升的结构。

再以 7B Module 2 Unit 6 About the seasons 为例,设计的教学过程要符合教学大纲,它由三个部分构成:课前预习、课堂学习、课后练习。这三部分是呈现—操练—输出的教学过程。而课堂学习作为核心环节,设计了五个教学活动:

①头脑风暴(Spring makes me think of …)

②学生间的问答,即双人练习(S1: What does spring make you think of ?

S2: Spring makes me think of …)

③教师引导,学生表达出"it is adj. to do sth"的句型并操练

④听课文并填入所缺的单词,此过程不仅仅只局限于知识的传授,还锻炼了听与写的能力

⑤跟读、齐读课文

⑥学生间的问答,检测对课文的理解

这些活动由易到难,由于有了前面的铺垫,课文的输出水到渠成。最后,课后练习环节是课内学习内容的升华。鼓励学生根据图片,运用所学的语言,谈论图片,可以采用两人间的讨论或者是小组讨论的形式,将讨论的图片按"Spring makes me think of....... It is ……to …"的形式写下,生产全新的内容。这就是整节课学习效果的体现,不仅注重讲解,还注意最后的实践,是输出的最终体现。

整个教学过程为: 由视频引入——句型机械操练——挖词的半机械操练——用自己的语言表达——听听力和输出课文(顺其自然)——灵活运用(显示图片),解决生活中的实际问题——生产全新的内容(呈现铺设的结构)。层次非常清晰,且难度螺旋上升。

书香致远，淡墨冶人
——中国三大古典名著导读教学方法探究

付秀丽

摘要： 现在的社会，是互联网高速发展的时代，是信息大爆炸的时代。电脑与手机已成为人们日常生常中不可或缺的存在。这种社会现实也对学生的学习与生活造成了强烈冲击。喜爱阅读的学生越来越少，喜爱阅读名著的学生更是少得可怜。但名著是历经时代变迁，经过千淘万漉后的精华，有着独特精深的精神内涵，是学生人文素质的最好给养。名著导读教学让学生走近名著、亲近名著，使学生在名著中安定了身心，开拓了眼界。

关键词： 名著导读　兴趣　人文素养

语文课标中明确要求初中生"能自觉阅读古今中外的文学名著，四年的阅读总量不少于200万字"。名著因其深刻的思想内涵和巨大的艺术魅力让学生终身受益。孔子说："见贤思齐焉，见不贤而内自省也。"中学时代是一个人世界观、价值观形成期，也是人格的养成期。名著阅读教学对这一时期的学生来说，尤为重要。

我校近年来一直在引领学生开展名著阅读活动。六年级读《西游记》，七年级读《水浒传》，八年级读《三国演义》，九年级结合初三语文教材中的鲁迅作品单元，开展阅读鲁迅先生作品的一系列活动。在这些书之外，每学期我还会给学生开出适合他们年龄特点的其他著名的文学作品，让他们在学有余力的情况下，认真阅读。我和学生同阅名著作品，共品书中人物的喜怒哀乐，同编文中的精彩故事，共演他们的悲欢离合。经过多年课堂教学的实践摸索，我想就名著阅读教学方法谈谈自己的一些粗浅见解。

一、"游戏"激趣，让课堂富有活力

"知之者不如好之者，好之者不如乐之者"，兴趣是学生最好的老师，是学生乐于学习的前提，是开发智力的催化剂。在课堂中设置和名著相关的游戏环节，极大地激发了学生阅读名著的兴趣。

在导读中国古典三大名著时,我设计了一个"名著人物猜猜猜"的游戏。全班同学分成若干组。根据自己的阅读内容,用简洁的语言描绘作品中最喜爱的人物,由小组代表进行陈述,其他小组竞猜这个人物的身份、性格、事件等等。学生在课堂中你说我讲,你评说我补充,气氛热烈,整个课堂思维的火花激烈碰撞,充满活力和张力。而学生在陈述和交流中,既能深入了解人物的性格特点,又能提升自我的表达能力,既能感受到集体的魅力,又能增加自己的人文素养。

二、"成语"激趣,让课堂富有意韵

我国汉语中的成语典故源远流长,语言简练,通俗易懂,诙谐幽默,寓意深刻,让成语走进课堂,可以激发学生学习语言的兴趣,让课堂教学充满文学意韵。

中国三大古典名著中有不少广为流传的成语。《三国演义》里的"三顾茅庐""草船借箭""望梅止渴"等成语背后的故事家喻户晓。《西游记》里的成语、俗语,如"猪八戒摔耙子——不干了""猪八戒啃猪蹄——不自觉(脚)""猪八戒照镜子——里外不是人",等等,更是不胜枚举。成语故事是我国历史的一部分,成语是历史的积淀。每一个成语的背后都有一个含义深远的故事。经过时间的打磨,千万人的口口相传,每一句成语是那么深刻隽永、言简意赅。阅读成语故事,可以了解历史、通达事理、学习知识、积累优美的语言素材。它奠基着我国的文化之熙。教师可让学生在课余时间把书中的经典成语找出来,并进行相应的故事解说,做成PPT,在课堂上让学生小组交流分享。学生在交流分享的同时,既能深切地感受到中国传统文化的魅力,又能加深对书中人物形象的理解与把握。

三、"表演"激趣,让课堂富有灵性

"独学而无友,则孤陋而寡闻",师生对名著作品中的某些场景进行适当的剪裁,编成剧本,在课堂上进行表演,这种阅读作品后的交流形式不再是照搬作品中的原有内容,而是在对原作品理解的基础上进行再创造。而正是这种创造性让课堂具有了灵动性。在课堂上,我会采用快板或说书的形式。学生把这种形式总结为"压轴之作"。所选内容一般是那些故事性不太强的、起到过渡作用的文字。学生不太注意这些,但它们在书中的作用很重要。因此,我把它们列出来,重编回目,例如,孙悟空身世揭秘、七十二本领学成始末、横空出世话唐僧,等等。道具也很简单,只是两块木板。敲敲碰碰,当然和专业水准差远了,学生们也很喜欢,有时就说,老师,来段压轴的吧。我就把道具拿出来。讲完来一句"欲知后事如何,请听下回分解"。学生听得津津有味,我也讲得兴趣盎然。

四、"辩论"激趣,让课堂富有思辨力

思辨力,指的是一种思考辨析的能力。课堂中的"辩论",针对学生的年龄阶段,

可以设置不同的难度级别。如六年级可设置简单的人物形象的辩论。六年级下学期的语文教材第八单元,是《西游记》篇目的单元教学,入选的文章中有对猪八戒这个人物形象的刻画。我在导读《西游记》时,就组织学生对猪八戒这个人物形象展开辩论。正方认为猪八戒能吃苦耐劳,对师父忠心耿耿。而反方认为猪八戒好吃懒做,经常搬弄是非,自私自利。双方就这两种矛盾性格展开激烈辩论,各自从文学作品中找出支持己方观点的依据。经过几轮激辩,大家一致认为猪八戒身上既有可爱可敬的一面,也有可恨可悲的一面。这样的辩论,既可让同学们还原文学作品中真实的人物形象,又让大家认识到生活中人的复杂性。在初二年级,我让同学们就《三国演义》《水浒传》中的"义"进行讨论,设置辩题。

总之,阅读名著最重要的是培养学生感受、理解、欣赏作品的能力,而能力的提高是以大量的阅读为基础的,它的形成需要一个过程,不可能一蹴而就。课外阅读的方法有很多,可泛读可精读,可翻阅可品析。课堂上教师的导读方法也因课而异,因人而异,但要让学生喜欢上读名著,让学生真正从中汲取知识营养,陶冶情操,充实底蕴,我们确实还有很多的路要走。

参考文献:

[1] 刘勇. 如何读出名著的个性 [J]. 基础教育参考, 2019 (06): 54—55.

[2] 罗海云. 让名著阅读拥有扎入土壤的根 [J]. 新教师, 2018 (12): 28—29.

[3] 厉辉. 初中语文名著阅读教学的实施策略 [J]. 中国校外教育, 2018 (20): 130.

受欢迎、有实效的初三化学复习课

徐敏花

一位曾教过的学生在谈论中提到,复习课远没有新授课那么激情高涨,触碰了我的神经。尤其在复习阶段自认为能将知识重点难点突破,便是中考前的万幸了。初三化学虽只有一年,但中考的化学知识点多而零散,需要系统化的归类总结。即使时间紧迫,教师们也总是将知识点解析得面面俱到。例题巩固练习,5门学科的课堂模式,让学生的学习热情退化,思维僵化,慢慢沦于学习"亚健康"状态。我们的教学虽然达到了所谓的合格率,但试问这是我们的学生所需要或者是他们所喜欢的学习方式么?

复习绝不是课本基础知识的简单再现,应当源于课本,高于课本,即以课本为"根",以教学大纲和考试基本要求为"脉",对课本进行更进一步的挖掘与延伸,呈现的方式也应该是一个新的情景、新的面孔,这样才能引起学生的兴趣与注意,才能达到"欲穷千里目,更上一层楼"的效果。在如此辛苦的初三,轻松且有效的复习课肯定受学生欢迎,可以让学生在寓教于乐中有效复习。

1. 趣味游戏,寓教于乐。游戏"羊不入狼口"让学生充分了解氢氧化钠(NaOH)的化学性质。羊儿回家从图中的左面出发,中途不被"披着羊皮的狼"吃掉,从四条捷径选择其中的一条,安全到达右面。

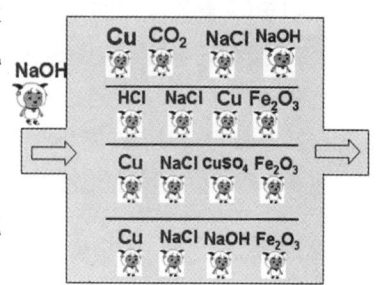

解题思路是结合氢氧化钠的4条化学性质:

$2NaOH + CO_2 \rightarrow H_2O + Na_2CO_3$(与酸性氧化物反应)

$NaOH + HCl \rightarrow H_2O + NaCl$(与酸反应)

$2NaOH + CuSO4 \rightarrow Na_2SO_4 + Cu(OH)_2 \downarrow$(与盐溶液反应)

此游戏其实是考查化学方程式的记忆,通常一般都采用默写的方式,但实际默多了学生容易反感;采取游戏的方式实质是考查氢氧化钠反应的化学方程式,初中阶段的学生比较好奇,形式变了,让他们在复习阶段有新鲜感,又贴近生活,寓教于乐。

2. 结合生活中的趣味,引起学生在化学复习中的兴趣,从而提高学生学习的积极性。

如在复习碳酸盐与稀盐酸反应时,由于产生气泡二氧化碳($CaCO_3 + 2HCl \rightarrow CaCl_2 + H_2O + CO_2 \uparrow$),我们可以将其描述成"碳酸盐遇酸生气,生谁的气,那是 CO_2!"学生哄堂大笑,大笑之余缓解了复习课枯燥的讲练模式,活跃了课堂气氛,最后学以致用。

还有酸的化学性质有 5 条,每一条性质代表一根手指头(见图 1);而碱的化学性质有 4 条,每一端代表一条性质(见图 2)。手掌是学生生活中熟悉的事物,与酸碱的每条性质联系起来,增加了复习的新鲜感。

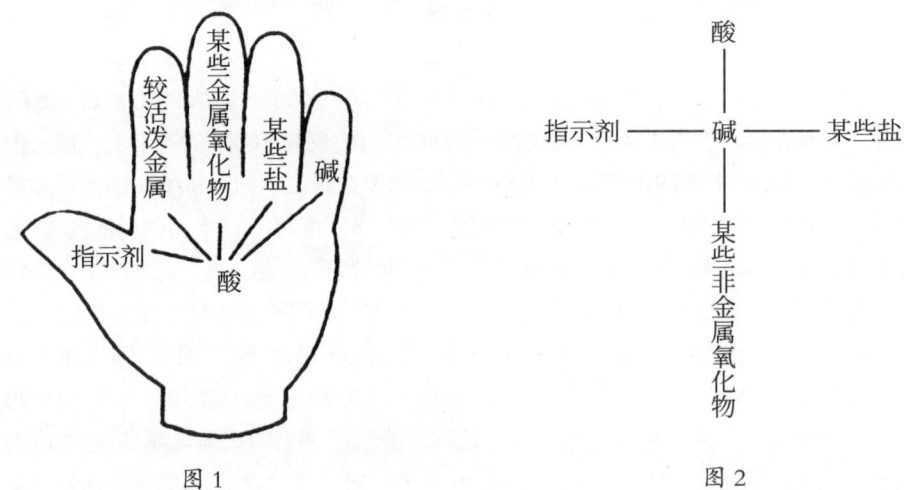

图 1   图 2

3. 让学生自主学习,让学生成为学习的主人。"物质的分类"这一节复习课,知识点简单但零碎,势必采用归纳总结的方法。为了充分发挥学生的主动性,让人人有任务,我将班级中同学按 4 人一组分为若干小组,每个小组选择化合物或无机物中"氧化物、酸、碱、盐"中一类,从定义、分类等几方面进行归类,再进行小组交流,其他组来"找茬",寻找遗漏的知识点查漏补缺,进行归纳总结。小组活动尤其是相互交流在复习中有着重要作用,往往会在思维的碰撞中产生火花,为己所用,这才是教学的真正目的。

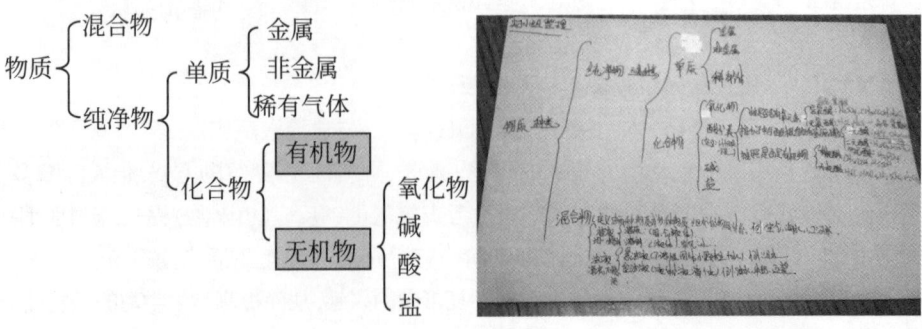

4. 复习课离不开习题或试卷讲评，往往会遇到一些"只可意会，不可言传"的问题。如物质的检验中用酚酞检验出氯化钠（NaCl）、氢氧化钠（NaOH）、盐酸（HCl）三种试剂，根据酚酞的显色原理"遇酸性或中性溶液不变色，遇碱性溶液变红色"，理论上分析只能一次检验出碱性的氢氧化钠，而中性的氯化钠和酸性的盐酸无法检验出，但利用酸碱中和原理，将检验出的氢氧化钠分别滴入其他两种溶液，先变红的为氯化钠，过一会儿变红的为盐酸。

换种方式，将枯燥的讲述转化成课堂实验，操作简单，现象明显，让"冷冰冰"的理论知识有了更加直观的呈现形式，让学生对知识有更多的感性认识。

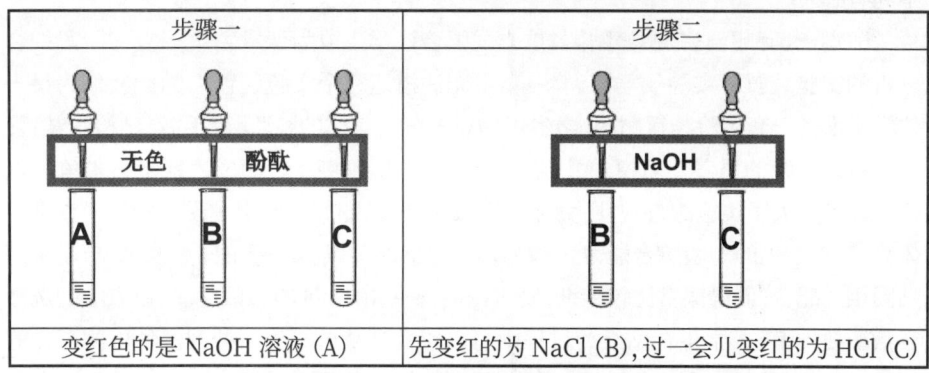

实验本身就是课堂的"催化剂"，尤其在极其枯燥的习题复习课，实验一下子让课堂活跃起来，所谓的"死题"不再让学生绞尽脑汁，动一动要比纯粹的传统教学效果事半功倍，同时提高了学生的实验实践能力和综合思维能力。最重要的是，在实验中教师教会学生一些简单实验方法、设计思路，理解知识的形成过程，学生学得轻松快乐并收获知识，真正达到双赢。

当然，有些习题通过讲解略显复杂，学生反而越听越糊涂，心生焦虑和烦躁的学习心理，通过实验又得不到明显现象。这时可采取多媒体手段在课前预录好该题的实验视频，并在关键时间点配上相应语音解释以备课堂使用，同时可循环多次使用，为有效的复习课堂贡献一份力，还可作为自创的"后翻转课堂"提供学生享用的学习资源，温故而知新。当然有时也可在课堂中让学生就综合题实验方案进行现场实验，将孩子们作为视频的主角，作为今后的教学素材或教学资源，让学生成为课堂或教学资源的焦点，充分调动学生在课堂中的积极性，让学生感受到化学知识并没那么"高大上"，化学与他们的生活其实贴得很近。实验不仅是化学学习、化学研究的重要手段，也能让学生在课堂中自主学习，了解到理论分析与实践的差距，明白理论可行的并不代表在实际操作中也可行,以此培养学生实事求是的科学态度。

5. 与时俱进,紧跟潮流热点,将其渗透在课堂中。知识不再是简单的讲述,而是一个有背景的故事,将当今流行或热门元素和化学课堂有机结合便是新课程理念的新实施。如,讲到获取水的方法多种多样,双氧水分解,酸碱中和反应,酸盐反应,碳酸分解等,但大片《火星救援》中主人公马克为给土豆浇水发芽,因火星无水,竟用联氨分解出氢气,然后和氧气燃烧,实际上可用来复习氢气的制取方法和可燃性性质,并利用影片中爆炸一幕强调点燃可燃性气体前须检验气体的纯度。学生关注的是大片,教师要在课堂中作好正确的引导,让影片真正服务于教学,让学生慢慢成为生活中的有心人。

6. 剪一剪,想一想,贴一贴,多重方式组合让学生成为课堂主角。复习阶段综合分析的实验装置或实验仪器特别多,学生无法搭建每个实验装置。为此我们为每一位学生准备一套实验装置贴图,学生用脑思考分析气体的检验,用手剪、贴检验装置,可以打破传统的语言复习模式,让学生从被动的填鸭接受转而成为课堂的主角。这样的课堂加大了实验的直观性,弥补了搭建大型装置的弊端,也实现了实验的直观性体验,培养学生的实验综合能力。教师则可以借助多媒体或板书同步演示,与学生的贴图相互配合,使得课堂比较和谐,同时提高课堂 40 分钟的有效性,所以方法的选择非常重要。其次,学生在贴纸的过程中可以感受到从单一到两种到多种气体混合的检验,也是一种复习方法的渗透。任何问题的解决都是通过解决一个个小问题来实现,这就需要学生将基础知识打得扎实,慢慢学会查漏补缺。如,上述实验中,某气体可能是二氧化碳和水蒸气的混合气体,我们应选择水蒸气在先,以免石灰水受携带出的水分子干扰,如图 3 所示。

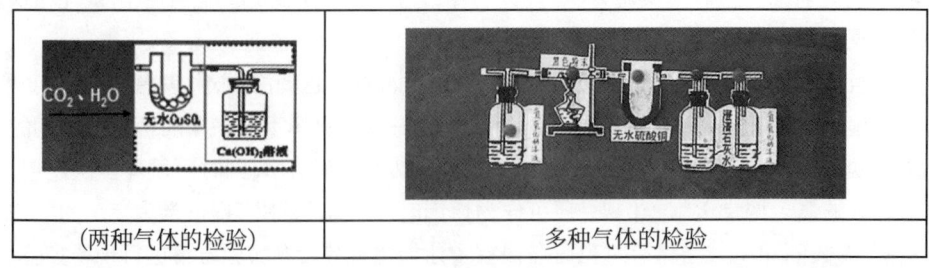

| (两种气体的检验) | 多种气体的检验 |

图 3

7. 教学道具现场用,提高复习效果。作为化学中抽象的理论,构成物质的微粒始终是学生过不了的一个坎,为此,我找来磁铁小珠代表一个个原子,让学生进行摆放和结合,感受原子和分子如何构成物质或者组成混合物,在磁铁小珠结合的过程中,学生自己动手摆放也是个自主复习的过程。

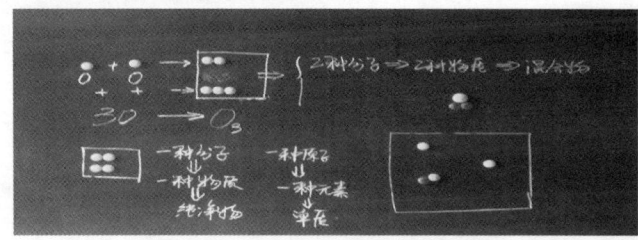

8."七彩归类",大家来找共性。让学生用几支不同颜色的荧光笔,将各区模拟考卷的同一知识点的试题进行归类,给予视觉上的冲击,可以为自己进行查漏补缺,并能寻找题源进行练习。除此之外,有时让学生针对考点中的"短板"结合归类的题型,进行改题或组题并自测,达到自我巩固的复习效果。

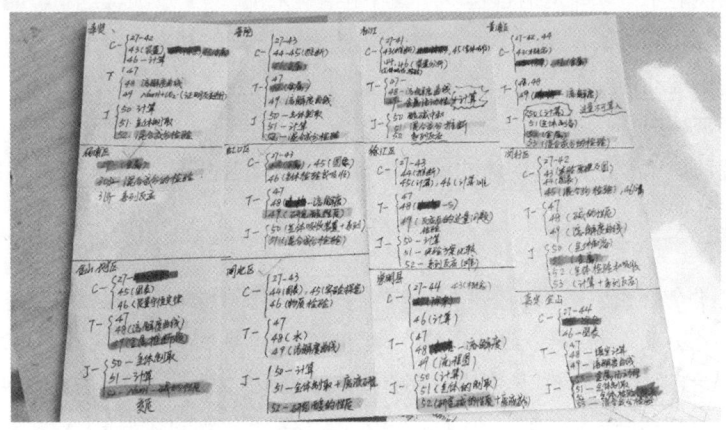

多样的复习课堂,紧跟新时代的教育理念,摒弃传统的复习模式,让学生在课堂中真正获益。

基于随迁子女初中低年级学生英语朗读习惯培养的实践研究

朱沁雯

摘要：《英语新课程标准》指出，基础教育阶段英语课程的任务之一，是要使学生掌握一定的英语基础知识和听、说、读、写技能，形成一定的综合语言运用能力。在这四项英语技能中，"听"是语言起步，"说"是语言发展，"写"是语言集成，而第三阶段的"读"是语言过渡，起到从口头表达到笔头表达之间的桥梁作用，是一种非常独特而重要的思维动作。学生只有通过"读"，才能将语言的音和形结合在一起，从而更深入地习得某种语言。

关键词： 朗读的意义 朗读的重要性 朗读的兴趣 朗读的方法 朗读的最终目标

背景：

在中国的中学生中，由于在平时的教学中注重笔试能力的学习，所以学生们严重缺乏英语朗读训练，"开口难，难开口"成为典型的突出问题，结果就造成了"只会做题目不会开口说"的现象。这有悖于素质教育的精神，久而久之势必让中学生丧失学习英语的兴趣，没有了以后进一步学习英语的动力和动能，这种开口难的问题在我校尤其突出。

随着上海经济的发展，越来越多的外来务工人员子女随着父母来到上海，他们就读于上海当地的中学，在我们学校，随迁子女占比高达94%。他们中大部分孩子在上海的家是简陋狭小的，而且他们的父母大多只有小学或是初中的文化水平，每天除了忙于打工赚钱之外，对于孩子的学习既无力也无心管理，所以学生没有养成良好的学习习惯，有的甚至连家庭作业都不能按时完成，更不用说开口朗读英语，因为英语是他们最薄弱的项目，甚至讨厌学英语，或者干脆放弃学习英语。在大部分的这些学生中，他们认为英语朗读是一项可以被直接忽略的作业。

由于这些学生们的主观学习兴趣和家庭的客观因素，造成了他们直到初中预备年级还存在非常严重的"哑巴英语"的现象，甚至连最基本的单词也不会读。本课题以此困惑为契机，研究初中低年级学生目前的朗读能力、朗读效果、朗读方法及策略等问题,找到提高初中低年级学生朗读能力,改善学生朗读方法,引导帮助学生养成良好的英语朗读习惯,从而让学生改变对英语的学习态度,获得满满的英语学习兴趣,进而习得学以致用的英语。

朗读(read loudly and clearly)就是运用重音、节奏、语调等语音手段,清晰响亮地把词汇、句子、文章等语言文字材料念出来,是读书的一种形式,是掌握一门语言的最基本,也是最主要的手段。

我所任教的19届学生刚入学时也参加了杨浦区统一的摸底考试,预备2班英语平均成绩只有39分! 根据上海的课标,小学生应该掌握英语词汇量不少于600,能模仿标准的语音语调朗读,能读懂简短的语句和语段。为什么这些孩子的英语成绩如此之差?为了更好地了解学生现有的学习状况,为了进一步了解他们英语学习情况,在他们刚入学时我对他们做了一份相关的调查,具体情况如下:

初中预备年级学生的朗读情况的调查和分析
(上海市东辽阳中学2019届学生2班)

情感意志	是否喜欢朗读英语	喜欢 32%	一般 65%	讨厌 5%
	是否坚持每天朗读英语	是 18%	偶尔 28%	从不 54%
学习动机	是否会朗读课外的英语材料	是 9%	想读但没有材料 26%	不想 65%
	是否在父母的督促下朗读	完全自觉 19%	父母督促 20%	从不读 61%
学习方法	是否每天听录音磁带	是 17%	偶尔 33%	从不 50%
	是否会跟随录音模仿朗读	是 16%	机械跟读 52%	只听不读 32%
反馈建议	是否喜欢目前老师布置的朗读作业	喜欢 23%	一般 25%	讨厌 52%
	是否喜欢老师检查朗读作业的方式	喜欢 16%	一般 37%	讨厌 47%

这是一份让作为英语老师的我很震惊的调查报告,从报告中可以看出,大部分学生没有明确的学习动机,把朗读这项英语学习任务看作可有可无,他们也不会合理地有计划地安排自己的朗读时间,对于老师布置的朗读作业不朗读不重视。加之家长们对于英语朗读作业也抱以不监督的态度,所以学生们就会更加不重视。

所以我就思考这样一个问题: 像我们这类学校的学生们,他们这样的学习和生活环境,如何才能让他们学好英语?如何让他们开口读?实践证明,朗读能力强的学生,英语学习的热情、效率和效果都要比朗读能力弱的学生略胜一筹。因此,在平时的教学中,英语教师更要充分重视朗读。如果在英语教学中忽视英语朗读,就会产生听力差、口语表达差、阅读能力差等负面影响。作为英语教师的我应该从一开始就让每一位学生都知道"朗读"的重要性,使他们从思想上重视"朗读"并及早养成大声朗读英语的良好习惯。

一、朗读的意义和重要性

"疯狂英语"的发起人李阳说:看百遍不如读十遍,读十遍不如说一遍。抓住了朗读,就抓住了语音语调和听、说的训练。所以无论是教还是学,朗读在英语中的作用是不容忽视,以下是我对朗读的一点见解。

1. 朗读有利于学生学习兴趣的培养。对于在课堂上经常出现不敢开口的现象,通过朗读使学生逐步对自己产生了学会的信心,为敢于大胆说英语奠定了基础。同时在课堂上多多使用多媒体教学,利用图片、声音、动画等使学生愿意在课堂上用英语交流。

2. 习惯朗读对于培养语感大有裨益。语感是人们对语言文字或语言现象的敏锐感和迅速领悟的能力。语感这东西对学生学习语言来说,是十分紧要和重要的。语感越强,对语言的敏锐感和领悟能力就越强,进而对语言的理解运用能力就越强。因此,对于英语学习者而言,获得这种神奇的语感是非常重要的,这就要靠多朗读来获得。说个很具体的事例,学生在做英语试题时,尤其是完形填空题和阅读理解题,有些题的正确答案的选项就是凭语感选出来的,你让他(她)给你解释一下为什么要这样选时,他(她)可能一时半会也说不清,他(她)说感觉应该选这个选项,这就是语感在起作用。可见,要想把英语这门课学好,必须把语感培养出来。但培养语感不是一朝一夕的事,它需要长期大量的阅读和朗读。

3. 朗读有助于学生对单词、句型及语法的记忆。记忆的方法有很多种,但我认为,最好的方法是把单词、句型及语法等放在句子中,将句子放在课文中来记忆。我们记单词、句型及语法的目的是使用它们,不是为了记单词、句型及语法而记单词、句型及语法。如果课文当中有这么一些句子、段落,它们既包涵了我们刚学过的重点单词、句型及语法,那为什么我们不通过朗读这些句子、段落而把它们背下来呢?到了我们使用这些单词、句型及语法的时候,我们脑海里只需像放电影一样把这些句子、段落呈现出来,不就 OK 了吗?

4. 朗读有助于提高英语写作水平。英语写作是对英语学习者的一大考验,一直被认为是难度较大的事。因为即便是掌握了一堆词汇和条条框框的语法规则,写作时往往还是大脑空空,或者写出来的总是生硬的"中国式英语"。经常朗读英语文章,特别是对经典英语范文的朗读对写作是大有益处的。长期朗读,大脑中不断储存丰富的语言材料和信息,写作时便能迅速提取一些有用的信息,写作水平自然会在潜移默化中得到提升。

5. 朗读有助于提高英语听力水平。就我国学生英语学习现状而言,听力水平是低于阅读水平的。写出来能看明白的句子,说出来却听不懂,这在教学中已成为很普遍的现象。学生阅读时常常采取的是默读的方式,长此以往,眼睛熟悉英语但是耳朵对英语却很陌生。我一直对学生说如果你们自己读都读不来,那么当别人说给你听时,你又怎么可能听得懂呢？朗读通过调动人的多个器官——眼、口、耳输入大脑的信息，要比单纯通过视觉储存到大脑的信息牢固。坚持朗读可使习得的语言材料和信息一同牢牢地存贮在脑海里，遇到听觉重现时，便能迅速提取出有用的信息，从而有效地提高听英语的能力。

二、朗读兴趣的培养和方法指导

在我们学校，大多数的随迁子女学生没有养成良好的学习习惯，有的甚至连家庭作业都不能按时完成，更不用说开口读背英语，因为英语是他们最薄弱的项目，甚至讨厌学英语，或者干脆放弃学习英语。所以作为一名英语老师，我就思考，如何激发随迁子女学生学习英语的热情和内动力，提高他们对英语学习的自信和能力，在贯穿学习英语热情的同时培养学生良好的学习习惯、学习热情、学习和活动能力，让他们能在今后的学习中对英语这门科目充满信心，而不是一味地认为自己学不好英语。相信他们能在良好的学习方法中获得更大的学习兴趣，从而使他们能更好地融入学校和城市生活。

朱熹说："古人云'读书千遍，其义自见'。谓读得熟，则不待解说，自晓其义也。"朱熹说的同样也适用于英语学习。朗读把书面语言转化为发音规范的有声语言，通过朗读提高了学生对语境的领悟力，以及审美能力，与作者产生共鸣，自然不待其解。试想一下，如果一个学生把课文读得结结巴巴，甚至读都读不下来，他能看懂一个个句子的意思吗？他能理解课文的意思吗？他以后能听懂听力里的句子吗？显然不可能。因此，要想把学生从放弃英语的深渊中拯救出来，就唯有抓起学生们的学习兴趣和动力，这个动力就要从抓学生们的朗读开始，而且是要从初中低年级开始抓起。朗读虽易但也不易，一切都要从头开始。

1. 让英语朗读引发学生的学习兴趣，培养习惯

从预备刚开学的9月初，我就开始在班级里对症下药，正好结合每年9月区里小升初的学习目标——学会音标，因为朗读的基本就是要会朗读单词，如果连单词都不会读，何谈朗读句子和文章呢？所以让学生们从朗读音标开始重拾学习英语的热情，让他们知道自己独立准确地看音标读单词不是什么难事，来真正让学生明白"I beileve I can!"中学生在朗读时定要领会：朗读不求多，不求快，不求特别大声响亮，但一定要准确。如果不先输入正确的发音，而盲目地追求所谓的流畅，会使错误的发音得到强化，从而影响言语输入的整体质量。于是我安排每次课间抽三分钟、每天中午十五分钟的"音标朗读"时间。每天中午我和学生们一起吃午饭，和他们交流自己的读音标的感受和困惑，激发学生朗读的兴趣；我也经常在课间3分钟进班级听他们朗读的效果，让他们可以满怀兴趣地流利地读音标。慢慢地，学生们在教室中朗读音标已然成为一种习惯和风气，好同学在帮助基础薄弱的同学，还有几个同学三五成群在一起比一比谁读得"又快又准"，另外一些同学正在跃跃欲试拼读课本上的单词

了。另外，我规定他们每天每个人都要一个个地到我这里来过关每天需要读的内容。所以，每天的课间和中午午休时间，都能看到学生们在教室里高声读书的景象，以及在我办公室排队读书的长龙队。因此，他们的课间和午休时间再也不是无所事事了，而是都在为自己要通过的目标而奋斗着。经过这一年的培训，后来升入初一的他们已经不用老师教着读单词了和课文了，而是几乎个个都能借助音标的帮助读出每一课的单词和课文了。也许很多人很难相信，自己读单词和课文不是很简单的事情吗？但是在我们学校，对于这样一些学生来说却是难度非常大的艰巨的任务。对于他们来说，只有抓住学校里的点点滴滴的时间才能让学生们有朗读的有效时间。我为他们这一年的进步而感到骄傲。"没有做不好的事，只有你不去做的事"，我们良好的英语学习习惯就从大声读英语开始。只有完成今天的小目标才能成就将来的大目标。

　　对于这些随迁子女的家长来说，平时他们的工作繁忙，加上自己文化水平的有限，对于孩子学习上的问题真的是有心而无力啊。如果是书面作业家长还能检查一下作业本看看其是否已经完成。然而对于口头作业，如果是语文的默写，家长们还能监督其背诵和默写，但是如果是英语的读书和背诵作业，家长就无能为力了。小邓是我们班一个勤奋又努力的孩子，从小到大，她的语文一直很不错，但是自从三年级转到了上海来读书，她说背英语完全就是死记硬背的，英语对她来说简直就是一道不可跨越的鸿沟。通过家访，我了解到小邓的父母每天都要晚上7点回到家，有时看到小邓拼命地在背单词，很是为她着急，有时小邓因为背不出而影响到了其他作业的质量和睡眠，有时她会因为担心第二天的默写而一早五点再爬起来背单词，对她来说英语又苦又累。然后经过预备年级开学一个月的音标训练和大声朗读英语的习惯培养，她逐渐悟到了一些英语的语感，单词再也不用死记硬背了，而是根据发音来，即使有时课文上的单词不会读，也能通过查字典看音标读出来。在家访的最后，小邓的父亲告诉我："现在看她学英语轻松多了，不像以前那样了，而且在家都能自觉大声地读课文，我们邻居听到了都说我们家女儿英语读得好标准呢，才预备班不容易呢！"可见，兴趣是最好的指导老师，好习惯培养好了，良好的学习习惯就自然有了，同时也让我们家长看到了孩子们的改变和自信。

　　2. 在英语朗读中提高口语能力，丰富课堂

　　我们这些学生在校的英语学习时间有限，正式的英语课堂可以说是学生直接接触英语、充分交流英语、全面运用英语的唯一机会。如果从预备班开始学生们就没有朗读的习惯，那么久而久之，他们就不会读单词，不会读句子，直至不会开口说英语。如果以这样一种形势开端，那么整个初中生涯，他们就逐渐丧失了读说的能力。虽然课堂只有短短的40分钟时间，学生要能听会、说会、读会，且自始至终保持浓厚的兴趣，洋溢强烈的激情，这就要求老师精心备课，精致设计，精彩演绎我们的英语课堂。

朗读单词时，可以为学生安排朗读竞赛，以个人的形式或小组合作的形式，也可以给学生一次当小老师的机会，带领全班大声朗读；朗读句子时，可以采用高低声，快慢速，接龙等形式；朗读对话时，可以为学生创设情景，角色扮演，让学生体会当小明星的优质感觉；朗读 chant 时，可以为学生配饰韵律，以手以脚轻轻敲击拍子，让学生感知流畅朗读时的快感与舒适。不管是何种样式的朗读，声势浩大也好，细水长流也罢，不管是个人参与也好，集体合作也罢，老师在编排朗读项目时，都应以激发学生的学习兴趣为设计理念，要让学生深入根植朗读的欲望，给学生美的享受。能在课堂上说、能用英语和老师进行交流，这就需要学生们有能说的本事，然而这种本事就要先从会朗读开始，只有流利的读了才能输出更多的说，口语能力也就因朗读而慢慢提高。

3. 在英语朗读中让学生活动起来，学以致用

经过我对学生的了解和调查，因为他们觉得自己是区进城务工人员随迁子女，所以英语基础差是理所当然的，从而导致其英语成绩和英语能力越来越差。如今日益发展的这个时代，作为国际通用语言英语，已然已经成为各大毕业生求职时的一个重要条件，在初中阶段的我们，要通过英语朗读，培养良好的习惯，改变气质，让自己成长起来，培养未来需具备的能力。教育的最终目标是让学生"成人"，要丰富学生的心灵，让学生真正成长起来。所以在初中低年级通过英语朗读而达到将来致用的目标，看起来不太可能，但是只有完成今天的小目标才能成就将来的大目标。

学英语，读英语，我们最终的目标就是为了我们今后能说英语。像我们这样的学生，几乎是没有什么机会能在学校以外的地方使用英语。因此，作为老师，就要尽可能想想办法让他们能在学校有更多使用英语的机会，让他们实现从读英语到用英语这样一个质的突破。很庆幸我们学校每周三中午开展的"英语角"活动，让班里敢说能说的同学练了胆量和能力，通过老师给的一个主题，大家畅所欲言。每次参加英语角之前，我都会让学生们做好充分的准备，事先朗读和本周英语角主题有关的文章和新闻，这样他们才能表达地有理有据。虽然他们说不出长篇大论来，也说不出优雅的美文，但是至少他们在尝试用自己学过的东西用英语表达了，相信经过今后长期锻炼，他们会有更大进步的。

如今，随着互联网的发展，越来越多的青少年喜欢听歌，崇拜偶像，我想那就以听歌为抓手，我鼓励他们去听一些简单易学的英文歌，我们在每天的课堂上听学 5 分钟的英文歌，课后学生们会饶有兴趣的互相学习读熟歌词，读熟了、读溜了，慢慢地他们就能开口唱几句，慢慢地他们又会唱一整首歌了。在预备年级的校"艺术月"活动中，我们班的"英语歌曲串串烧"经过层层选拔，进入了"六一"儿童会演，把孩子们高兴坏了！作为他们学习上的老师，以及生活上的导师，我要做的不仅仅是教好课本上的内容，同时也要结合他们生活上的兴趣爱好和特点，及时地引导他们在发展爱好

兴趣的同时，树立学以致用的目标。

　　为了提高学生英语朗读的质量，丰富学生心灵，在班级我们还开展了"英语电影赏析"和"经典英文电影配音"活动。班级里两周一次的"看电影"活动，深受学生的欢迎和喜爱。每个学生只能经历自己的人生，在初中的叛逆阶段，家长和老师的言传往往起不到很好的效果。所以我寻找一部分质量比较高的励志英文原版电影让学生看到不同的人生，丰富他们的精神世界。《阿甘正传》让学生看到只要努力就能出色的不放弃精神；《肖申克的救赎》让学生看到坚守希望的智慧；《外星人ET》让学生看到童真时的美好与纯洁越来越远，渐成了一个遥不可及的梦。这些原版电影中一幅幅感人的画面，触动着学生的心灵，让他们唏嘘不已。对于这些学生来说，完全听懂看懂这些原版电影那是不可能的事。但是我会选择其中几段的"一分钟片段"，要求学生周末在家大声并且有感情地练习配音朗诵，希望他们能从人物的角色和情感出发，感受其中的感召力。慢慢地，学生们就会感受到其实像一个演员那样深情并茂地说台词似乎并不难，关键是能把这些词流利地说出来。经过他们自己在家反复的朗读练习，到最后的上台一分钟表演，他们终于做到了！凭借着这股配音朗读的热情，我鼓励他们能自己组一个英语短剧表演，在初一年级校的"艺术月"活动中，我们班的英语短剧表演 *Pleasant Goat and Big Big Wolf* 得到了在场同学雷鸣般的掌声。在我们这所随迁子女占比高达90%的学校中，我们班的这些孩子做到了他们认为自己不可能做到的事情。他们为自己的这次完美的表演而感到骄傲，他们说："我们很优秀吧，没有哪个班级跟我们一样能用英语演小品的。"

　　在这一次次的经历中，学生们获得了满满的收获和自信，这些成功背后的源泉正是英语朗读所带来的巨大能量。所以学习的目的不是单纯的学习而已，学以致用才是我们的终极目标。

　　英语学习对于很多人而言，未来仍然是困难的、枯燥的、应试的，而轻松地学习英语，流利地用英语表达我们的所思所感才是学习英语的动力和目的。因此，科学的学习方法尤为重要。坚持英语朗读，让英语朗读教学作为语言教学的重要组成部分，是连接阅读和口语训练的主要枢纽。只要我们遵循它的规律，扎扎实实地进行朗读训练，就能全面提高学生的英语语言素质。

【参考文献】

　　[1] 李庭芗. 英语教学法 [M]. 北京：高等教育出版社，1983.

　　[2] 上海市中小学英语课程标准. 上海中小学课程教材改革委员会办公室. 上海育出版社，2005.

　　[3] 宋倩. 朗读对英语学习的作用 [J]. 外语教学研究，2012.

抓好课堂教学,提高教学质量

董艳萍

反思自己二十多年的教学,我认为,学生掌握初中数学的知识和能力所需的时间是不同的,但只要创造了一定的条件(包括排除一些不利于学生学习的条件),绝大多数的学生是能够掌握初中数学知识,达到大纲规定的基本要求的。

一、钻研教材,精心备课,精心设计

课堂教学是学校教学的基本形式。我认为要保证上课的质量,首先要认真备课。在备课中,我着重注意"备"教材、"备"学生、"备"作业。

首先是"备"教材。我做到认真钻研教材,在通读教材的基础上总体了解教学内容及要求,明确章节之间的联系和各自的地位,对所教数学知识的内在结构体系也有较为清晰的认识。此外,对于即将教学的章节我也能做到精读,认真分析,找出关键的概念,深刻研究切合学生实际的教法,同时在备课中充分考虑为后续教学伏笔等问题。

另外是"备"学生。我在备课中也充分考虑了学生的实际水平。我校学生的来源不经选择,对口入学。我所任教的两个班级中,相当数量的学生基础薄弱。在备课中我注意从低处入手、基础抓起,注意分散难点、增补台阶,结合学生学习过程中与作业中反映出来的问题,采用以新带旧的方法进行准备,对于教学中学生可能出现的错误早作防范。另外,也考虑到班中有一定数量的学生有学习潜力,所以在备课中,我也设计、补充了一些有一定质量和难度的内容,积极引导学生开阔思路,活跃思维。

再次是"备"作业。作业是理解知识、运用知识、巩固知识的重要一环,也是培养学生能力的重要手段。所以,对于每节课的作业与练习我都认真对待,自己先做,注意防止例题与作业的脱节,对于涉及旧知识多,技巧性强,乃至书写格式易出问题的作业,我都在备课中加以考虑,以保证课堂教学的质量。

我感到精心备课是抓好课堂教学,提高教学质量的必不可省的前提。

二、改进课堂教学方法,提高四十分钟课堂效率

大面积提高教学质量的根本在于充分发挥四十分钟的课堂效率,使尽可能多的

同学通过四十分钟教学得到提高。于是我采用了符合我所任教的班级特点的教学方法，并且在数学教学中，特别强调在课堂教学中进行思维训练的强化和正确思维方法的形成，以提高学生思维品质，培养他们的思维能力。在数学教学中，我尽量挖掘数学问题的思想内涵，通过改变题设和结论，通过将静态问题动态化和一题多解来强化思维训练。在教学中，我还非常注重思维方法的形成，不仅研究"是什么"，而且研究"为什么"，更要追问"怎么会想到这么做"来培养学生重视思维过程，学会合理思考，使数学教学由单纯的应试模式转变为学生素质的提高。

我认为，教学方法的改进为大面积提高教学质量提供了最重要的保证。

三、及时反馈补差，帮助困难学生提高

我所任教的两个班级都是普通班，相当一部分学生基础较差，自身的、家庭的、社会的原因造成了这些学生学习困难，发展不平衡。我认为正确对待这些学习困难的学生，使这些学生在原有基础上取得提高，是能否提高教学质量的关键所在。

因此，我确立了"不怕差，只要抓；因为差，更要抓；抓与不抓大不一样"的思想，把帮助困难学生的提高作为自己的职责。在教学过程中，我正视现实，承认学生的个别差异性和发展不平衡，同时又看到可塑性，积极创造条件使这些学生在原有基础上逐步提高。我的主要做法有：摸清情况，分析致差原因；克服他们的自卑情绪，扫除心理障碍；坚持每个星期的补差补缺，解决学习困难，启发思维能力，注意逐步提高。

在课堂上多给这些学生关心，多提简单的问题，请他们回答，多鼓励、肯定他们，让学习困难学生迈开探索的步伐。对他们的作业更是面批指导，定期为他们补习缺漏知识，帮助他们克服学习中的具体困难，同时也注意逐步提高，培养他们的能力和启发他们的思维，使他们从怕数学到逐渐不怕，从不知所措到有点门路，数学水平也逐步提高。

由于做了大量艰巨的补差工作，学生数学成绩有了较大幅度提高。在我任教三年期间，初二（1）班在几个学期的期中和期末考中连续数次合格率为100%，初二（3）班也由原来的近半数学生不合格到上学期期末考只有4人不合格。

我始终认为，学生掌握初中数学的知识和能力所需的时间是不同的，但只要创造了一定的条件（包括排除一些不利于学生学习的条件），绝大多数的学生是能够掌握初中数学知识，达到大纲规定的基本要求。他们的学习是能够取得成功的，教学质量也是能得到提高的。

以上只是我一家之言，如有不妥之处，请大家多多包涵。很希望能得到大家的指正和帮助，更希望也能从大家身上学到更多的宝贵经验，互相取长补短，让我能有更大的提升。

育 人

新中考背景下,立足成才,随迁子女生涯教育的思考与实践

吴鸿春

《上海市进一步推进高中阶段学校考试招生制度改革实施意见》明确了"完善初中学业水平考试制度""完善初中学生综合素质评价制度"和"深化高中阶段学校招生录取改革"三方面的改革措施。这其中,完善初中学生综合素质评价制度,进一步健全初中学业水平考试与综合素质评价相结合的多元招生录取机制,可以说是上海新中考改革方案的一大亮点。

作为杨浦区首批新优质学校,多年来,我们秉持融入教育的办学理念,其蕴含"容·融·荣"的丰富内涵。容:海纳百川,有教无类,有容乃大;融:梦想起航,无融则滞,共融共进;荣:自信发展,乐群向上,万卉争荣。从创建的实践和效果来看,融入教育,极大丰富了义务教育的内涵,赋予"公平公正"新的注脚,也成为我校"新优质"的重要价值所在。融入教育,人性化地为每个孩子开启一扇心门,真正帮助他们从封闭、自卑的状态中走出来,逐步适应城市和学校的生活,收获自信和勇气,有效提升其融入社会的核心素养,激发憧憬,勤于圆梦,着力探索构筑一方师生喜爱的生命家园,努力实现共融共进、万卉争荣的美好愿景。

在此基础上,我们积极主动对接中考改革要求,深化实施融入教育,确立以生涯教育项目为引领,立足成才,不断丰富学习经历和实践体验,提高其综合素养,努力让随迁子女群体"留得精彩,回得成功"。

值得一提的是,我们针对随迁子女群体学习底子普遍薄弱的现状,因地制宜积极探索国家课程校本化经验,创造性开展学案导学系列研究。从"导"字上下绣花功夫,学案设计上关注学习兴趣的激发、学习方法的指导、学习习惯的养成;通过学案导学,努力培育学生能够倾听、可以合作、敢于交流的学习品质。

我们以"诊断把脉"为先导,全面深入课堂,分别从教学方式、师生关系、学习动力三个方面来具体观察、深入了解学情和教情,在此基础上,确立《东辽阳中学基于随迁子女学情的课堂文化评价表》,研制学案设计体例。

我们以语文学科为试点，经专家把脉、互动研讨、反思改进等，取得经验之后，逐步向数学、外语、理化科、政史地等教研组进行辐射和推广。

每学期的寒暑假校本研修举行各教研组学案导学研究推进交流会，通过交流分享，推进研究，聚焦项目，夯实研修。

截至目前，该项目已历经近6个年头，结合新政我们将继续深化、完善。学案导学研究聚焦学校课堂教学的转型、教师教学视角的转变和课程形态的变革，引导教师树立开放、包容的心态，不断提升其适应性教学能力，以此促进学生学习的融入，不断提升其善于交流合作的人文素养与质疑创新的思维品质等。

我们也意识到，大多数随迁子女由于基础薄弱，加之中考政策局限等原因，导致随迁子女群体往往缺乏学习动机，在学习上遇到困难往往容易退缩，没有勇气克服，缺乏人生憧憬，为此，我们精心设计理想信念类课程，以激发他们的读书热情，端正他们的学习动机。如，走进大学系列课程，通过开展"请进来、走出去"等一系列活动，引领学生精神成长，更好地为随迁子女搭建实践平台，使其拓展视野，充分感受到来自社会的爱与温暖，培养其社会责任感，进而帮助随迁子女群体树立健康阳光的人生观，培育其表达、倾听、合作、分享等核心素养，激发他们对美好未来的憧憬，努力提升职业生涯软技能。

与此同时，我们深化实施融入教育，大力贯彻中考改革的综合素质评价机制与多元招生录取机制精神，精心打造丰富适切的校本课程，开发构建"琴"（行进管乐）、"棋"（将棋）、"书"（生存宝典）、"画"（麦秆画）、"术"（摔柔、花样跳绳、高尔夫）为代表的"五艺"校本课程群，旨在增强随迁子女对中华传统文化的认同感和民族自豪感，体验成功的喜悦，收获自信，努力培养和发展学生的兴趣爱好，开发学生潜能，促进学生个性发展，全方位提升随迁子女学生成才、立足社会和自我发展的综合素养，为其今后的职业生涯夯实基础。

这其中最具有代表性的要属麦秆画、行进管乐、将棋、摔柔、花样跳绳、高尔夫以及"生存宝典"等标志性课程。拿行进管乐课程来说，在教师们孜孜不倦的指导下，社团学生在付出汗水与泪水后，收获的是自信和社会的认可，切实掌握了一门管乐艺术技能，为日后报考音乐艺术类学校打下宝贵的坚实基础。

学校柔摔散打、高尔夫课程，学生们通过艰苦的训练，强壮体魄，习武尚德，赢得赛场上的荣誉同时也收获人生自信。我校现非沪籍学生注册运动员有三十多位，希望他们珍惜机会，刻苦训练，日后能被更好的学校录取，也为其今后的职业生涯奠定一定的基础。再如，麦秆画制作课程，我们从预备年级开始普及，初二初三以社团形式运作，不少同学熟练掌握了麦秆画制作技术的精髓，希望他们毕业后能够有机会从事麦秆画行业,发挥一技之长,传承非遗文化,甚至能开设起自己的麦秆画制作坊,掌握一门谋生的手艺。

还有我校牵头研发的区本教材《生存宝典》,第一册教材侧重预备、初一年级,旨在让随迁子女了解所处的上海都市新环境,触摸上海,学会与周遭的人对话。通过生命化的课程内容和体验性的课程形态,支持、促进每一个进城务工人员随迁子女顺利融入新的生活和学习环境,并获得积极的都市生存体验,健康快乐地成长,努力学会在新的生活环境和新的生命历程中积极适应和愉悦发展。第二册教材,侧重初二、初三年级学生,旨在通过生涯教育帮助学生清晰认识自我,认识当前学习和未来人生发展的关系,激发学生学习兴趣与动力,并结合自身优劣势树立人生目标,明确长短期学习规划,解决学生学习动力不足的问题,使随迁子女学生们认识到融入新阶段、新生活的必要性,了解并掌握切实可行的大都市生存技能,促使他们的身心、人格得到良好的健康的发展。

2018年,学校非沪籍学生顺利考入中高职贯通学校的比例高达50%,受到各级领导和同行们的肯定。今后,我们将自上而下有针对性地开展中考新政下的校本研修实践探索,科学地、系统地进行随迁子女生涯教育设计与推进,区域联动,全方位提升随迁子女群体综合素养,不断为其成才助力添彩,使之"融得精彩,回得成功"!

走进百年复旦,畅想美好未来
——东辽阳中学联手"牵手上海"志愿者组织举行"大学体验日"活动

隋文同

世界观是一个人对世界的根本看法,世界观建立于一个人对自然、人生、社会和精神的、科学的、系统的、丰富的认识基础上,它不仅仅是认识问题,而且还包括坚定的信念和积极的行动。而初中时期正是建立正确世界观的关键时期。要建立正确的世界观,我们必须以实践为基础,在生活中帮助学生提升自己融入社会的核心素养。

作为杨浦区进城务工人员随迁子女教育课题研究协作组组长单位,东辽阳中学随迁子女群体目前占比超过 90%,如何加强生涯教育研究,唤醒梦想,让随迁子女认识到融入新阶段、新生活的必要性,了解并掌握切实可行的大都市生存素养与技能,促使每一个随迁子女学生的身心、人格得到良好的健康的发展,是亟待解决的问题关键。

一、活动策划

(一)活动目的

1. 为随迁子女搭建实践平台,拓展视野,培养社会责任感,更深刻了解社会,并且充分感受到来自社会的爱与温暖,进而树立健康阳光的人生观。

2. 丰富随迁子女课余生活,帮助他们培养表达、倾听、合作、分享等中学生核心素养,激发他们对美好未来的憧憬,提升职业生涯软技能。

(二)活动时间

每年 10 月

(三)活动地点

复旦大学邯郸校区

(四)活动对象

初三年级

(五)准备工作

前期测评:72% 的受访对象觉得与周围同龄当地学生差距较大,主要体现在学业(包含就读学校、学校层级)方面。

73.4%的学生在新环境中认为自己的课余生活并不丰富,没有较好的安排。

对于自我能力的认知,84%认为自己的表达、沟通、合作能力较弱,是学员普遍反映较弱并渴望提升的能力。

72.5%的学生愿从事社会福利和助人的工作,乐意帮助人,他们试图改善他人的状况,帮助他人排忧解难。

同时,27.5%的学生"职业价值倾向很不明确"。

分组:每5-6人(或根据班内的学习小组)分配一个义工。

(六)活动创新点

1. 基于区域融入教育,提升随迁子女综合素养,助力其"融得精彩,回得成功"。
2. 吸纳社会资源,协作联动,探索建立融入教育学校、家庭、社会三位一体化机制。

二、活动过程

上午第一站:参观复旦大学校史馆,开始一天的体验之旅。在讲解员翔实生动的解说下,大家了解了复旦大学悠久的历史文化。

学习校史,是复旦新生们成长为"复旦人"的第一步。从校长厅六位德高望重老校长的照片到宣统元年的卒业文凭,从刻有"复旦"二字的江湾奠基石到"五四上海第一钟",再到我国第一台质子静电加速器……一张张照片、一件件实物共同见证了复旦百年的风云变迁。同学们徜徉其中,仿佛与先贤对话,心底那份对大学的憧憬之情,对人生美好的向往油然而生。

谁的青春不迷茫?答案是那群有梦、敢想、爱拼、做自己的人。复旦大学的义工随后分享了自身真实的人生经历,有如何靠努力从小村子走到大城市,有高考时的拼死一搏、背水一战,走心分享,同学们收获激励与感动。没错!努力,梦是可以实现的。

上午第二站:"大世界"体验。五位外国友人与学生们以六人小组对抗赛的形式进行"你比划我来猜"游戏活动。"你比划我来猜"对大家本都不陌生,但全程用英语使游戏更具挑战性与趣味性。通过游戏配合,学生们与留学生起初并不顺畅的交流逐渐"破冰"。

游戏过后,各小组围成一圈,席地而坐,大家开始谈爱好,谈生活,谈理想……在和留学生的交流中,学生们感受到了同一个世界中不同的文化,不同的生活方式等。在倾听与欢笑中,学生们开阔了眼界,丰富了自己的内心世界。

我校学生们还热情分享了自己家乡醉人的玩乐地图与美食攻略,来自祖国各地的同学们展示了完全不同风格的风土人情,让人感叹祖国实在地大物博、人杰地灵。而在展示完各自的家乡后,便到了"我与上海"的环节。同学们从不同的省份来到上海,对于上海的印象、上海的美食、上海的旅游有着他们各自独到的见解。有人喜欢上海的小笼包,有人喜欢上海的旗袍,有人喜欢上海的东方明珠,有人则更倾心于有着水乡风貌的七宝古镇。每个团队都分享了各自与上海的故事,在最后的环节,同学们也都在印有上海特色的明信片上写上各自对未来的期许与祝福。

下午第三站:演说有道。本次的课程主要分为三个版块:(1)认识"说话"这件事情,(2)两小时内做出入门级演讲,(3)再来认识"演讲"。

首先,课程导师引导同学们去重新认识"说话"这件事,从"无处不在"引出说话、沟通的重要性,同时也明确说话需做到"有个性、有价值、有力量"。

接下来,大家根据导师提出的要求写出一个词语,由一名同学把整个组所有的词语编成一个生动有趣、逻辑严谨的故事。同学们在教练的带领下认真地讨论起来。

小组讨论之后,每组派出一位代表上台讲述他们组创造的故事,同学们的故事千奇百怪,充满着想象力,导师耐心倾听,并给予点评和指导。

课程导师在听了大家的分享后,进一步指导大家如何表达,并提出在表达时一定注意自身表述的逻辑性。

接下来是"入门级演讲的原则与方法的讲解",课程导师播放了一段"女人永远是最佳辩手"的演讲视频,引导学员思考视频中演讲者的优点,并梳理入门级演讲的三大原则:语言易懂、内容恰当、逻辑清晰。

下午第四站:"校园定向"点燃了所有学生的热情,也将整个活动带向高潮。6组同学凭着"力争第一"的信念,全力以赴,在校园中展开了角逐。"篮球场投篮""旦苑找菜价""光华楼摄全景""日暑路人合影""相辉堂跳大绳""老校门知识问答""校训墙离地合影""毛主席塑像合影+知识问答",8个任务点散布在校园各处,有趣而不失挑战力的任务,让大家"累并快乐着",欢声笑语洒遍校园。活动结束时,有学生自豪地和同伴交流道:"要学会享受过程,重要的不是结果。我们组是和留学生一起完成的,而且留学生还带我们去看了撞球。"

三、活动小结

（一）活动成效

1. 通过"大学体验日"活动,学生不但收获了友情和快乐,更让他们懂得了表达、交流、合作的重要性,开阔视野,提升其融入城市的综合素养,切实增强为美好未来拼搏的勇气和决心。

2. 使学生们初步掌握现代社会所必需的团队合作、自我认知、沟通表达等职业软技能,培养学生主动关注的意识,帮助他们更有效地进行沟通与表达,学着融入团体,与别人交流想法,并且敢做敢当,提升公民意识以及社会融入感。

3. 活动创设更为丰富的情境体验、自主活动的空间,充分激活学生的生活经验,让学生通过更自然、更具互动性的学习方式感受海派历史和文化,爱上海、爱生活,唤醒梦想,激发憧憬,从而助力随迁子女更好地发现自我与规划自我。

(二)活动反思

1. 活动管理还需要更加精细化,内容的设计上也需要更加贴近学生的需求,要以体验式的活动为主,让学生在自主式的体验过程中了解上海、认识上海、认同上海、亲近上海,无痕融入上海。

2. 针对学生希望去了解外面的社会,但是又害怕自己能力不足的现状,要尽量避免为随迁子女学生进行直接的职业规划,而是要帮助他们慢慢去找寻他们自己的兴趣点,让兴趣成为指引他们人生发展的驱动力。

(三)活动评价

1. 活动问卷显示,74.3%学生较了解微观层面的"职业生涯所需的能力和技能要求",72.8%的学生表示"即便遇到挫折,仍然能够坚持职业目标",84.2%的学生认可活动的开展,排名第一的原因是认为"视野得到了拓展",排名随后两位的原因是"尝试了更多的可能性"及"在更好的沟通等职业软技能方面有所提升"。

2. 参与该项目的隋老师认为,这个年龄段的学生应该思考"我是一个怎样的人""别人眼中的我和自己认为的我有什么不同吗",其实每个人都需要认识自我,发现自我,这是成长的第一步。每个平凡的个体其实都是一颗小小的、不起眼的螺丝钉,但是每一颗螺丝钉都有自己独特的、闪闪发光的特质,我们要教孩子学会发现自己身上的特质,不断汇聚自身个体"向上的力量"。

3. "中国上海"网站、上海教育新闻网、杨浦教育网等媒体多次予以报道,在区域内产生良好示范效应。

4. 随迁子女学生对未来产生一定的憧憬,乐群向上、阳光自信品质逐渐形成。近两年来,学校有多名同学顺利考上了中高职贯通学校,多名回老家参加中考的同学也考上重点中学等。

(四)活动发展

我校随迁子女占比超过90%,由于受到中考政策的制约,随迁子女学生的生涯教育问题应得到充分的重视,我们要做好顶层设计,在加强生涯教育体验和职业软技能的培训同时,还要拓展社会资源,让学生走进企业,加强职业体验,为其进入上海的中职校,顺利融入社会奠定基础。

诚 信 如 阳

付秀丽

孔子云:"民无信不立",诚信是中华民族的传统美德。在中华民族五千年的灿烂文明史中,诚信教育已在神州大地上扎下深厚的根基,具有悠长的历史渊源,培养了一大批倡导诚信的仁人志士,留下了许多脍炙人口的佳话,激励着一代又一代的中华儿女为国家和人民做着贡献。诚信也是一个民族和国家的精神要求,是现代社会文明的基石和标志。我们学校的主要生源是外来务工随迁子女,占比达到 90% 以上。在学生家长不太看重或忽略了家庭教育的现实情况下,作为一名班主任,围绕当下的社会主义核心价值观教育,引导班级学生树立正确的价值观,显得尤为重要。而诚信教育,则是学生价值观教育中不可或缺的重要一环。为了实现这一教育目的,我主要从以下几个方面对班级学生进行教育。

一、充分利用学校平台,为班级学生种下诚信的种子

为了把诚信教育真正落实到位,我充分利用学校的诚信平台——阳光小铺,为班级学生种下诚信的种子。关于学校的阳光小铺,有一句口耳相传的名言:"您买走的是文具,留下的是品质!"开学第一个月,由我所带的预备年级的孩子负责阳光小铺的工作。刚从小学升到预备的孩子们,看着阳光小铺,既紧张又期待。"老师,我们摆出了这么多的好东西,不会被偷吧?""老师,我没带钱,可不可以先买,明天再还钱?""老师……"各种各样的问题层出不穷。"没关系,我们可以慢慢摸索,且卖且观察。"我笑着对他们说。每天放学,班级相关负责同学都会清点货物,求取诚信指数。一连几天,诚信指数都是100%,班级里的学生也都心情大好。不过,好景不长。有一天,班级里有个学生跑过来,急急地说:"老师,老师,不好了,今天竟然少钱了!"我一听,心里也非常着急。因为阳光小铺,不单单是为学生创造方便的一个地方,更是培养学生诚信品质的一个重要平台。"我们等等看,不要着急,不是说可以先拿后还的吗?"我安慰学生。过了三四天,有个高年级的学生找到我,连声说着对不起,说他拿了笔之后,第二天就把这事给忘了,还好想起来了,实在对不起,对不起。他怀着深深地歉意,把钱递给我。班会课上,我说了这件事。一个女生听了我的话站起来对我说,"老师,说心里话,当听说要我们自主管理阳光小铺时,我真的非常担心,担心每天会少钱缺物。但是经过这一个多月的运营,觉得自己的担心是多余的了。现在,阳光小铺是我最牵挂的事情了。"我们以信任相付,别人也会以诚信相报。阳光小铺的建设与管理,使班级每位同学都能体会到其中的酸甜苦辣,感受到诚信的力量,让他们领悟到人与人之间能够互相信任,诚实相待其实也是一件非常快乐与幸福的事情。诚信无形,却可以经天纬地;诚信无色,却可以耀人眼目;诚信无味,却可以孕育芬芳。久而久之,诚信的种子便播在了学生心中,对他们将来的人生之路产生深远的影响。

二、充分创造各种条件,为班级学生提供诚信的土壤

诚信的种子一旦种下,便会时时带给你惊喜。每个学期的期中和期末考试,学校在各年级都会安排一个诚信考场,成员都是各个班级推荐出来的。它不以成绩优劣为选拔标准,而是以诚实守信为唯一标准,只是有人数限制。诚信考场的设立,为学生的诚信品质培养提供了成长的土壤。但如果仅靠学校期中期末考试设置的有限的诚信考场,是远远不够的。于是,我就利用现有条件,为学生创造各种机会,培养他们的诚信品质。有件事让我记忆深刻。有一次,我们班推选出 6 名同学参加学校的诚信考试,但其中有一名孩子真让我放心不下,虽说课下我们总像朋友般相处,但总觉得他平时的表现不尽如人意,学习也不太好。到了考场会不会东瞄一下西看一下啊?所以就特别担心。后来和他聊天的时候我装作随意地提起了这件事。他听了,眼睛瞪得大大的,用夸张的语气说:"老师,从入学起,你不就一直在我们耳边唠叨,要诚实,要诚实吗?你忘了?"还做出一副不可置信的表情。他还告诉我,一开始,他很紧张,不太敢动,生怕给班级抹黑,丢了脸。但慢慢地就沉浸在安静的考试氛围里了,他觉得这次考试是他所有考试中最用心的一次。听了他的话,我也笑了,同时也为自己感到自豪。原来,自己平常所做的点点滴滴关于诚信的教育并没有随着时间的流逝而消失,而是已经潜伏在孩子们的心中,随时能开出一片绚丽的花海。

三、充分利用教育智慧,善抓诚信教育良机

全国优秀教师李镇西在他的书籍《爱心与教育》中,出现频率最高的字就是"爱"。围绕着爱,他谈了很多理论和经验,也让我明确了爱与教育的关系。没有爱便没有教育,但有了爱也不等于就有了教育,作为教师我们更要有足够的教育智慧。要做一名优秀的班主任,不仅要善用学校搭建好的各种平台,培养孩子的美好品德;更要有一双慧眼,即时发现教育良机。我曾经带过一个班级,开学没多久,就有学生反映,班级里时不时就会有人丢东西,小到一块橡皮,大到几十元的零用钱。那时我真希望自己能有一双透视眼,一下子抓住那个偷拿东西的"小贼",狠狠地教训他一

顿。但可惜的是，没人有透视眼。难道就这样听之任之吗？虽然一时抓不到人，但之后我就暗自留心，细细观察班级里的几个"嫌疑人"。"老师，我在操场上捡到5元钱。"最大的"嫌疑人"冲到我面前，边说边递给我一张五元纸币。还真是天赐良机啊，根据掌握的情况，我这几天一直想找他聊一聊。我一边接过钱，一边笑着说："真是拾金不昧的好学生，谢谢你了。"他转身要走，我把他叫住，拍拍他的肩，又说："如果班级里的同学都像你这样，老师就省心了。"没想到，听了我的话，他竟有点害羞了。"老师就私下里问问你，班里时不时就有人丢东西，你怎么看？"我诚恳地望着他。"老师，我不清楚！"他飞快地说。"我知道，我们汪同学捡的钱都能交上来，是个汉子。只是有时候，每个人都会犯错，都会有抵不住小诱惑的时候。只要认识到自己的错误，以后不犯同样的错误了，都是好学生。"我故意顿了顿，给他留下思考的时间，"以后做一个细心人，帮老师把他找出来。其实，我就是想知道他这样做的原因，是不是特别想买这些东西，又没钱，就只能……"他低着头，没说话，两手攥着衣角，很紧张。我笑了笑，没有再说什么，让他去教室了。只是课间的时候时不时地问上一两句。之后的一个多月，丢东西的现象消失了。

又过了一段时间，我又寻了个理由，把他叫到办公室，装作随意地问他："小汪，你有没有发现，咱班级这段时间丢东西的少了？"他抬头看我，搞不懂我想说什么。"你给我说说呗，上次小刘丢的那根绳子，是不是被你拿走用了？听人说，当时你正好也在那个位置？"我用了"拿"，而不是"偷"。说完，我就静静地等他的回应。过了会，他小声地承认拿了别人的绳子。我对他说，"你早点对老师说多好，你也不用背负这么大的心理压力。过去的事情，我就不追究了，但从现在开始，我们要约法三章了，要做一个诚实守信的人，答应老师的事，就要做到。来，我们击掌为誓！"当两只手掌击在一起时，我和他都如释重负。

诚信，是心底的一抹阳光。未来，无论有多少阴霾，总会因这抹阳光，给我们每个人带来新的希望。在未来的日子里，我们一起努力，从点滴做起，让诚信的花朵开在每个孩子的心中，最终内化为终生恪守的人生信条。

培育诚信好少年

潘道浩

中国有着五千年的灿烂文明,自古被誉为"礼仪之邦"。"诚信"是中华民族的传统美德,是华夏民族最崇尚的品质,更是中国人为人之道,立身处事之本,是社会主义核心价值观的个人层面的基本准则,也《中小学德育工作指南》中的重要内容。"诚信"是指诚实无欺,信守诺言,言行相符,表里如一。培育出诚实守信的中学生是我们教育工作者共同的目标。

然而,目前在一些初中学生身上,仍然存在着令人痛心的现象。比如:考试作弊、作业抄袭、借东西不归还、出现错误后撒谎……

面对这些情况,如何在校园里开展有效的德育活动,让诚信根植在学生心中?《中小学生德育指南》中指出,德育活动要通过课程育人、文化育人、活动育人、实践育人、管理育人、协同育人等实施途径六大途径。为此,我校尝试采取了一系列诚信教育措施,取得了一些实效。

一、重视学科渗透,培养诚信品质

《中小学德育工作指南》中指出,要充分发挥课堂教学的主渠道作用,将中小学德育内容细化落实到各学科课程的教学目标之中,融入渗透到教育教学全过程。

我认为,诚信教育要取得实效,必须要发挥学科课堂教学的主渠道作用,各学科教师一定要言传身教,树立诚信形象。要结合学科特点,将诚信教育的内容与目标有机细化落实到各学科课程的教学目标之中,利用课堂教学,渗透诚信教育,使他们逐步形成良好的个性和健全的人格,促进德、智、体、美和谐发展。

例如:语文学科我们要求教师重充分利用语文学科特点,教师结合自己的课程安排,根据课程篇目,深入挖掘诚信的内容。注重培养学生听和读的能力,课堂上开展诚信小故事的讲演比赛,同学们聆听故事感受诚信力量,与此同时教师就诚信小故事与学生共同分析,探寻诚信给人带来的好处,懂得诚信的重要。注重培养学生写和说的能力,开展"诚信,就在我身边"作文大赛,并在课堂上演说,师生进行点评,引导学生充分发现自己身边诚信的人和事,努力践行诚信行为,优秀的作文还将在校报上发表，更好地激发诚信意识，营造良好的诚信课堂氛围。历史学科教学中，我们要求教师注重深挖历史名人的诚信故事与相关事件，从历史的角度深刻分析诚信对人、对国家成功的重要性。如《商鞅变法》，重点讲述商鞅通过诚信，赢得人们信任，最后取得变法成功，使秦国走向强大。

二、注重文化育人，打造诚信文化

《中小学德育工作指南》中指出，要依据学校办学理念，结合文明校园创建活动，因地制宜开展校园文化建设，使校园秩序良好、环境优美，校园文化积极向上、格调高雅，提高校园文明水平，让校园处处成为育人场所。

我认为，诚信教育一定也要与学校的办学理念与校园文化相融合。我们根据学校"融·容·荣"的办学理念，结合文明校园创建活动，因地制宜开展诚信校园文化建设，使校园处处成为诚信教育的场所，使得诚信成为学校的重要文化，成为助推学生融入上海的重要品质。

我们在学校、教室的明显位置张贴社会主义核心价值观24字；充分利用各楼层、班级的板报、橱窗、走廊、墙壁等进行以"诚信格言""名人诚信小故事"等为主题的各种宣传；设立学生诚信书画作品展示区；在校园周围悬挂与诚信的有关的名言警句和标语；利用周三红领巾广播进行诚信小故事、诚信格言解读、我的诚信故事等宣传；利用校报宣传诚信征文、诚信小故事等，激发学生诚信意识，营造浓浓的校园诚信文化氛围。"诚信闪光镜"，记录学生诚信的事迹，用典型事例，榜样的力量，引导学生讲诚实守信。通过诚信文化的熏陶，学生拾金不昧的情况多了，抄作业的现象少了，考试作弊的情况也少了。

三、加强活动体验，增强诚信体验

《中小学德育工作指南》中指出，要精心设计、组织开展主题明确、内容丰富、形式多样、吸引力强的教育活动，以鲜明正确的价值导向引导学生，以积极向上的力量激励学生，促进学生形成良好的思想品德和行为习惯。

我认为，诚信教育必须通过活动体验，引导学生走向诚信。我校精心设计、组织开展主题明确、内容丰富、形式多样、吸引力强的诚信主题教育月活动，例如，诚信主题小报设计、《我与诚信同行》朗诵比赛、诚信主题黑板报评比、诚信辩论赛等，以鲜明正确的价值导向引导学生，以积极向上的力量激励学生，促进学生形成良好的诚信品质。

我们还举行诚信考场活动，每学期的期中期末考试，我们都会开设诚信考场，每个班级都会通过学生自己报名，班委会推荐，班级教师签名，选择部分学生参与。已开展了六十多次，对学生的诚信品质起到了积极的推动作用。一次，预备(1)班最终推荐 6 人参加，但其中小明真让班主任放心不下，平时的小测检他也会偷偷地作弊，这么重要的考试，能行吗？第一天考语文，班主任非常纠结，悄悄地打听下来，他表现还挺好！巡场的老师也说，他在诚信考场里的表现比平时要好很多。后来某一天，我有意在他面前提及这件事，告诉他老师赞扬他的话。他听后，竟有点羞涩，还有着小小的自得。他告诉我，一开始，他很紧张，不太敢动，生怕给班级抹黑，丢了脸。但慢慢地就沉浸在安静的考试氛围里了，觉得是自己所有考试中最用心的一次。听了他的话，我深知，诚信的种子已在他心里悄悄地种下。

四、重视实践育人，形成诚信品质

《中小学德育工作指南》中指出，要与综合实践活动课紧密结合，广泛开展社会实践，每学年至少安排一周时间，开展有益于学生身心发展的实践活动，不断增强学生的社会责任感、创新精神和实践能力。

我认为，针对初中学生特别是随迁子女的诚信教育，应不仅仅是简单地灌输，更要让他们在实践体验中感悟到诚信的重要性。同时诚信教育应抛开对学生枯燥说教等方式，而更多采用灵活多样的启发、引导、设置情境等方式，让学生在相互监督、相互督促的氛围中接受诚信教育，使诚信变为一种自觉的习惯，要让学生们体会到诚信带来的学习生活转变，从中提升自信，增强身份认同感，从而更好地适应、融入上海城市生活。

2012 年 3 月，一项创新的诚信教育实践平台——"阳光小铺"在学校诞生了。小铺由各班级轮流负责，货物由学生自己采购，货品柜上放有收银盒，无人看守，拿货、付款、找零全由同学们自主完成。如果有同学一时忘记带钱，可先提货后付款，这些都靠大家的自觉诚信。"阳光小铺"每天的营业时间为 7：30—17：00，负责小铺管理的同学每天都会对当天的营业情况进行统计，并于第二天向全校师生公布。

"阳光小铺"不仅是检验一个学生诚信与否的重要载体，更是一个培养学生道德素质的平台，学校希望"阳光小铺"能引起更多学生对诚信问题的关注，通过自身的亲身实践，努力使诚信内化为一种习惯，融入生活中的每一个细节。

通过实践，我们惊喜地发现，这个自主式、无人看守的"阳光小铺"，能更好地引导学生对不诚信行为说"不"，同学们在自行选购中快乐着，在诚实诚信中成长着，诚信品质有了明显的提高。与此同时，"阳光小铺"还能间接对学生进行生涯教育，培养学生们的自主意识、服务意识与创业意识，可谓一举多得。在 2015 年第四届"杨浦好儿女"的颁奖典礼上，我校毕业学生小刑在采访中谈到，学校的"阳光小铺"对他的影响深远，他现在所在的送餐公司除了他，其他同事都在作假单以牟取高工资，但他却不为所动，坚持送一单算一单，以诚信作为立身之本，赢得了全场人员的啧啧称赞，这也可以说是我校诚信教育的一个典型。

五、加强管理育人，制度规范诚信

《中小学德育工作指南》中指出，要积极推进学校治理现代化，提高学校管理水平，将中小学德育工作的要求贯穿于学校管理制度的每一个细节之中。

我认为，诚信制度的制定必须要贴近学生的实际，符合学生的要求，每一项诚信制度的出台，要能够对学生的诚信品质培养起到积极的引导与助推作用，让制度规范学生的诚信行为，才是有效的制度。例如，学校的《"诚信之星"评选条例》中，我们根据学生平时的表现情况，综合班级学生推选，科任教师的推荐，最后学校认定。认定后将会进行事迹宣讲，颁发诚信之星奖杯。并结合学校诚信奖惩制度，在评优评先等方面优先考虑，在学校举行的夏令营、冬令营优先加入等。与此同时，我们还制定了《诚信考场黑名单的办法》《诚信班级管理制度》等制度。

六、加强协同育人，诚信有效落地

《中小学德育工作指南》中指出，要积极争取家庭、社会共同参与和支持学校德育工作，引导家长注重家庭、注重家教、注重家风，营造积极向上的良好氛围。

我认为，诚信教育要想取得真正的实效，必须要积极争取家庭、社会共同参与和支持学校教育工作，引导家长注重家庭诚信教育，营造积极向上的良好社会诚信氛围。

我校利用家长委员会、家长学校、家长会、家访、家长开放日等渠道宣传诚信的重要，引导家长讲诚信，起到表率作用，说到做到。例如，我们邀请家庭教育专家给家长开设《诚信的重要》讲座，引导家长自己做到诚信，营造良好的家庭诚信氛围，助力学生健康成长。

我们与社会公益组织联手，充分发挥社区教育力量，带领学生走入社区，走进企业，了解诚信对社区与企业成长的重要，引导学生在社会上一定要做一个讲诚信的社会人。

总之，诚信教育要充分利用好《中小学德育工作指南》中的六种途径。紧贴学生实情，根据学校实际，凸出学校办学特点，与学校文化相融合，与学科教学相渗透，与德育活动相承接，与实践活动相关联，与管理制度相契合，与家庭、社会教育相统一，充分利用各种教育契机，利用各种教育资源，做到无痕渗透，诚信教育才能有实效，才能培养出符合社会主义核心价值观要求的讲诚信的阳光好少年。

施爱于细微之处

朱 群

背景：

小南，女，12岁，活泼健康，粗粗的眉毛下面有着一对会说话的眼睛，让人一见就会情不自禁地喜欢她。但是，由于在小学里数学和外语成绩实在太差，经常受到老师批评和责骂，严重缺乏自信心。从小母亲非常溺爱她，要什么就给她买什么，也从不让她做任何家务，父亲虽不赞同母亲的教育方式，但对女儿的教育也失去了信心，采取了放任的态度，他只要女儿将来能拿到初中毕业证就可以了。

片段一：家长会

新接班的第一次家长会，小南显得非常的兴奋，帮着宣传委员出黑板报，排桌椅，还自告奋勇要在家长会上报告班级情况，我非常欣赏她的勇气就欣然答应了。开学来的这些日子里，我让她做文艺委员，并经常让她协助我管理班级。她性格像男孩，办事干脆利落，很有魄力，她对这个新学校有了好感，她很想在这次家长会上让父母知道她将走出那个不愉快的小学生活的阴影，开始一段崭新的中学生活。所以小南非常期待母亲的到来。可是，她的母亲却打来电话说，工作忙，抽不出时间，过几天会来学校一次的。小南知道后，伤心地哭了。我把她拉到办公室，对她说："妈妈工作忙不能来，你应该体谅一下父母，乖，不哭了。"不料小南一脸委屈地说："才不是工作忙呢，小学里老师每次开家长会都会数落我一番，说我成绩如何如何差，如何如何笨，所以他们不愿意来开家长会。可是朱老师你对我很好，从不说我笨，还经常鼓励我、表扬我，我想让父母知道，可是他们不肯来，他们一点都不关心我。"说完小南哭得更伤心了。我想是小南的母亲长期以来对老师失望了，对学校失望了，所以才不想来，于是我对小南说："你的父母不来开家长会并不表示他们不关心你，朱老师会亲自去家访，把你的良好表现告诉他们，你也要给他们一些时间来适应你的变化，所以你一定要继续努力哦，用实际行动证明给你的父母看，好吗？"小南认真地点了点头。事后，我与小南的家长取得了联系，并指出了小南的许多优点，也分析了她面临的困难，给家长提出了一些意见和建议，显然，我真诚的态度感动了小南的父母，从他们的目光里我看到了希望还有信任!

片段二:大扫除

我让她做班干部,她有管理班级的能力,但是很快就有同学反对她继续做下去,理由是她的数学、外语成绩实在太差了,开始我安抚其他同学要给她一个机会,相信她会努力赶上的。

随着时间的慢慢推移,她的成绩丝毫没有变化,我开始怀疑自己的信心。想起第一次家访时她曾对我说:"朱老师,我没有学数学的天分"。原来在小学里她的数学就很糟,长期以来对学数学失去信心,非常害怕数学考试。我想这可能是自卑的心理在作祟吧。于是我每次都尽量微笑地对她说:"做错了,不要紧,我会给你再讲一遍的。"可是每一次好不容易看到她走进办公室,手里拿着的却是语文作业本,我叫住她说:"你喜欢语文,老师很高兴。但是老师更希望你能把数学和外语学好,好吗?"她羞愧地低下了头,一言不发。我想我还没有真正地走进她的内心,她对数学还是惧怕的。看着她离开的背影,我有一种失落的感觉。于是在每节数学课上,我不在忽视与她的每一次目光的交流,哪怕她的回答错得离谱,我依然给予她鼓励的目光。如果她答对了,我会欣喜地表扬她。平时我也会找她谈心,聊一些轻松的话题,我渐渐地感到她的内心正一点点向我打开。一次偶然的机会,让我们之间的距离更近了。那是一个阳光明媚的下午,教室里正在进行大扫除,我像往常一样和同学们一起开心地劳动着,突然,"啊!"的一声,所有的同学怔住了,大家寻声望去,只见小南同学捂住自己的食指,表情十分痛苦。同学们都围了上去,我几乎是第一个跑到她面前的,拉近她的手指一看,天哪!一截活动铅笔芯深深地扎进了她的指头,鲜血正往外面涌。一旁的同学都吓呆了,有的女同学都快吓哭了,不知如何是好。"快去医务室!"一个同学叫起来,"卫生老师不在!"另一个声音响起,"这铅笔芯有毒,要快些取出来才好"我一脸严肃地说。看到不断流出的血,和大家紧张的表情,一向勇敢的她忍不住流泪了,"忍着点,别怕!"说着,我小心翼翼地试图帮她把铅笔芯拔出来,几次失败后,她哭着说:"好痛,别拔了!求求你了老师。""再忍一会儿,马上出来了。"我鼓励她说。这一次终于成功了,同学们都松了一口气,我怕手指里残留铅粉,就用嘴使劲吮吸她的手指,把脏的东西吸掉。"记住!回家还要用酒精消毒。"我提醒到。此时,她那满是泪水的眼里充满了感激。第二天,她在数学日记里写了这样一段话:"朱老师,非常感谢您昨天帮了我一个大忙,您着急的目光中包含着对我无尽的爱,同时你的从容不迫、沉着冷静更是让我敬佩。我想成为你的朋友。"从那以后,她学习数学的劲头很足,还经常鼓起勇气来问作业里的问题,成绩渐渐有了起色,她现在是积极主动地去学习。只要坚持不懈,我相信总有成功的一天!

反思：

教学是一门科学，也是一门艺术。这种科学性和艺术性的统一，同样存在于师生情感交融气氛的创设过程之中，更确切地说，存在于老师和学生的情感表达之中。克鲁普斯卡娅在谈到教师怎样热爱学生的时候，就明确指出，"光爱还不够，必须善于爱。"一个人的感情有深有浅，表现出不同的深刻性品质。一般说，一个人情感越深厚，越能渗透到他生活的各个方面。因此，在一个人行为举止的细枝末节之处，往往很能看出一个人情感深浅程度。另一方面，学生对老师举动的观察更具有独特的敏感性，他们往往能从教师的一言一行、一颦一笑、一个眼神、一个手势中分辨出哪怕是最细微的差别，感受到不同的意味。

法国作家孔巴滋说："对于学生来说，教师的人格方面的影响比起智力方面更为重要。"把这句话用到培养学生成功心理方面也是完全正确的。不少有成就的科学家在回想自己走向成功的道路时，都提到中小学时代对某一位老师的崇拜是促成自己选择这一学科或相关学科作为终生奋斗事业的重要原因。这说明，教师的楷模作用在培养学生成功心理中同样有着巨大的作用。要培养学生的成功心理，关键是教师。教师不只是"传道、授业、解惑"，还应不失时机、不遗余力地千方百计培养孩子的自尊心、自信心，引导他们一步一步地走向成功。

关爱理解学生。理解他们的需要和追求，理解他们的欢乐和烦恼，理解他们的幼稚和粗心，不指责，不呵斥，不急，相信他们，与他们沟通，和他们"移情"，给他们引导、帮助，给予他们鼓舞和肯定的评价。要是老师每天能送给学生"一个微笑"，可以温暖学生困乏疲惫的心灵；每天送给学生一句"激励的话语"，可以激发学生的自信；每天与学生进行一次"友好交谈"，可以架起师生间友谊的桥梁。关爱每一个学生，是当今学校人性化管理的重要一环。教师要把学生放在心上，关心学生的情感体验，让学生感受到被关怀的温暖。久而久之，教师高尚的情感就能转化为促使学生追求进步的行动，并使这种行动转化为成功的事实，这是每一个学生健康成长的心理需求。

师爱的魅力是无穷的，它时而是柔和的，时而是严肃的，时而是机智的，时而是沉默的。施爱于细微之处，施爱于教学之余，施爱于困难之际，运用师爱的力量，与孩子的心灵擦出智慧的火花，是每个教师永恒不变的追求！

阅读为本，活动为优
——浅谈读书活动在班级管理中的作用

江晓君

摘要： 阅读活动是班级活动中的一部分，是班主任管理班级的有效途径之一。本文通过对三年班级阅读活动的实践总结，从"在阅读中让学生安静下来，规范行规""在阅读中让学生活动起来，培养能力""在阅读中让家校互动起来，构架桥梁"和"在阅读中让学生成长起来，陶冶心灵"四个方面，浅谈在班级管理中开展系列读书活动、建设书香文明的班级氛围的作用。

关键字： 阅读 行规 学习 能力 沟通 成人

"立身以力学为先，立学以读书为本"是北宋大文学家欧阳修的名言。要立身为人就要从读书开始。阅读是人类成长的阶梯。初中生犹如鲜花含苞待放，浇灌花朵的阳光雨露应飘满书香。

班主任管理班级就像船长掌舵，一个明确的目标，一系列行之有效的方法，可以使班级工作有序。初中生正处于人生发展最为迅速的时期，年龄的增长、身体的变化、人格的形成、知识的增加，明确的学习成长目标对他们来说尤为重要。作为班主任，我认为"学会做人"正是初中生首要的成长目标。作为语文老师，我首先想到了欧阳修的这句话，要立身必要先力学读书。所以，在接手班级伊始，我就明确了班级目标为"学会做人"，并以"立身以力学为先，立学以读书为本"为班级座右铭。

我利用学校特色的主题月活动平台以及语文学科优势，尝试在班级中开展系列读书活动，努力建设书香文明的班级氛围。并在此过程中试图总结些许经验，运用到班级管理实践中，不当之处，希望指正。

一、在阅读中让学生安静下来，规范行规

每一个班级在形成集体之前都有一段"散沙"时期，课间吵闹，行为不规范等等。一味的说教，大棒式的管理或许在一时间可以达到管理班级的目的，但是却不能产生长时间的有效性，也不能真正留给学生很深刻的东西。在新接手班级的时候，我仔细观察了班级，发现学生上课的纪律都不错，但是下课问题重重。课余生活，没有老师，

初中生比较活跃,教室开始"沸腾",慢慢一些不良的行为就会出现,行规问题接踵而至。

于是,我开始对症下药,开展活动,真正让学生明白"如何读书、如何做人"。我安排每天中午十分钟、每周五中午四十分钟的"午间阅读"时间。每天中午我和学生们一起吃午饭,和他们交流自己的读书的经历,激发学生读书的兴趣,我也经常性推荐一些好书给学生,让他们可以感兴趣地安静下来读书。每周五中午,利用学校平台,我带学生到图书馆读书,我和学生在一起阅读一些书籍,交流心得。时间都利用起来了,吵闹的情况也就不会发生了。

以我带头在班级中开展"图书漂流"活动。大家把自己拥有的好书带到学校一起分享,不记名互相借阅,既让每一个学生都有书看,也锻炼了学生的诚信。记得那天,我走进教室看见小A和小C在教室后面玩着"炒黄豆",我问原因,小A理直气壮地说:"布置的作业都做完了,没事做。"我一沉思,说:"你们等等。"我从办公室拿来自己平时一直在看的一沓杂志《细节》,对大家说,这是老师平时在看的杂志,很不错,有很多文章很有哲理,一些小故事很动人,出于好奇,同学们纷纷上来拿书。好书就是老师,原本吵闹的教室一下子安静了下来。

针对行为规范的培养,我专门开展了一个月的"行规测试",让学生熟读记诵学校的一日常规,大声朗读、抽句背诵。虽然这是一个形式上很"僵化"的测试,但是只有明确了什么该做什么不该做,才能落实到行动中。

虽然这不是正面进行行规教育的方式,但是慢慢地,我们班级的学生看书的多了,说话的少了;安静的多了,出事的少了。我想初中生既有小孩的好动,又有着青春变化,他们好动、躁动,很多时候的多动是自己都控制不了的。如果一再的强压,只会导致他们触底反弹,反而造成不好的结果。"疏优于堵",我采用读书的方式,让学生找到可以做的事情,这样就可以排遣他们的躁动,让他们可以安静下来,行规的问题自然就解决了,班级管理也可以有序开展了。

二、在阅读中让学生活动起来,培养能力

有人说"教育是一片云推动另一片云,一棵树摇动另一棵树"。教育的最终目标是为了成人。爱学生不仅是口头上、心理上的,更重要的是付诸实践。班主任的所有指导应该是为了帮助学生更好地适应明天的生活。只会听话的孩子,班级或许稳定,但对孩子来说远远不够。感谢我们学校的主题月活动,让学生们可以充分锻炼他们能力,也给班主任管理班级提供了一条捷径。通过各类阅读活动,让学生锻炼能力,也端正了学生行为规范。

我积极组织学生进行"经典诵读"活动。我不仅安排班级学生参与学校的吟诵、朗诵活动，还在班级中开展诵读活动。我们诵读书本上的诗词，我们交流自己阅读到的好诗句，有的同学还给大家朗诵上几句英文诗歌。在诵读活动中，内向的孩子开口了，胆大的孩子有热情了。小F是我们的班长，品学兼优，唯独胆子出奇的小，预备班第一次代表班级发言，她满脸通红哭着回来，不敢在人前展现。但是经过班级里的诵读活动，她胆子大了，上台主持、表演都表现很好。她有了自信，作为班长，工作起来也更加到位，成了老师的好帮手。

"编演课本剧"一直是我们班级的重头活动。课本剧锻炼学生的表达能力，提升学生的自信心。它不仅仅是一种表演，还需要关注对手，和他人配合；自己的表演不仅要生动，还要能感染观众，这就是综合能力的锻炼。更重要的是，课本剧表演是一个集体活动，并不是一个人可以完成的，这是让班级产生凝聚力的一个好活动。我们班的小C是初中才到上海的，在大山深处长大的他从小无人管教，养成了一些不好的习惯，喜欢显摆自己、吵架、打架、甚至不太讲卫生。同学们都不怎么喜欢他，有点排挤他。我多次找机会，告诉小C同学，他的问题在哪里，要如何改正，怎么做会更好。很多同学都不能接受他的"显摆"，我试图转变他，让他接受别人的意见。那次我们排练课本剧《孙悟空三打白骨精》，我决定让小C来演孙悟空。我事先找他聊了一下，希望他通过这次表演让大家看到他的长处，也希望他可以很好地和同学合作。从排练到比赛，小C都认认真真，对别人的指出虚心接受，反复揣摩剧本，表演生动敢做。犹记得我们班级自编的课本剧《流动花朵的梦》，这是为了参加读书月校园课本剧大赛由我们自己创作的。我们班大多是随迁子女，他们要表演自己的心声，从剧本到语言，从道具到过渡，整整三个月，几乎全班参与，磨合每一个片段场景，明确每一个点的动作表演，甚至纠正着每一个字的读音。一个八分钟的课本剧，多次代表学校参加各项市区比赛，多次获得荣誉。一张张奖状证明了学生一次次地成长。通过活动，同学们收获更多的是听别人的意见、通力合作的精神，班级的凝聚力一下子提高了。

年龄大了，学生的想法也就多了，如何找到一个合适的平台让学生发挥，也可以锻炼能力呢？借助学校平台，我利用起了"辩论会"的活动。让学生对感兴趣的话题进行充分辩说，如该不该闯红灯、青少年如何对待零用钱、我们需不需要智能手机等等。为了让自己的观点得到大家的认同，学生们纷纷"发力"，于是，下课管闲事的同学不见了，图书馆、电脑台前同学们三五成群充分调动各项资源查找着、研究着。只见辩手们写辩论稿、修改，忙得不亦乐乎。真正开始活动，有理有据的陈词获得了阵阵掌声。而这掌声不仅证明了学生在辩论能力上的提高，更是对学生充分表述自我情感和观点的认可。

活动是管理班级的方法之一，将活动和学习方式有效结合，班主任在活动中无需过多的说教，学生在实践中自然能够掌握知识、懂得道理。活动也是班级凝聚力提升的方法之一，一个班级有了凝聚力，能够互相包容，班级的行规自然会有积极的发展。

三、在阅读中让家校互动起来，构架桥梁

　　有人说，班主任工作有一个大难点就是家校互动，班主任可以管住学生在学校的八个小时、五天时间，却不能掌控学生离开学校之后的行为，所以经常出现"2>5"的情况。对此，我也很迷惑，如何更好地利用学生在校外的时间，如何让学生在校内的习惯延续下去，成了我的思考。

　　那一天的家访让我有了灵感。小B是我们班级一位中等生，因为初中才来到上海，行为习惯并不很理想。在学校，因为各类活动和课程占据了他大量的时间，他的表现往往还可以。但是那天他爸爸气愤不已地告诉我，小B在家总是无所事事，一点书都不看。我询问小B原因，小B告诉我："每天回家就做作业，做完作业复习完爸妈总还是叫着看书，我看看其他书和杂志他们总是骂我，可是我真的不想一天都对着语文数学书看呀。"其实我知道父母和孩子都没有错，父母的想法是读课本就是好，其他都是"闲书"不利于学习，但孩子在学校学习了一整天，也需要放松一下。经过了解，小B的情况绝非个案。

　　于是我利用家校联系日的活动，和家长一一说明阅读对于学生成长的重要性，然后推出"睡前十分钟"的阅读活动，让学生在睡前看十分钟他们喜欢看的东西。我告诉家长，重要的不是看书的内容，而是让孩子养成每天看书的好习惯，只要是一定范围内的书，学生都可以有所收获。同时，我也告诉学生家长的用心，然后将自己阅读的书籍推荐给学生，如《藏地密码》《狼图腾》《礼物》等等，用引人入胜的故事让学生在睡前放松一下，也养成读书习惯。

　　不久，我就收到了好消息，很多家长反馈，学生在家的阅读时间大大增加了，"管孩子"不再是难事。

四、在阅读中让学生成长起来，陶冶心灵

　　读过林清玄的《生命的化妆》，其中的化妆师谈到，化妆的最高境界可以用两个字形容，就是"自然"，但这只是浅层次的化妆，更深层次的化妆是要"改变体质"。"腹有诗书气自华"，要改变气质，就要多读书，多欣赏艺术，多思考，对生活乐观，对生命有信心，心地善良，关怀别人，自爱而有尊严，这样的人就是不化妆也丑不到哪里去。

　　我是一名班主任，我始终觉得教育孩子成长的关键是心灵的好坏。作为学科老师，我们或许有知识传授的要求。但是作为一名班主任，我们的最终目标是让学生"成人"，要丰富学生的心灵，让学生真正成长起来。而真正的修养身心的方法就是读

书。书籍是人类的朋友,通过书籍我们可以获得不一样的知识、不一样的修养。古人说"读万卷书,行万里路",所以"如果不读书,行万里路也不过是个邮差"。书可以帮助我们修炼、培养善良、高尚的美德。

在我们班级的阅读系列活动中,有一部分就是为了丰富学生精神世界安排的。比如,我们班级一起"阅读经典"。经典著作之所以被称之为经典,是因为它们经过历史沉淀的积累,它们中所蕴含的哲理深思不是单靠言语就能传播的。我们班级每学期除了要学习学校要求的四大名著之外,还有一些必读书目,如《边城》《朝花夕拾》《白鲸记》等等。初一时,我们专门开设了关于读书的主题班会,班会活动中,我们抛弃了传统的一些玩闹活动,专门练习了节目向同学推荐经典著作。有用小品推荐《西游记》的,有用朗诵推荐《爱的教育》的,有用古筝表演推荐《中国十大名曲》的。在阅读中,学生学到了知识,更丰富了自身的精神,提高了修养。记得初二的时候有一位同学在写给我的信里这样说:"老师,我现在每天都看书三十分钟,因为我觉得多读书的人不仅知识丰富,而且也懂得生活。"

为了提高学生阅读质量,也为了丰富学生心灵,我们班级还开展了多角度的"汉字解析"活动。由老师和学生、学生和学生,师生合作,一起来探究一些常用汉字的来源、用法。活动中,学生深入接触中国古代汉字和文化,对母语有了更深的认识,也对中华民族的文化和礼仪有了了解,很多学生都对传统文化有了新的感受。

我们班级隔周的"看电影"活动,也深受学生的欢迎和喜爱。学生只能经历自己的人生,在初中的叛逆阶段,家长和老师的言传往往起不到很好的效果。所以我寻找一部分质量比较高的励志电影让学生看到不同的人生,丰富他们的精神世界。如,《放牛班的春天》让学生看到只要努力就能出色的不放弃精神;《国王的演讲》让学生看到勇于挑战自我的责任;《肖申克的救赎》让学生看到坚守希望的智慧;《美丽的大脚》让学生看到乡村师生的艰苦;《圆明园》让学生看到再伟大的国家都必须面对"落后就要挨打"的事实。一幅幅感人的画面,触动着学生的心灵,让他们唏嘘不已。

"书中自有黄金屋,书中自有颜如玉"。让学生爱上阅读,慢慢,学生的知识会丰富,精神会成长,一个班集体也就会越来越出色。

生命是一方待琢的玉,圣洁的雕刀,会把一切瑕疵雕去;生命是一块冲浪的帆板,奋力拼搏,才不会被海水吞没。学生的生命是一方纯洁待雕刻的宝玉,班主任的指引是学生成长的方向,是学生进步的源泉。耐心地教导学生,尽力地为学生奉献,班主任要帮助学生走好人生的每一步。

朱老师的"邮局"
——家班共育案例

朱沁雯

父母是孩子的第一任教师,然而很多时候,家长一味地把学校教育看成是学生学习和成长的关键和唯一途径,而忽视了家庭教育的重要作用。现实生活中,学生的成长决不单靠学校教育,家庭教育也至关重要,父母要为孩子系好人生的第一粒扣子。鉴于此,我认为要把学校教育和家庭教育有机整合起来,为学生打造一个完善的、良好的学习空间和平台,用心倾听,用爱传递。

一、案例背景

随着上海经济的发展,越来越多的外来务工人员的子女随着父母来到上海,他们就读于上海当地的中学。我校随迁子女占比超过90%。他们中大部分孩子在上海的家是简陋和狭小的,而且他们的父母大多只有小学或是初中的文化水平,每天除了忙于打工赚钱之外,对于孩子的学习既无力也无心管理,所以学生没有养成良好的学习习惯,有的甚至连家庭作业都不能按时完成。处于这个高速发展的时代,电脑、网络已经成为青少年生活中不可缺少的一部分,网络游戏又是他们日常娱乐的最爱。青春期是人生道路上身心发展的重大转折期,青春期的学生不善于调控自己的情绪,自我监督能力和意志都很薄弱,加上家庭教育监管的缺失甚至缺位,往往容易导致家庭亲子关系的疏离,孩子的生活学习状况愈发变得糟糕。

二、事件描述

"老师,小李同学早上又迟到了。""老师,小李同学今天又有好多作业没交。""老师,小李同学上节课又打瞌睡了。""老师,小李同学的手指甲没剪,我们班的行规又被扣分了。"……每天,班长都会向我反映小李同学的行为差错,让我们深感忧虑。为什么本该阳光活泼的男孩却如此的萎靡不振?到底是哪里出了问题?

小李同学的妈妈是外来务工人员,爸爸是上海人,小学期间他一直是跟随妈妈在外省市上小学的。到了要上初中的时候,父母帮他转到了上海来上学。但是妈妈由于各种原因,没有随他一起来上海。所以从预备到初二的这三年,小李同学一直是和奶奶一起生活，父亲则在上海的郊区做生意。这整整的三年他都是在奶奶的隔代关爱和教育下成长的。直到2018年6月，初二的最后一次期末考之后的家长接待日，小李同学当时的班主任就关于他通宵玩手机游戏、上学迟到、上课睡觉、作业不做等等的问题和父亲进行深入沟通，此时已经三年不管孩子的父亲突然意识到，如果再这样下去，他的儿子可能真的是要毁掉了……他的父亲陷入了深深的沉思和懊悔之中。2018年9月，妈妈放下外地的一切毅然地来到了上海，来到了三年都没有好好照顾的儿子身边，然而妈妈的突然出现，让无拘无束惯了的小李同学一下子暴跳如雷，他和妈妈糟糕的亲子关系以及整天在他耳边唠叨不停的奶奶让本就感到烦躁的他愈加感觉烦躁。所以升入初三后，他一点都没有初三学生学习紧张和压力巨大的样子，反而是迟到、作业不写或者抄作业、上课睡觉、晚补课逃学……妈妈说既然自己放下一切来到上海照顾儿子，就想好好管教这个儿子，让他重新走上人生的正轨，可是儿子从一开始的叛逆、反抗到最后甚至有了仇恨感，妈妈的良苦用心竟然得到这样的结果。绝望的妈妈几度都想完全放弃这个儿子。

三、问题解决

在我担任班主任工作的这八年里，随着时代的发展和网络的飞速普及，像这样沉溺于手机的学生比比皆是，无形中直接导致了学生成绩下降、生活和学习上自我控制能力差和亲子关系恶劣。要想改变这些孩子，我们要走一条崎岖而又漫长的道路。他们已不是四年前年少幼稚的预备班孩子，而是初显成熟的初三少年，这四年里，他的生活和学习方式都形成了一个"习惯模式"，想要他们完全挣脱出这个枷锁，需要学校、家长和孩子共同的努力和付出。

1. 学生和家长间的"传话筒"

我找了一个空的教室和小李同学谈了谈，对于他这样一个自卑不自信又少言寡语的学生来说，在众人面前的谈话会使得他感觉窘迫和沉默不语。他的父母告诉我，他从来不会在爸妈面前说很多话，袒露心声，他一直逃避和父母之间的对话，选择沉默或者少语来面对父母。所以我想面对这样的学生，絮絮叨叨的教育是没用的，言简意赅的少言交流才是正确的选择。所以我们进行了一次成功的谈话，虽然只有短短的10分钟，但是他告诉我他尽量克制自己少玩手机，早起床不迟到，少打瞌睡多听课。虽然这只是一个"尽量"的承诺，但是能迈出这一步，那也是成功的曙光。像这样的学生远远不止小李同学一个，面对这样沉迷于网络、自我封闭的学生，面对整日在家给他们上教育课的父母，他们会选择沉默，但是其实他们的内心是有很多困苦，很多疑惑无法诉说，很多他们不在父母面前说的话也许他能和老师交流。此时，作为班主任就要做一个耐心的倾听者，一个他们知心的朋友，从他们的话语中更好地来了解他们的内心。继而再把这些交流的讯息仔细地讲述给他们焦急的父母听，做好学生和家长之间的传话筒，这样也有助于家长们和孩子有更多的相互了解。当然，做好这个传话筒并不容易，而是需要思虑周全。初中的学生都处于青春敏感期，有时他们内心那么一点点小秘密、小隐私他是不想让家长知道的，那么老师就要权衡这些小隐私的利害关系，适当和巧妙地做好这个传话筒。

2. 家庭－学校"一点通"

之后我加了小李同学的个人微信，因为他是一个比较内向的学生，所以即使老师通过私下和他交流学习的状况，他也是"冷淡"地和我只言片语地交流。即使这样，我也不放弃和他每天仅有几条的微信交流。同时，我也实时和他妈妈进行联系，让他的妈妈暗地里观察一下他看到我的微信以后是不是可以在十分钟以内放下手中的手机，拿起书本开始学习。第一次，他是花了半小时多才放下自己心爱的手机，第四次23分钟，第六次15分钟……他不可能做到看到我的信息马上停下自己的所爱，但是至少他是在一点点地进步。一个人养成坏习惯可以是一分钟的事，但是戒掉这个坏习惯需要用一年、两年甚至一辈子，无论如何，点滴的进步也能让父母和老师有些许欣慰。

对于这样一群缺失关爱和管教的孩子，家长们往往从一开始忍耐到最后爆发，但是问题还是无法解决。作为班主任，我会寻找机会，和家长进行交流，希望家长能够明白，家长和学校更应该多联系，家庭和学校在对孩子的教育上有各自的特点，但又有各自的不足，只有两种教育互补，才能更好地促进孩子发展。例如孩子在学校和在家表现不同，如果没有家长和老师的及时沟通，那么孩子的这种差异也不会被发现。不管是家长还是教师，只有清楚了解孩子的行为个性，才能对症下药，进行有效的双向教育。家庭和学校虽说是两个不同的点，但是其最终指向都是一个"点"，那就是孩子。

3. 爱的热力"用信"传递

对于这些缺失了好久父母关爱和教导的孩子来说，父母是一个多么熟悉又陌生的字眼；对于这些好久没和孩子促膝交谈的父母来说，孩子又是一个多么熟悉又陌生的字眼。在科技发达的现代生活中，打电话、发短信、网上聊天等通讯方式简便而时尚，而传统的书信交流方式逐渐被新型通讯工具所代替了。不过，在教育孩子方面，我认为写信却是一个非常好的亲子沟通方式。好多时候，孩子一站在自己面前，就不知从何说起了，与孩子面对面交流时，很多父母往往难以控制自己的情绪，孩子也容易把父母的话当作耳边风，甚至产生反感。作为班主任，我会做好家长和孩子之间的"邮局"，我会把孩子在学校里一些表现和问题跟家长交流，家长们通过书信和孩子进行交流，然后通过我来"邮寄"给孩子。一封饱含真挚感情、思路清晰、富有说服力的信摆在孩子面前时，孩子不但不会反感，反而会更加重视父母的话语，仔细地思考父母所写的内容，从中体会到父母的苦心和关爱，同时孩子的心灵更容易受到触动。像这些工作忙碌的外来务工的家长们，有时也想和孩子交流，但是由于忙碌，交流也变得仓促，所以孩子就觉得父母不重视自己，然而父母有时所谓的"叮嘱"又让孩子特别地有压力，所以我会鼓励孩子用书信来把自己的真心话写下来。每一次，孩子和家长都能在我这个"邮局"收获很多意想不到的内容和情感。我这个"朱老师邮局"会一直开下去，常年无休，充分地做好家庭和学校之间情感交流的枢纽站。

四、感悟反思

像我们这类学校外来务工的家长们，平时因忙于生计对孩子的生活和学习无暇或无力监管，到了最后一味地急功近利想要让孩子立马转变，反而容易起到相反的效果。这个时候家长应该多了解孩子的内心世界，多倾听孩子的诉求，必要时帮助他们解决他们不能解决的问题。

要做孩子的朋友，多给孩子以尊重、理解、鼓励；要做孩子成长的助推器，不要做孩子成长的压力器！在当今社会，有太多的家长们由于工作"放弃"了自己的孩子，等到想要再"捧起"孩子的时候，发现孩子已经不是当初的那个孩子了，你与孩子之间有一条大大的鸿沟，不是一步就能迈过去的，而是需要走好长好久一段崎岖的道路。

虽然我从事班主任工作的时间不是很长，接触的家庭也不是很多，但在家班共育工作中，我深感到，面对不同的家庭、不同的家长和特殊的孩子，班主任要及时且有效地和家长进行沟通，通过及时的反馈互动让家长和孩子能有更多的心与心的倾听与交流，用爱与智慧做好家班共育的小小"邮局"。总之，家庭和学校在孩子的教育上都会有各自的特点，但又有各自的不足，只有两种教育有机互补，智慧相融，才能更好地促进孩子健康发展。

走进学生的内心世界

颜 瑛

当教师苦,当班主任更苦。但苦中之无穷之乐,乐中之无穷之趣,却不是人人都能体会得到的。明代学者章溢早就说过:乐与苦,相为倚伏者也,人知乐之为乐,而不知苦之为乐。

作为班主任,整天都围着学生转,从催促早读到检查放完学卫生,还要找人谈心……"忙"死了——披星戴月,比一般任课老师辛苦,但这何尝不是班主任特有的幸福源泉之一呢?与学生朝夕相伴之际,师生感情就更为深厚;与学生促膝谈心之时,师生心灵便更加贴近。

在班级的一次音乐课上,我给学生播放一首《朋友》的歌,然后深情地说:"天底下最难得的是知心朋友,英国哲学家培根说过:如果你把快乐告诉一个朋友,你将得到两份快乐;你把忧愁告诉一个朋友,你将被分掉一半忧愁。我希望从今天开始,我们能够成为可以共享快乐、共担忧愁的朋友。"班级中掌声响起。我接着说:"当今社会,网络走进普通人们的生活,很多学生也上网。在我们的交流中,同学们的往往不敢说真心话,因此我公布我的QQ号码,大家可以随时给我在QQ上留言"。我的话立竿见影,第二天我的QQ上的小喇叭在不断地闪,很多学生都申请加我为好友,我很开心的一一通过,过一段时间后,我的QQ上已经有21个学生,在这里上我以朋友的身份和他们聊天:谈班里发生的事情,让他们发表自己的看法;谈生活,一起分享他们的喜怒哀乐,引导学生合理地利用网络;谈理想,鼓励他们努力学习!

令我最意外的是我班的小洪同学,一个被所有老师认为很难管教的学生。最奇怪的是第一个加我QQ的就是他,在QQ的聊天中,我慢慢发觉他其实很聪明,很有想法,但是逆反心理非常重。他也很乐意说自己的过去,也明白自己的不足,知道自己的错误,所以他很想去改变,但是现实中,他感到很辛苦……在网络上我经常帮他分析,并且给予引导和鼓励。虽然成果不是很大,但是现在他遇事都会和我谈。我特意开了一个班级"群",在QQ上,我还经常保持和他们联系,经常谈谈心,使我对学生的了解加深,班主任工作变得更主动了。

现在的学生喜欢上网,如何引导学生正确的运用网络功能是一个让我们很头疼的问题。社会在变化,我们不能再以用老方法去教育学生,因此我在网络上进行德育教育,既做到寓教于乐,又可以引导学生正确使用网络。日常德育教育过于严肃,往往使学生产生一种压抑感,而苦口婆心的说教又容易使学生产生厌倦心理。学生学习时间紧,要充分保证这些活动的开展,难度较大,利用网络模拟生活中的德育情景,结合学生的兴趣爱好,让学生在虚拟的社会生活中开展道德实践,既具有娱乐性,又有真实性,而且学生在活动中所花的时间较少,收到的效果很明显,既拉近了和学生的距离,也便于进行德育教育。

> 读 书

永远走在"胜任"的路上
——我的教育叙事四则

隋文同

  "我真的具备扎实的专业功底、专业的胜任力吗？我真的为每个学生的学习进行了更好的设计和指导吗？我真的能在人格和学识上，成为学生的审美对象吗？我真的能让学生内心生成美好温暖的情感，并将其不断传递吗？我真的能不辜负学生在最美好的年华，与我的这一次相遇吗？"带着来自北京十一学校历史老师贺千红的这"五问"，开启自己今天的寻"问"之旅，分享几则自己的从教故事，并从中归纳一些自己关于教育的粗浅认识和想法。

  班主任工作：让我拿什么爱你

  2010年、2011年，我担任班主任工作。在《请给学生一把梯子》一文中，我记录下其中的一些所思所悟，就师生关系问题我作出如此描述和评价：曾经有学生把班主任和学生之间的关系比作"猫和老鼠"，也有一些班主任把学生对他的惧怕看作是"师道尊严"的重要体现。有的班主任认为，老师和学生是永远不能画等号的，我要你怎样你就怎样。其实，我觉得这种观点都是值得商榷的。因为这样使得班主任和学生处在对立状态，不利于班级工作的开展、不利于学生积极性的调动、更不利于学生能力的培养。班主任要尊重学生的人格尊严，彼此无高低、尊卑之分。要关心爱护学生，积极深入学生当中，了解他们的学习、生活等各方面，用亲近和信任来沟通与学生之间的感情，用爱的暖流去开启学生的心扉，使他们乐于接受教诲，正如古代教育家所言"亲其师，信其道"。

  当时我班上学生小周是个外地来沪的单亲家庭的孩子，母亲患有智障，他性格内向、孤僻，课堂表现上时常有一些出格的行为，令任课老师们很头疼。我经常主动找他聊天、谈心，在学习、生活上予以积极的关心和帮助，基本每天能与他沟通。后来在一次闲聊中，小周主动开口说："老师，我之前感觉你很凶，所以都不大敢跟你说话，其实你心底对我们很好的，这我能感觉到。"时隔近20年，我再回想起来做班主任时的一幕幕，我有时不敢想象，当年我除了给学生留下了"凶"的印象外，还能有什么……

是我当年年级中唯一一个敢开公开课的任课老师，还是所任教两个班的语文学科取得过年级中仅有的两个班级及格率仅100%的成绩，我简直不敢多想！

综合治理岗位：理想很丰满，现实很骨感

2006年—2012年，我负责学校的综合管理工作。期间我创造性地开展"爱心伴我成长"结对帮教工作。结对学生例会紧密结合校主题月活动开展，改变了以往单一、枯燥的说教形式，而是以问卷座谈形式注重活动育人、活动体验、活动反思，每次会议就是结对学生自我总结和提高的过程，并通过例会及时表扬活动典型，这一形式颇受结对学生们的欢迎。通过扎实开展"爱心伴我成长"结对帮教活动，丰富了结对学生们的业余生活，转移了他们的注意力，增长了他们的见识，使他们学到了一技之长，更为重要的是他们不仅仅学到了知识，而且参与活动的意识增强了，同时在活动中发现和发挥了自身的优势和特长，在活动中证明了自己的实力，大大增强了他们的信心和勇气，实践证明，学校帮教结对的学生在行为规范和学习成绩上大多都有较大进步，不少同学被成功转化，也有效控制和减少了行为偏差学生给学校带来的隐患。

记得结对学生中，陈蕾同学的一篇文章被《青少年科技报》录用，同时她还代表全体学生在"庆六一"升旗仪式上作了热情洋溢的发言，她的这篇发言稿也被发表在杨浦教育网上；汤蓓佳同学由于出色的表现，后来由她负责我校"新颖"广播电视台策划部的工作，工作干得也是有声有色，并且她有多篇文章在《新颖》校报上发表。学校结对帮教工作的方法和经验也在杨浦区教育工作大会上做了交流。当时问卷调查显示，结对学生对学校结对工作的满意度一度达到100%。如今，原先的"爱心伴我成长"工作手册已被如今的学生成长档案袋取代，我感到，这其实也是倒逼我们工作要思考谋划在先，争取工作主动，并敢于创新。

科研新征程：我们不一样

从2009年，学校被确立为杨浦区随迁子女教育协作组组长单位，从此协作组工作不仅事关自身学校还要协调其他16所学校，从协作组融入教育日常课题研究工作到每年一次的年会筹备，科研室都牵头推进，协调实施，经历了从顺势选择到主动适应的一个历练过程。这其中的作为心理导航课程的升级版《生存宝典》，从课程体例到读本，从教材到教学指南，数易其稿，曲折艰辛。凝聚了我们太多的智慧和付出，承载着太多的经历与感悟。然而，是那份对随迁学生教育的朴实情感与神圣使命，让我们团队毅然决然地演绎出"莫斯科不相信眼泪"的善行壮举。交流、研讨、碰撞，专家研讨、修改、调整、完善，大家长年累月，抱团取暖，不断前行。

记得第一册教材就在万事俱备，只欠东风的这候，一个让我没有料到的问题出现了，我清楚记得那是 2015 年的暑假，出版社要求书中所涉及的图片一律都要确保原创，就这样，我将书中 100 多幅照片精心分类，像上海一些特色美食中的"四大金刚"，我自己先买来或亲手制作，更多的是一些上海的建筑、道路、场馆的照片，我便利用暑期 7 天时间，早出晚归，研制拍摄路线，硬是获得了宝贵的"第一手资料"，最终让《生存宝典》这门融入教育的首本课程教材，在众人的期盼中最终呈现在 2015 年杨浦区随迁子女年会的发布现场。

当然，重要的不是这本书本身，而是适合随迁学生的校本课程，是课程给他们带来的乃至令其一生都刻骨铭心的经历和体验。他们正在体验中成长，在成长中完善，正逐步阳光自信地融入上海这座城市，拥有了立足社会的技能素养。想到这些，我倍感欣慰，再辛苦值得了。

教育路上：一个都不能少

前几年，我校随迁学生占比一直处在 90% 以上，其中随班就读数量有所增大，他们往往容易成为缺少关注的群体。也许是命运的安排和人生机缘，让我平时对校园里这样的一些学生给予格外关注，之所以"格外"，因为这本不属于学校安排的帮教任务；之所以"特别"，因为我反倒会更加偏爱他们。就拿随班就读的学生小刘来说，几年下来，他成了我这里的"常客"，课间、午饭后，总不忘来看看我，刚开始时我记得他说话含糊不清，后来，他不开口，我就主动一点；他没话，我就主动找话题；他抱怨，我就耐心倾听劝慰，放学后，我还经常陪他一起回家。

转眼间，到了初一，小刘竟主动报名参加了我开设的金融理财拓展课，这让我喜出望外，我鼓励他说：记住！以后课上老师希望你要大胆表现自己，敢于迈出这关键的一步，老师是你的朋友，一定会帮助和支持你。果不其然，理财课组队选队长时，小刘毛遂自荐，还破天荒地上台发表那甚至不成句的竞选演说，但他的勇气换来了信任，最终赢得"不理不痛快"小队的队长一职。此后，我试着帮助他克服自身困难，使得他顺领带领组员较好地完成一次次小组活动任务，更令我难忘的是，小刘经过一次次在同学面前发言交流的神情举止，开始变得从容起来、坚定起来，甚至是在 2017 年 3 月我开设的一堂全市性的交流展示课上，小刘和他的队员表现也不负众望，可圈可点，小刘也因此变得有些兴奋，然而我显得更加激动，其实让我激动的倒不是这堂课的成功展示，却是"小刘终于战胜了自己！"。

初二期中的一次语文考试刚结束，小刘便跑到办公室对我带着些神秘地说："老师这次作文我写了 500 多字，运气好的话应该能——能得个 27、28 分吧""不错，至少比上次大考有进步！作文题目是什么？""——我眼中的好老师，我写的就是你上的理财课……"事后得知小刘这次作文真的破天荒地得到了 27 分，分数背后更让人感到欣慰的是，小刘的校园生活和学习经历慢慢开始融入了他的内心和情感里，慢慢沉淀成他生命成长中的一段段精彩回忆。

如今，是小刘每天主动找我聊，聊的不只是学校里发生的故事，不只是年级里他拿手的将棋技艺和劳技得意之作，不只是与将棋老师对弈的那种成就感和科技节获奖的骄傲经历以及即将参加娄山杯将棋大赛的那份自豪，还包括他的家庭、他的父母的不易，还有他哥哥打工的坎坷，以及自己不能报考杨职的原因，和他自己将来想做麦秆画老师的想法……，我俨然成了他的一位"家人"。

不经意发现，即将初三毕业的小刘，口语交流表达越来越顺、言行越来越阳光自信，相信他终将会拥有属于他的一片未来天地！

结语：美文分享

永不凋谢的玫瑰

著名教育家苏霍姆林斯基曾是乌克兰一所乡村中学的校长，早已过世了。他曾记下过这样一则真事：

校园里的花房里开出了一朵最大的玫瑰花，红艳艳的花朵就像一张可爱的婴儿的笑脸——你肯定从来没见过这么大，这么美的花儿！全校的同学都非常惊讶，每天都有许多同学来看。

这天早晨，又有许多同学来观赏玫瑰花。他们一边看，一边赞不绝口。这时，来了一个大约三四岁的小女孩，她径直走向那朵最大的玫瑰花，摘下来，抓在手中，从容地向外走去。

同学们惊讶极了，有的非常气愤，有的甚至要上前制止那小女孩。正在旁边散步的苏霍姆林斯基校长看到了，走过去，弯下腰，亲切地问小女孩："孩子，你摘这朵花是送给谁的？能告诉我吗？"

"奶奶病得很重，我告诉她学校里有这样一朵大玫瑰花，奶奶有点不相信。我现在摘下来送给她看，看过后我再把花送回来。"女孩害羞地说。

听了孩子天真的回答，同学们不语了，教育家的心颤动了。苏霍姆林斯基牵着小女孩，从花房里又摘下了两朵大玫瑰花，对她说："这一朵是奖给你的，你是一个懂得爱的孩子；这一朵是送给你奶奶的。"

这个真实故事长久地激励着我，我幻想着生活中能有这样的美好。这也许是回应贺千红老师那"五问"的最好答案，我们永远走在"胜任"的路上。

2019年3月26日

好 的 孤 独

肖 玲

　　《好的孤独》一书共分为七个部分二十一篇，由陈果老师近十年来的教学心得整理而成，囊括了她的思想精髓。孤独让你远离喧嚣，让你的内心沉静而有力，判断无比清晰；孤独带着你我找到自我，听取内心声音，应对外界难题；孤独领你看清人生，不再慌乱和迷茫，活得从容坚定；孤独让你与自己对话，内心才是一切答案。所有复杂会变得简单、所有空虚会变得充实、所有焦虑会变为平静、所有脆弱会变得强大。从此，你再也不会感到迷茫，再也不会为谁受伤。

　　读过这本书让我印象最深刻的是西西弗斯的故事，为了跳出生死的规律耍手段骗过哈迪斯一时，但最后还是被发现，最终西西弗斯被打入了十八层地狱，日复一日，周而复始地将无法到达山顶的巨石一遍遍地推向山顶，还不能有一丝的松懈。陈果老师的那一句反问：我们何尝不是那个西西弗斯？让我也在反问自己，我又何尝不是那个西西弗斯？从小到大向好的学校推动着巨石，长大了向好的职业推动着巨石，有了孩子了为了下一代有好的学校和好的工作推动着巨石，周而复始，永无止息，这让我思考着这巨石的存在对于我们的意义，好的教育资源，好的工作机会对于我们的意义，我们也可以选择平庸地活着，可我们又不甘心这样活着，这种矛盾也许一直在我们心里存在，我们甘愿推动巨石不断攀爬，征服迎面而来的一个又一个山峰，战胜高山，战胜自己，可能这就是我们活着的意义。

　　对于孤独而言，我可能是最忍受不了孤独的人了，如果是我自己一个人吃饭、逛街、散步，那我可能只会选择宅在家里，如果我是跟我的好朋友们出去，那时候的我可能疯得连我自己都不相信，这让我一度以为自己不适合孤独。但在备考的那几个月里我背负着心中的目标、家人的期待以及不想失败的虚荣心，让我甘愿沉浸在自己的孤独中，这时候我才真正发现孤独赋予我的力量源源不断，让我变得越来越强大，让我不再感到迷茫，现在回想起当初的状态，很感谢曾经的孤独，也感谢那个曾经拼命努力的自己。

　　《好的孤独》中的一篇《要自信，不要自负》的文章也让我受益良多。一个自信者遇事时冷静沉着、待人时不骄不躁；一个自负者总是坚信自己的判断、自己的才干、自己的选择，即使旁人能提供与之相反的明显的客观事实或提出另一些颇有价值的方案，他们依旧视而不见、听而不闻、固执己见、一意孤行。自信和自负有一个相通之处，就是相信自己，两者之间的边界就是"适度"和"过度"问题，自负是"变了质"的自信。一个充满自信的人，不仅能使其他人在与之亲近的过程中不由自主对他抱以信任，而且他往往具有一种难以抗拒的影响力。在生活和工作中，如何使自己成为一个自信者而不是一个自负者，我认为最重要的就是要有担当精神和责任意识，同时找准自己的角色定位。首先就要把单位的每一件小事做好，所以我们一定不要看不起身边小事情，要充满责任心地去做好每一件小事。其次增加工作的激情和正式来自外界的压力。从身边优秀的人身上找到一种危机感，从而让自己产生工作动力，能够认真地对待自己工作，那么自然而然我们每个人的责任意识就增强了。最后是懂得反思，能够找出失败的原因，从而改进自己的工作态度，认真对待工作，敢作敢为，扮演好自己的角色。

孤独并不可怕，好的孤独蕴含巨大的精神力量，找到它我们就可以脱胎换骨，让我们常怀有对世界的好奇心、爱、信任、感恩等，这样你就可以做一个幸运之人，富有之人。

读《德政之要》有感

江晓君

初春暖阳,放下《德政之要》,我久久无法动笔写下后感,是疏于笔耕,还是被书中道理所折服?感觉再多的文字也很难说清本书之深奥之处;但又感觉有很多的感悟在胸中荡漾,起伏不定。

书中一段引用最让我难忘,也可以是说我阅读后的感受,是清代姚文田的《自题书房联》:世上几百年旧家,无非积德;天下第一件好事,还是读书。这句话道明了做人处事之法。我从《德政之要》之中读到了无数前人的德馨,然后激励出了自己的心得。

读《德政之要》让我重新触摸初心。阅读《德政之要》的第一感受,并不是书本的内容有多么吸引人,而是每篇开头的那一段段引用的《资治通鉴》的文言文,好亲切。在教书十年的过程中,文言文是语文教学的重点,但是除了为了教书而阅读、查找的文言文阅读资料之外,我已经许久没有捧起一本文言读物好好阅读了。回想自己大学时候曾一句句地为《资治通鉴》做引用校对,认真仔细,对比考证,那时候对于事情认真态度,突然让现在的自己很害怕。是不是在所谓繁忙的工作中遗失了一点什么?我想是初心。就是因为喜欢古文所以选择做语文老师,希望可以让更多的人了解中国古代文字和文章的优美,可以传承一点中华文化。但是,现实总是骨感的。那份初心,被各类现实挤压在了后面,甚至慢慢消失了,考点重于文化,应考重于积累。阅读《德政之要》,让我可以又一次见到自己对于古文喜爱的初心,让我重新认清了作为语文教师不光是为了分数,而是为了让孩子了解更多的中华文字。重拾初心,我要重新开始。

读《德政之要》还让我深层了解德育的重要。《德政之要》书中多次谈到"德",书名也有"德"。书中谈到德与才的关系、谈到选择人才"德在才先"、讲到君子"慎独",可见"德"的重要性。且看"德"字由彳(chì)、十、目、一、心组成。"彳",表示与行走有关。"十",指代直线,正确的标的方向。"十目",表示目光瞄准之意。"一心",遵循本心的意思。"德"意思是:直视"所行之路"的方向,遵循本性、本心。也就是"德"其实就是我们需要遵守的社会客观发展规律。从人的成长过程来看，德育是十分重要的。学校是推进德育的主阵地之一，良好的德育保证了孩子的健康成长，保证了孩子成为合格的社会人。例如书中所引用的三家分晋中荀家家主荀瑶的故事，即使荀瑶再有才华、再有能力，没有"德"最终还是导致国家的灭亡。学校教育首先应是德育，就是教导孩子应该做什么，不能做什么，有了这样的道德规范教育，才有了学生健康成长的保证。例如我们学校正在开发的主题班会系列课程，从孩子们的行为文明规范，到交友、诚信、责任、理想，一步步规范学生的品德规范，也是一步步帮助学生健康成长的过程。正如姚文田提到：我们的德育就是积德，为了孩子的健康成长积德。从人成长的需要来看，育德是基本。这里我认为的育德是指个人养育自己的品德。对于一个人来说德行的重要程度，人人皆知，显而易见。唐代刘禹锡的"斯是陋室，惟吾德馨"，道出了一代君子看中的品德的重要性；明代于谦的"粉身碎骨浑不怕，要留清白在人间"，揭示了一代名臣心中清白品德的真谛。"德"指导我们行为处事合乎规则，让我们的行为端正，才能成为合格的社会人。我们作为教师，言传身教，一言一行皆是学生的榜样，更是要养育自己的"德"，端正自己的行为。我们对学生的教育、启迪与帮助，并非仅仅限于课堂上，也不只是书本里的传道、授业、解惑。我们的言传身教，即对学生的影响力是终身的，常言道"什么样的老师教出什么样的学生"就是这个意思吧。雨果说：世界上最广阔的是海洋，比海洋更广阔的是天空，比天空更广阔的是人的灵魂。老师被誉为人类灵魂的工程师，必须具有高尚的道德情操，才能以德治教，以德育人。其实这些道理所有人都明白，但是正如书中所言"非知之为难，惟行之为难"，明白"德"容易，真正做到"德"很难。只要坚定信念，每天进步一点点，品德一定会有所提高的。

读《德政之要》让我再次审视如何为人。我记得小时候看《自古英雄出少年》里面有句我至今还记得的话"一撇一捺写个人，一生一世学做人"。"人"字，简简单单两笔，一撇一捺互相支持，稍有差池字就会歪斜。这次阅读《德政之要》，再次让我想到了"人"，或者更具体的说是"为人"。"为人"就是如何做人，是我们一生一世都要学习的主题，就像写"人"字，一步步做，一笔笔写，不能有任何的歪斜，否则"人"字不正，"为人"也不正。《德政之要》告诉了我们，"为人"的几个基本方面。"君子慎独"，是指要有自律的智慧，作为教师要潜心钻研教材，坚持真理，端正自身，板凳长坐得十年冷，耐得住寂寞，用心于本职工作，这样为合格的人就不难；"俭以养德"，洁身自好，选择了做教师最好的回报就是孩子的成长。修身养性，廉洁自律，这样为合格的人不难；"勇挑重担"，坚守是非，作为教师端正自己的行为，勇于承担责任，坚守道德，这样为合格的人就不难。中华汉字神奇奥妙，"为人"亦是"为人"，教师的作用就是为了每一个学生的健康快乐成长。书中"治道篇"中谈到"以人为本""天下为公",胸有大局,要有集体意识,作为教师,我们不仅仅要关注一个学生的现在、一门学科,而是要关注一个孩子的成长的现在和将来、关注自己学科的今天和明天,老师的工作就是保障学生的成长;书中也说"没有人,没有一切",的确,如果对于一个学校来说没有了学生,那么这个学校、这些老师还有什么存在的必要呢?所以老师要眼中有学生、心中有学生。

读《德政之要》让我越发坚定读书。读书的好处数不胜数,就像姚文田所讲的这是"天下第一件好事"。姚文田自己就印证了这句话,他博学多识,乾隆年间召试第一,最后官拜内阁中书,在任上,他劝农养民、肃清狱案、稳定米盐价格、改善黄河漕运,桩桩件件都是为了百姓,他"以人为本",还留下了大量著作教导后人。我想一个人讲读书作为最大的乐趣一定不是坏事。阅读,从书中吸收知识和道理,养护自己的内心,端正自己的品德行为,让自己成为一个合格的、有用的人。

洋洋三百页的《德政之要》可读、应读,它真正诠释了"以史为鉴,可以知兴衰"。作为教师,我们应该常保初心,坚守德育,以生为本,读书教书,此非陋校,德馨有得。

读《丰子恺》有感

缪 莺

近日,我认真阅读了《丰子恺》一书,这位文化老人的形象在我的脑海里逐渐清晰起来。

众所周知,丰子恺是以漫画名闻遐迩的,但是丰老的才情何止于此?在《作画好比写文章》一文中,丰老承认对文学的兴趣特别浓厚,甚至认为自己作画不免受到文学的影响,是企图用形状色彩来代替文字而作文。由此可见,文学是丰老创作的主要部分,他们文学作品以随笔为主,我自己也很喜欢写随笔。文中几篇文章简直可以指导我的人生观,丰老的随笔写得浅白流畅,对学生来说也是很好的语言熏陶,他的画不是纯粹的风景画或花卉等静物画,而是画中有深意——包含人生情味或社会问题,耐人寻味,可以看看,又可以想想,像作文一样表情达意。

丰老的随笔曾经由日本汉学家吉川幸次郎选译成日文。他在文中评价:著者丰子恺,是现代中国最像艺术家的艺术家,这并不是因为他多才多艺,会弹钢琴,作漫画,写随笔的缘故,我所喜欢的,乃是他的像艺术家的真率,对于万物的丰富的爱,和他的气品、气骨。如果在现代要想找寻陶渊明、王维那样的人物,那么,就是他吧。他在庞杂诈伪的海派文人之中,有鹤立鸡群之感。

《山中避雨》是一篇极富诗意的温馨随笔。文章描述了丰老带着两个女儿到西湖山中三家村的一个茶馆避雨。为了给她们解闷,父亲从会拉胡琴的茶店主人那里借来胡琴,拉出种种曲调来伴女儿唱歌。唱到《渔光曲》(当时的流行歌曲)时,三家村里的青年也齐唱起来,"一时把这苦雨荒山闹得十分温暖",父亲在这里体会到了"乐以教和"的真意:一把在当时只值二三毛钱的胡琴,配上优美的流行歌曲在群众中演唱,"其艺术陶冶"的效果,恐怕比学校的音乐课深远得多呢?这里既有诗意的描述,又有理论的总结。

《作父亲》也是我喜欢的一篇随笔。整篇文章共两千字,绝大部分都写几个孩子们买小鸡的事。他们越是嚷着要买,卖小鸡的人就越是不肯让价。于是,作父亲的就想教他们:下次……可是,"我不说下去了。因为下面的话是'看见好的嘴上不可说好，想要的嘴上不可说要'，倘再进一步，就变成'看见好的嘴上应该说不好，想要的嘴上应该说不要'了。在这一片天真烂漫光明正大的春景中，哪里容藏这样教导孩子的父亲呢？"短短四行字，道出了全篇的精华，没有这最后的一段点睛之笔，这篇随笔就淡而无味了。

说起丰老，就不能不想起他的音乐教师李叔同先生和国文教师夏丏尊先生。李叔同在浙江第一师范学校时，教丰子恺音乐和美术。他教这两门功课，学生学得比国文和数学还认真。李先生每星期教授弹琴一次，他先把新曲弹一遍给学生听。略略指导指法的要点，就令学生各自回去练习。一星期后须得练习纯熟回来弹给先生听，这叫作"还琴"。但这不是由教务处排定在课程表内的音乐功课，而是先生给学生规定的课外修业。每当学生匆忙吃完午饭，来琴房弹琴，而不能通过时，先生用和平而严肃的语调低声说，"下次再还"，于是学生只得起身离琴，仍旧带了心中这块沉重的大石头走出还琴教室，再去加上刻苦练习的功夫。所以，说起音乐演奏，丰老总觉得是一种非常严肃的行为。须得用"如临大敌"的态度弹琴，用"如见大宾"的态度听人演奏。从中可见一代艺术大师治学的严谨，学生求学的认真、刻苦，值得我们当代师生效仿、学习。

夏丏尊先生对学生如对子女，率直开导，不用敷衍、欺蒙、压迫等手段。学生最初觉得忠言逆耳，看见他的头大而圆，就给他起个诨名"夏木瓜"。但后来大家都知道夏先生是真爱学生，这绰号就变成了爱称而沿用下去。他教国文的时候，正值"五四"将近。学生做惯了"太王留别父老书""黄花主人致无肠公子书"之类的文题之后，他突然叫学生做一篇"自述"，而且说："不准讲空话，要老实写"。有一位学生，写他父亲客死他乡，他"星夜匍匐奔丧"。夏先生苦笑着问他："你那天晚上真的是在地上爬去的？"引得大家发笑，那位同学脸面绯红。又有一位同学发牢骚，赞隐遁，说要"乐琴书以消忧，抚孤松而盘桓"。夏先生厉声问他："你为什么来考师范学校？"窘得那人无言以对。这样的教法，最初被顽固守旧的青年所反对。他们以为文章不用古典，不发牢骚，就不高雅。竟有人说："夏丏尊自己不会做古文（其实做得很好），所以不许学生做。"但这样的人，毕竟是少数。多数学生，对夏先生这种从来未有的、大胆的文学革命主张，觉得惊奇与折服，好似长梦猛醒，恍悟今是昨非。

阅读丰子恺的文章，是一种享受，丰子恺"快乐"了一辈子，因为他喜爱艺术和儿童，有一颗赤子之心，能够在生活的细微处，在艺术的浩博中，充满了对美的向往，对纯真生命的爱——这些正是人类生活中永恒的元素。所以无论时代变幻，他的文章仍会让当代读者露出会心的微笑。

读书写作慰平生

钟树德

我生来好静，不善交际，读书、弹琴、练字、下棋，曾是我工作之余生活的主旋律。

学生时代，曾做过文学梦。可那时好书难得，如果幸运地从同学处借到，则如饥似渴、手不释卷地读起来，读完再久久回味。

工作以后，有了收入，到城里总要去书店逛逛，买回一两本，有新诗，有畅销书，也有文化经典。读后开始摘录，几个句子，一段话；报纸上有喜欢的精彩的段落就剪下来。闲暇拿出来翻翻，别有一番滋味。几年下来，居然抄了三个笔记本。有那么几年，痴迷弹吉他，平时少则半小时，寒暑假多则三四小时不等，加上练字，书没读多少，倒练就了耐得住寂寞的心境。至于那些看过的书，只保存了极少数几本，绝大部分或借或送给了学生。

有两个暑假，实在没书看，又不喜欢出门会友，于是拿出《唐诗鉴赏辞典》《唐宋词鉴赏辞典》，从曾学过的诗词开始，从李白、杜甫的作品开始，读到白居易、杜牧、李商隐，再读到苏轼、李清照、辛弃疾、柳永、姜夔。一首首诗词读下来，一篇篇鉴赏文字看完，不仅叹服境界之美，造句之工，也领略了唐宋时代的历史风云，更走进了诗人的内心，常引发怀古幽情。

人文阅读，只是凭着一时兴之所至；而专业阅读，则是开始于十年前。

那时，学校给每位教师购买了苏霍姆林斯基的《给教师的建议》、肖川的《教师的幸福人生与专业成长》；之后几年，学校又陆续下发了《窗边的小豆豆》、于丹的《〈论语〉心得》《岁月如歌》《班主任兵法》《永远的陶行知》等书籍。读后大家撰写读书心得，开展阅读交流。

随后，自己购买了《有效备课上课听课评课》《优秀教师最重要的标准》《给教师的20把钥匙》《课堂教学的50个细节》《传道——让教学更有效》《外国教育史》《中国教育史》《阅读教学设计的要诀》《静悄悄的革命》等书籍。这些著作，每一本都仔细研读，慢慢咀嚼，一边阅读一边观照反思自己的教学。读罢撰写札记，坚持下来，到现在大概有五万多字。

在教学实践中,从课前备课到测评分析各个环节,时时回想书中一些论述,指导、调整、改进自己的教学行为。语文教学始终坚持大语文观,打通课文与生活的联系,深入浅出的分析讲解,用学生听得懂的语言解析他们听不懂的知识,让基础薄弱的同学都能听得懂,打造个人教学深刻而又平易的特点,一直是我工作上的追求。

下班回家,角色转换,超市菜场,炒菜刷碗,大部分时间要处理家务,时间十分琐碎。为了利用好这些碎片时间,几乎随时都带着书刊,即使时间不太长,揣上几张报纸也是常有的事。出门办事排队,带小孩到公园玩,可以翻翻报纸,看看《语文学习》一两篇文章;时间长一点,则可以阅读一些专业著作。比如在医院陪孩子吊盐水,一等就是几个小时。于是就掏出书来看,中间虽时常被打断,但陪伴一次也能读个二三十面。旁边陪护的家长还以为是什么扣人心弦的小说呢,其实那是一本教学理论书籍《阅读教学设计的要诀》。回故乡探望母亲的火车上,也可以静心看上一两个小时书,如果有所感触,还可以写一点什么。

暑期时间比较充裕,就可以集中注意力啃一些难懂的教育教学理论书籍,比如《外国教育史》《中国教育史》《语文课程论基础》之类。读倦了,练一个小时字。不少书籍,理论性强,枯燥艰涩,看看停停想想,常常一个小时才能读十几面二十面。

时间长了,就把不同类型的书籍合理搭配起来一起读,难懂的和有趣的结合,理论性和叙事性的搭配。理论性强的读累了,就看看案例多的著作;难懂的读倦了,看看叙事类的,或练练字。比如,《外国教育史》看了一个多小时,再背背《学记》,练练钢笔字;《中国教育史》读累了,再看看《苏东坡传》《杜甫传》;《阅读教学设计的要诀》读了一段时间,再看一阵《静悄悄的革命》;《语文课程论基础》可以跟《致教师》搭配,《有效教学十讲》跟《不跪着教书》搭配,《语文学习》跟《德政之要》《万历十五年》搭配。这样可以转换口味,调剂身心,重要的是能延长阅读时间,多读一点书。

寒假回故乡探望母亲,一定要带一两本书。吃完晚饭,看一会电视,跟母亲聊一会家长里短。母亲去歇息,我就一个人静静地坐在温暖的被窝里,所有的喧嚣回归宁静,跟随文字走进书本,心也随之沉静下来,灵魂找到皈依,一种踏实满足感油然而生。一个个夜晚,夜阑人静,孤灯相伴;窗外朔风呼啸,频敲窗棂。一两个小时不知不觉悄然过去,掩上书本,手指冰冷,熄灯躺下;回想一整天的活动,这一天没有虚度,心中甚是坦然。

寒风呼啸放悲声,频叩窗棂好梦惊。
夜半孤灯堪自省,书香致远可修行。

2013年6月，有幸参与了区名师工作室学习以后，为了编写《浅读孔孟》，为了编写随后黄荣华老师领衔的"中华根文化"孟子专题的教学设计，我选读了《论语》《孟子》，对部分章节仔细研读，查阅了大量资料，对孔孟其人有了更多感性的认识，对孔孟思想也有了更深刻的理解。

学，然后知不足；教，然后知困。在专业阅读的同时，我也开始了教学反思。教过的课文，基本都写过反思，少则两、三百字，多则千八百字。反思的内容有课文的解读、教学环节的设计、切入点的选择、课堂的调控、教学时机的把握、教学策略的运用等方面的得失，不一而足。在坚持三年以后，就逐渐形成了自觉的反思意识。从六到九年级，经历两个大循环，累积的课后反思前后也有三、四万字。

现在再教同一篇课文，浏览以前的反思，总要立足学生的认知现状，对课文进行重新审视，重新设计；尽量继承以前设计、教学的长处，还要避免以前的失误或缺陷。叶澜教授曾经说过：一个教师写一辈子教案不可能成为名师，如果一个教师写三年教学反思就有可能成为名师。反思了这么多年，个人觉得还是离名师十分遥远。

虽然成不了名师，但不妨碍我对一些教育教学问题的思考：学生从小学带来的抄写强记的学习方式不适合中学学习，限制了学生思维发展，如何帮助他们去校正落后的学习方式；急功近利的社会风气严重影响到学生的学习行为，乃至不少学生浮躁草率的心态积重难返，如何让他们慢下步伐来驻足文字、含英咀华，等一等他们追赶的灵魂；数字时代，学生迷恋智能手机、网络游戏，如何培养学生的阅读习惯，亲近名著；学生的错别字频繁由哪些因素造成、该怎么去改变；学校的各项活动对学生成长到底多少是有效的……在寻找这些问题答案的过程中，促使我多方阅读，关心了解专家同行的研究成果。思考成熟，有的就写成教学论文，有的则写成教学随笔。不管质量如何，每学期总要完成一到两篇教学方面的论文。

对当今教育教学现状及日常生活思考得多了，也就有了一些感悟和积累，于是产生一种要表达的欲望；有时这种欲望强烈起来，不吐不快。于是我听从内心的呼唤，就把这种冲动形诸文字，姑且称之为"玩文字"吧。这几年的感悟所得，如果称为文章，总计有几十篇。

某些文章的得来过程，至今还萦绕脑际：我曾经的班主任去世三年后，几个同学撰文纪念，激活了我有些遥远的记忆。在前后几天时间，我不断在随身携带的小本上记录下只言片语、所思所想，甚至半夜醒来还在琢磨此事，联想起更鲜活的小事。晚上打开电脑，整理成文，越想越多，越写越顺，最终居然写到近五千字，是为《琐忆》，那是2012年9月3日。后来删减压缩，修改成两千多字的文章，参加全国征文比赛并获三等奖。

2013 年教初三，一个周五带着学生的作文回家批改，周一上班挂在车上颠着颠着居然丢了，到吃早餐才发现，于是反复回想一路的细节，整个上午根本没心思做事。中午，正愁肠百结之际，学校门房间竟然打电话给教导处，教导处通知我丢失的作文本失而复得！下班回家，在做饭炒菜的时候，百感交集，浮想联翩。于是，一边炒菜一边在便条上奋笔疾书记录头脑中的一个个片断，一句句联想。吃罢晚饭，抑制不住强烈的冲动，坐在电脑前，整理一天的思绪，敲字如飞，一个多小时，种种感想和思考凝成两千多字的《传递》，那是 2013 年 3 月 18 日。

前几天，一个男生在一天内连撒三个谎，经过"侦查""取证"，被我一一识破，在大概半小时内把他说得涕泪交流。整个谈话过程我始终态度平静、语气平和、措辞温和，只用了两个贬义词"撒谎"和"骗"。事后心生感慨，晚饭后马上把此事细细回顾，把事件的梗概记录下来，日后必是教育上的鲜活案例。

写作的过程时常伴随着熬夜，但我手写我心，所以乐此不疲，从不感到苦和累。回顾以前写过的一些文字，别是一番滋味在心头。

前年，有时有所感触，偶尔写点打油诗。去年，在微信群里，结识几个朋友，受到触动，如回忆青春岁月、学生生活，或逢端午或中秋佳节，唤醒共同记忆，诗友们你吟我和飙起诗来。我不免被卷入其中，豪兴勃发，一发不可收。去年暑期，经同事提醒，研究起诗词格律来，抄记仄声字。闲暇琢磨遣词造句、平仄对仗、意境营造，之后时有感悟，隔三岔五写上一两首，都严格遵循格律规范。两年时间，所谓的诗汇集起来大概五十多首。回想期间的转变，有诗为证：

初作诗词百病生，失粘失对犯孤平。
一朝细品唐嘉句，方悟因由艺不精。

一个人的阅读史，就是他的精神成长史。这些年来，虽然读了一些书，写过数量不多、质量不高的一些文字，也取得了一点进步，这些都不是最重要的。重要的是，读书、思考、写作成为我教学工作之余的一种生活方式，成为我人生的一种姿态。

且思且行,风雨兼程
——有感于《西南联大行思录》

张 懿

《西南联大行思录》,"集腋成裘,蔚为大观",对话大师,浅斟低唱,含英咀华,"西南联大"四个大字渐渐明晰起来,慢慢又幻化成一幅幅画面,或是一个个人物,精灵般跃然纸上,仿佛可以触摸得到,那么真实、立体。

书中鲜活的人物故事、生动的教育思想、炽热的文人情怀、耀眼的人性光辉,洋溢着、升腾着、交织着、升华着……我徜徉其中,思索着、感动着,同自己对话,鞭策奋进。

这其中,我尤其感动于西南联大人心中憧憬的"乡土中国"、他们尊崇的"兼容并包",以及他们敬仰的"百年陈酒",现撷取其中自己的一些粗浅感悟,仅供大家交流。

一、"乡土中国",责任担当。

"你可知'ma-cau'不是我的真名姓?我离开你太久了,母亲!但是他们掳去的是我的肉体,你依然保管我内心的灵魂。那三百年来梦寐不忘的生母啊!请叫儿的乳名,叫我一声澳门!母亲!我要回来,母亲!……"大家耳熟能详的《七子之歌·澳门》,其实只是闻一多《七子之歌》中的一首。这是闻一多先生于1925年3月在美国留学期间创作的一组诗歌,共七首,分别是澳门、香港、台湾、威海卫、广州湾(湛江港)、九龙、旅大(旅顺—大连)。如今这些孤独的游子们早已投入祖国母亲温暖的怀抱,但至今读到《七子之歌》依然让人心潮澎湃,正是无数个像闻一多一样的西南联大的精神斗士用满腔赤诚与大义担当铸就"乡土中国"这一宏幅巨制的不朽群雕。

胡适先生曾说:争你的自由就是争国家的自由。争你的权利就是争国家的权利。因为自由平等的国家不是一群奴才建造起来的。我想说,西南联大是新文化运动以来爱国、民主、科学的缔造者和传播者,而西南联大精神,正是中华民族奋发图强精神的生动写照。2016年,我有幸聆听了"纪念红军长征胜利80周年报告会",会上,《长征》一书的作者、军旅作家王树增,用大量生动可考的历史史料和可歌可泣的感人故事,穿越时空岁月,带领大家重走长征之路,追寻那段艰苦卓绝的峥嵘岁月,感悟那段苦难而伟大的历史征程,再次见证和瞻仰用血泪和信仰共同铸就的长征英雄形象和人类精神丰碑。正如西南联大抗日烽火岁月中的"南迁""北归",长征是共产党人崇高信仰指导下的一次人类壮举,支撑红军战士走完漫漫长征路的,正是信仰的力量。王树增说:"永远不要推着'独轮车'行走。"的确,国家的发展和民族的兴盛,不能只推物质这个'独轮车',一个小坑,一块小石头,就有可能翻车。而且,物质和精神的双轮车,也要两个轮子同步走,如果速度一个快、一个慢,同样会翻车。"的确,我们需要民族信仰,努力树立文化自信,道路自信,为伟大中国梦助力。

作为一个教育工作者,诚如于漪老师所言"教师责任大于天"。一次次崭新的生命历程,一道道横亘眼前的教育难关,我们抱团取暖,勠力同心,交织感动与悲壮,化成一曲曲生命的交响,只为让每个孩子能共享同一片美好蓝天。

二、"百年陈酒",继往开来。

美国教育心理学家吉诺特博士曾说:在学校当了若干年的教师之后,我得到了一个令人惶恐的结论——教学的成功与失败,"我"是决定性因素。身为教师,我具有极大的力量,能够让孩子们过得愉快或悲惨;我可以是制造痛苦的工具,也可能是启发灵感的媒介;我能让学生丢脸,也能让他们开心,能伤人也能救人。然而让我们倍感欣慰的是,"问渠哪得清如许,为有源头活水来",西南联大立意深刻且深远;"千里莺啼绿映红,水村山郭酒旗风"西南联大讲究热情与兴趣;"各美其美,美人之美",西南联大尊重个性与创造。于是我的思想"穿越"到了创新驱动,转型发展的时代,驻留在教育改革,内涵发展的当下,素描起教改一线的教育改革功臣们,如仇忠海、刘京海、张人利、何金娣、胡卫等等,也想到了至今在随迁子女教育领域"沃血田野"的一批批拓荒者,不知他们那方寸之心,到底能迸发出何等的眼界与智慧?

叶澜老师曾讲了这样一个故事:她仔细观察自己家门口的一棵白玉兰树,发现在叶子刚刚开始泛黄的时候,花蕾已经在孕育了。叶老师说,她突然领悟到,白玉兰的花,像梅花一样也经历冬季的风霜雪雨,凡春日绽放的花朵都经历过冬的严寒,这就是生命!我在想,莫非西南联大的同仁们是在苦难的岁月洗礼和质朴的学生"反哺"中沉淀出教育醇醴般的芳香?

春种夏耘,秋收冬藏,西南联大人在那段峥嵘岁月里高擎科学、民主、自由的火炬,谱写出一曲曲生命与教育的悲壮,于是生命之火便在这一次次的洗礼中升华,化成一道道精神的光芒,指引着你我,筚路蓝缕、铿锵前行,为实现伟大教育梦再添荣光!

三、"兼容并包",有容乃大。

"兼容并包,思想自由"是北大的办学方针,校长蔡元培在《〈北京大学月刊〉发刊词》中阐述了自己对大学精神的理解:"大学者,'囊括大典,网罗众家'之学府也。……各国大学,哲学之唯心论与唯物论,文学、美术之理想派与写实派,计学之干涉论与放任论,伦理学之动机论与功利论,宇宙论之乐天观与厌世观,常樊然并峙于其中,此思想自由之通则,而大学之所以为大也。""兼容并包",有容乃大,这也许可以作为蔡元培被浓墨重彩地载入中国教育史的理论见证。

如今,"海纳百川、追求卓越、开明睿智、大气谦和"这16字的城市精神,大家耳熟能详,上海教育又应有何作为,又能有何为? 于是我想到了我们随迁子女学生的教育,想到了我们的融入教育。就我校而言,三年时间内,进城务工人员随迁子女占比从2013年的83%,攀升至如今的92%。早在2009年,杨浦区政府牵头立项深入探讨随迁子女教育问题,自此"融入教育"便走进我们的教育视野,成为区域乃至全市关注的教育热点与难点。我们切磋琢磨,致力探索区域"融入教育",实践和效果表明,"融入教育"是打开随迁子女自信的一个有力的"阀门",可以焕发学生的内动力,从这一意义上讲,"融入教育"既是上海城市精神的生动体现,是对"兼容并包",有容乃大的有力诠释,也着实为社会的公平公正找到了新的注脚。

机遇与使命,责任与担当,是过去,也是现在。不忘初心,方得始终。

《西南联大行思路》,一本"活书",其思想精髓和教育要义也必将根植于我们心中;未来,我将且思且行,风雨兼程,引领学生一起去触摸和领略灵动的教育风景,打造我们共同的生命愿景。

FOUR
HARVEST GROWTH

04
收获成长

学校荣誉
（2015—2018）

2015 年

- 上海市平安示范单位
- 2014—2015 年度上海市安全文明校园国家教育体制改革试点子项目《促进农民工同住子女教育工作内涵发展》之子课题《进城务工人员随迁子女"融入教育"实践研究》研究报告获上海市第五届科研成果评选三等奖
- 普法游园会获评上海市中小学法制教育特色项目
- 上海市教育系统模范教工小家
- "伟人故里 红色湘潭"2015 年全国青少年户外体育活动多项大奖
- 上海市中华优秀文化研习暨非遗进校园十佳传习基地
- 上海市平安单位
- 上海奉贤海湾"赶海乐"风筝放飞表演团体总分三等奖
- 上海市"娄山杯"将棋邀请赛团体亚军
- 上海市龙文化龙舟赛三等奖
- 上海市第 34 届中小学生"跳、踢、拍"比赛 4 项一等奖，3 项二等奖，4 项三等奖
- "华新杯"上海市花样跳绳锦标赛三等奖
- 上海市学生阳光体育大联赛冬季长跑竞赛初中组三等奖
- 上海市学生阳光体育大联赛区际跳踢比赛团体一等奖、2 个团体二等奖、3 个团体三等奖
- 杨浦区同济杯教育系统健身工间操比赛优胜奖
- 杨浦区体教结合工作优秀集体
- 杨浦区教育系统平安校园建设工作优秀单位
- 杨浦区中小学学生运动会优秀组织奖
- 杨浦区教育系统退管工作"为老服务"先进集体
- "同济杯"杨浦区教育系统健身工间操比赛优胜奖
- 杨浦区文明单位
- 杨浦区退管工作先进集体
- 杨浦区行规示范校
- 杨浦区红旗团支部、雏鹰大队
- 杨浦区"第十八届全国推广普通话宣传周活动"优秀组织奖
- 杨浦区"班班有歌声"比赛二等奖
- 杨浦区中学生篮球比赛第六名
- 学校腰鼓社团被评为市一星级体育社

团,将棋、空竹、麦秆画社团被评为市二星级体育社团,花样跳绳社团被评为市三星级体育社团。

2016 年

- 上海市智力助残优秀单位
- 上海市摔跤重点学校
- 上海市第七届"汉字节"青少年普通话集体朗诵比赛三等奖
- 上海市"东辽阳杯"将棋邀请赛中学男子预备组 A 组冠军
- 上海市"东辽阳杯"将棋邀请赛优秀组织奖
- 上海市"东辽阳杯"将棋邀请赛团体总分冠军
- 上海市"娄山杯"将棋邀请赛中学男子组预备年级 H 组亚军
- 上海市"娄山杯"将棋邀请赛团体冠军
- 上海市"曹二附小杯"将棋邀请赛中学团体季军
- 上海市"曹二附小杯"将棋邀请赛中学预备年级组亚军
- 杨浦区教育系统先进基层党组织
- 杨浦区平安校园优秀单位
- 杨浦区红十字学校
- 《融入真情 感动校园 幸福共享》获评杨浦区教育系统优秀党建品牌
- 杨浦区中小学生"班班有书声"经典诗文朗诵比赛二等奖
- 杨浦区信息工作先进集体
- 杨浦区教育系统纪念中国工农红军长征胜利 80 周年朗诵比赛三等奖
- 《"融入教育"背景下校本研修机制创新的行动研究》被立项为区级重点课题
- 杨浦区教育系统社会主义核心价值观十佳校园文化新景观
- 杨浦区"第十九届全国推广普通话宣传周活动"组织奖
- 麦秆画制作被确立为杨浦区民族文化艺术教育特色项目
- 挂牌成立杨浦区中小学班主任研修共同体家园工作坊
- 全区教育系统文明校园创建工作大会作交流发言
- 杨浦区生命教育校外联合实训基地成员校
- 杨浦区公共安全教育基地校
- "区域教师教育方式、机制创新的行动研究"核心校
- 参加上海市教育综合改革 2016 年典型案例报送
- 日本、新西兰教育代表团来访
- 杨浦区教育系统学校办学绩效考核优秀

2017 年

- "中华杯"第十一届优秀管乐团队展演"示范乐团"
- 上海市文明单位
- 上海市平安校园示范单位
- 《基于民族文化认同的初中校本课程群研发与实践》和《初中随迁子女融

入社区实践研究》两项课题被上海市中小学德育课题研究成功立项为市级研究项目
- 《基于融入教育的家庭教育指导实践研究》被立项为上海市"十三五"家庭教育规划课题
- 上海市"奔跑吧宝贝"大赛11名
- 《麦韵传香，匠心文化——非遗"麦秆画"项目普及传承》获评上海市非物质文化遗产保护工作优秀案例
- 杨浦区教育系统平安校园建设工作优秀单位
- 杨浦区文明单位
- 杨浦区全国推广普通话宣传周活动优秀组织奖
- 杨浦区教育系统平安校园建设工作先进单位
- 杨浦区级体育传统项目学校
- 杨浦区教育系统法治教育基地试点校
- "区域教师教育方式、机制创新的行动研究"核心校阶段成果二等奖
- 麦秆画制作和手工布艺2门课程被区教师进修学院立项为区域共享课程
- 杨浦区教育系统学校办学绩效考核优秀

2018年

- 上海市文明单位
- 上海市中小学生行为规范示范校
- "中华杯"中国第十二届优秀管乐团队展演"优秀乐园"
- 杨浦区第十二届教育科研工作先进集体
- 杨浦区基础教育教学成果二等奖
- 杨浦区校本研修计划优秀单位
- 杨浦区学校课程计划良好单位
- 学校管乐队受邀参加上海国际传奇球星邀请赛表演
- 德国博世基金会来访

教师荣誉
（2015—2018）

2015 年

吴鸿春
- 2013—2015 上海市未成年人保护工作先进个人
- 《关于党员干部转变工作作风问题的研究》获上海市党建论文三等奖
- 2012—2015 杨浦区教育系统关心下一代工作先进工作者
- 杨浦区退管工作先进个人
- 《学校融入教育的课程建设思路及操作要件》获杨浦区德育论文一等奖
- 杨浦区定海街道优秀教育园丁

付秀丽
- 《微课堂：作文教学之路》在新课程发表

江晓君
- 杨浦区班主任基本功大赛"核心价值观"主题教育课方案评比一等奖
- 所辅导的中队获评杨浦区优秀少先队集体
- 区德育论文评选二等奖

徐敏花
- 上海市中小学生学业质量"绿色指标"综合评价中学科学学科网络阅卷小组成员
- 杨浦区班主任基本功大赛"核心价值观"主题教育课方案设计评比二等奖

姚奇志
- 杨浦区骨干教师

高　峥
- 杨浦区班主任基本功大赛"核心价值观"主题教育课方案设计三等奖

钱晓红
- 杨浦区"班班有书声"经典朗诵比赛二等奖

隋文同
- 科研中心组成员
- 杨浦区定海社区优秀园丁
- 杨浦区两类课程教研活动案例评选一等奖
- 《生存宝典》区本课程教材编委
- 《基于学情的课堂教学评价》在《新课程》发表

夏旭禧
- 上海市"一师一优课一课一名师"一等奖,并上报教育部参评
- 杨浦区骨干教师

潘道浩
- 上海市谢小双育德能力优化实训基地学员兼班长
- 杨浦区第五届师德标兵
- 杨浦区德育论文评比二等奖

陈学敏
- "晋元附校杯"上海市第二十一届水仙花雕刻造型展评教师作品二等奖

黄睿智
- "晋元附校杯"上海市第二十一届水仙花雕刻造型展评教师指导二等奖
上海市2015年中学劳动技术学科竞赛教师指导二等奖
- 上海市中小学中青年教师教学评选活动二等奖

2016 年

吴鸿春
- 2015—2016年度上海市智力助残优秀个人
- 杨浦区教师诗朗诵比赛三等奖

钱晓红
- 杨浦区第七届"汉字节"——"亲情中华·魅力汉语"青少年普通话集体朗诵比赛三等奖
- 杨浦区"班班有书声"经典朗诵比赛二等奖
- 杨浦区教育系统"长征颂"朗诵比赛三等奖

隋文同
- 杨浦区教育系统优秀共产党员
- 杨浦区定海社区优秀园丁
- 基于融入教育的校本研修机制创新行动研究被立项为区级重点课题

夏旭禧
- 《快速跑》教学课代表上海市上报教育部参评

潘道浩
- 上海市金爱心教师二等奖
- 上海市智力助残优秀助残者
- 杨浦区骨干教师
- 杨浦区生命教育校外实践活动项目评选一等奖
- 杨浦区中小学班主任研修共同体家园工作坊主持人
- 《在校本德育中探索融入教育新径》在《上海教育》发表

简慧平
- 杨浦区第十二届"百花杯"教学比赛(地理)三等奖

陈学敏
- 上海市中学劳动技术学科竞赛中荣获指导教师二等奖
- 杨浦区中学劳动技术教师创新作品项目竞赛中荣获"最佳制作奖"

2017年

江晓君
- "黄埔杯"长三角城市群"读书与成长"征文活动优秀奖
- 上海市第二届"阅读小明星"评选活动优秀指导教师
- 杨浦区"学宪法 讲宪法"演讲比赛优秀指导奖

隋文同
- "黄浦杯"长三角征文优秀奖
- 杨浦区教育系统优秀园丁奖
- 指导社会主义核心价值观学生故事创作征文获杨浦区一等奖1项、二等奖2项
- 区本课程《生存宝典》第一册教学指南主编

冯 嬿
- 上海市第七届学校心理健康教育科研成果三等奖

潘道浩
- 上海市智力助残优秀志愿者
- 杨浦区生命教育校外实践活动项目评选三等奖

- 《"生存宝典"校本德育课程体系的设计与实施》发表于《新课程》
- 《行规教育：随迁子女的"助融剂"》发表于《新民晚报——当代教育报》
- 《自信乐学 拒绝厌学——基于初中随迁子女的厌学心理调适纠正的实践研究》、《关于中小学生生活道德现状的调查分析报告》、《如切如磋,如琢如磨》发表于《潜心育人,静待花开》一书
- 《潜心育人,静待花开》编委副主任

朱 群
- 上海市"智力助残"优秀志愿者

吴鸿春
- 上海市园丁奖
- 上海市2016—2017年度"智力助残"优秀组织者
- 上海市尊老敬老好领导
- 《关于基层党组织构建新型群众工作机制的实践研究》获上海市党建论文二等奖

2018年

隋文同
- 杨浦区科研骨干教师
- 杨浦区中小学生"三个百年"场馆探究实践活动案例征集二等奖
- "华东区域一星梦想教师培训"特邀讲师
- 区本课程《生存宝典》第二册教学指南主编

肖 玲
- "第二十一届全国教育教学信息化交流展示活动"上海赛区"基础教育组课例"三等奖

朱沁雯
- "第二十一届全国教育教学信息化交流展示活动"上海赛区二等奖

潘道浩
- 上海市教师育德能力优化研究与实践实训基地优秀学员
- 上海市教师育德能力优化研究与实践实训基地指导教师

吴鸿春
- 杨浦区第十二届教育科学研究成果二等奖

江晓君
- 杨浦区第十二届教育科学研究成果三等奖

台玉蓉
- 杨浦区第十二届教育科学研究成果三等奖

钟树德
- 杨浦区第十二届教育科学研究成果三等奖

龚惠兰
- 杨浦区第十二届教育科学研究成果三等奖

学 生 荣 誉
(2015—2018)

2015 年

- 石雨煊　杨浦区中学生劳动技能竞赛布艺项目三等奖
- 毛　浩　杨浦区中学生劳动技能竞赛布艺项目二等奖
- 黄桂婷　杨浦区中学生劳动技能竞赛布艺项目一等奖
- 谭　凤　杨浦区中学生劳动技能竞赛布艺项目一等奖
- 黄桂婷　上海市中学生劳动技术综合布艺项目竞赛三等奖
- 谭　凤　上海市中学生劳动技术综合布艺项目竞赛二等奖
- 蔡　琳　"普陀杯"上海市第二十二届水仙花雕刻造型展评二等奖

2016 年

- 王大龙　上海市中学生劳动技术工艺木工项目竞赛获二等奖
- 彭　娜　杨浦区中学劳动技术综合布艺项目竞赛二等奖
- 刘海茜　杨浦区中学劳动技术综合布艺项目竞赛三等奖
- 蒲海慧　杨浦区中学劳动技术综合布艺项目竞赛三等奖
- 王大龙　杨浦区中学劳动技术机械木工项目竞赛一等奖
- 李　飞　杨浦区中学劳动技术机械木工项目竞赛二等奖
- 肖　健　杨浦区中学劳动技术手工木工项目竞赛一等奖
- 岳　豪　杨浦区中学劳动技术手工木工项目竞赛二等奖
- 毛　浩　杨浦区中学劳动技术手工木工项目竞赛三等奖
- 潘紫怡　杨浦区中学劳动技术综合布艺项目竞赛三等奖
- 王佳乐　杨浦区中学劳动技术综合布艺项目竞赛三等奖
- 李欣雨　杨浦区中学劳动技术综合布艺项目竞赛二等奖

2017 年

- 彭　娜　上海市第二届"阅读小明星"评选"阅读小达人"称号
- 张国政　杨浦区"学宪法 讲宪法"演

讲比赛二等奖
- 褚晨佳　第三十一届上海市中学生作文竞赛三等奖

杨浦区中小学阳光体育大联赛团体获奖：
- 跳绳比赛总分第一名
- 30秒双栏绳第一名
- 3分钟快速绳第一名
- 1分钟双人跳短绳第一名
- 长绳第一名
- 3乘40秒交互单绳单位接力二等奖
- 15分钟耐力跳第三名
- 1分钟快速跳第四名

杨浦区中小学阳光体育大联赛个人获奖：
- 李明轩　30秒双摇绳第一名
- 程　耀　30秒双摇绳第二名
- 陈希婷　30秒双摇绳第四名
- 李明轩　3分钟单摇跳第一名
- 程　耀　3分钟单摇跳第二名
- 陈希婷　3分钟单摇跳第六名
- 姚　瑶　3分钟单摇跳第七名

2018年

- 王体崴　青少年摔跤锦标赛84KG第四名
- 秦乘曦　青少年摔跤锦标赛44KG第五名
- 倪瑞庭　青少年摔跤锦标赛56KG第七名
- 王　政　青少年摔跤锦标赛36KG第二名
- 王体崴　青少年摔跤锦标赛84KG第三名
- 李　展　青少年摔跤锦标赛84KG第四名
- 祁正康　青少年摔跤锦标赛38KG第五名
- 倪瑞庭　青少年摔跤锦标赛56KG第七名
- 王一鸣　青少年摔跤锦标赛38KG第三名
- 王　政　青少年摔跤锦标赛38KG第五名
- 邓朵瑶　青少年摔跤锦标赛63KG第七名
- 陈希婷　青少年摔跤锦标赛38KG第二名
- 王　洋　青少年摔跤锦标赛55KG第五名
- 刘海茜　青少年摔跤锦标赛52KG第二名

东辽阳中学锤炼高尔夫校际对抗赛（初中组）团队冠军
- 曹鹏飞　锤炼高尔夫校际对抗赛（初中组）男子组冠军
- 董佳伟　锤炼高尔夫校际对抗赛（初中组）男子组亚军
- 赵盈盈　锤炼高尔夫校际对抗赛（初中组）女子组季军

FIVE
MUNICIPAL LEVEL

05
市级课题

基于民族文化认同的初中校本课程研发与实践

吴鸿春

民族精神教育可以激发民族自豪感、提高民族自信心、增强民族凝聚力,是中小学教学的重要任务。民族精神教育的关键是要解决文化认同的问题。培养学生的民族文化认同感,就是要让当代学生理解中华民族独特的价值观念、历史传统、道德风俗、生活方式等,并把中华民族共同的价值观转化为自己的内在信念和价值观念。民族文化认同的关键是研发和实践校本课程,通过课程学习,帮助和引导学生形成对中华民族文化的需要、兴趣。

一、基于民族文化认同的初中校本课程研发和实践思路

一是基于培养学生民族文化认同感的校本课程要具有民族性、时代性和综合性等特点。从中华优秀民族文化出发,学习借鉴其他国家优秀文化,同时体现出强烈的时代特点,课程研发与实践中探索有效植入生涯教育指导元素,以及如何与中考新政、《中小学德育指南》精神相融合,并进行相关系统的设计与科学实施。这样的课程才能符合要求。

二是在培养学生民族文化认同感的校本课程开发中,应当遵循主体性原则、情境性原则和活动性原则。课程的开发和实践,从学生的身心发展特点和教育规律出发,坚持课程育人、情境育人、活动育人、实践育人。

三是培养学生民族文化认同感的校本课程开发要从学校的实际出发。作为杨浦区随迁子女教育协作组组长单位和区青少年融入教育指导基地,探索课程化推进融入教育,增强学生对中华传统文化的认同感和民族自豪感,丰富学习经历,体验成功喜悦,收获学习自信;培养兴趣爱好,开发学生潜能、促进学生个性发展,全方位提升学生成才、立足社会和自我发展的综合素养,为其今后的职业生涯奠定基础。

二、基于民族文化认同的初中校本课程结构

课程结构是课程目标转化为教育成果的纽带,是课程实施活动顺利开展的依据。课程结构是课程各部分的配合和组织,它是课程体系的骨架,体现出一定的课程理念和课程设置的价值取向。课程结构是针对整个课程体系而言的,课程的知识构成是

课程结构的核心问题,课程的形态结构是课程结构的骨架。

基于民族文化认同的初中校本课程结构,主要包括生活体验类课程群、阳光体育类课程群、人文艺术类课程群、生命体验类课程群、理想信念类课程群。其内在逻辑和结构如下图所示:

三、基于民族文化认同的初中校本课程研发和实践

(1) 基于民族文化认同的生活劳动体悟

为了让学生掌握一定制作美食技能,增加对传统美食文化的了解,我校开设了"多面手"课程,深得学生喜爱,学生在这一过程中,提高了自己的动手能力,审美能力以及劳动能力。

同学们在阳光小铺课程中自行快乐选购,在诚实诚信的考验中砥砺成长,诚信品质有了明显的提升。该课程还能间接对学生进行生涯教育,培养学生们的自主意识、服务意识与创业意识,可谓一举多得。

学校因地制宜,在学校后操场开辟了4块土地,作为"稼园"种植园基地,学生社团每天中午进行劳作实践体验。

通过生活体验类课程的开设,学生们掌握了一定的生活技能,提高了自己的动手能力与审美能力,对生活的内涵有了更加深刻的了解,知道了父母维持家庭生活的不易,更加懂得珍惜劳动成果。

(2) 基于民族文化认同的阳光体育塑造

聘请上海体育学院悦动跳绳队老师为指导,设立花样跳绳课程。学校体育教师陶静负责,让每个学生动起来,提高学生的学习兴趣,培养学生的创新精神及健康心理的养成,更让每个孩子都能体验成功的乐趣。学校多次获得上海市阳光体育大联赛花样跳绳比赛一等奖以及区跳踢拍比赛一等奖,花样跳绳社团并被评为上海市三星级社团,多次参加市、区级展示活动,获得好评。

武术课程以武健身,以武扬德,以武励志,以武促学。作为上海市摔跤重点学校,武术成为继我校将棋、空竹、花样跳绳、风筝、绑腿跑等社团之后的新的体育增长点,学校充分利用这些平台,培养更多更好的摔跤队员,更多更好的具有武德的学生,使他们真正成为德智体全面发展的国家需要的栋梁之材。学生们通过艰苦的训练,强壮体魄,习武尚德,赢得赛场上的荣誉同时也收获人生自信,2018市运会中柔摔社团取得一金二银四铜的好成绩。我校现非沪籍学生注册运动员有三十多位,希望他们珍惜机会,刻苦训练,日后能更多被高一层次学校录取,也为其今后的职业生涯奠定一定的基础。

空竹课程让随迁子女有了释放的自我空间,有了展示自我才能的舞台,增强了身体素质,培养了自信、自强、刻苦与团结协作的良好品质,为更好地融入上海,更好地生活在上海打下了坚实的基础。我校空竹社团被评为上海市百家社团,是上海市二星级社团。社团多次受邀参加市区展示活动,体验成功、收获自信。

(3) 基于民族文化认同的人文艺术熏陶

作为杨浦区非物质文化遗产进校园试点校和上海市非遗进校园十佳传习基地,学校外聘杨浦区非物质文化遗产继承人陈奇荣作为学校麦秆画指导老师。麦秆画制作课程,我们从预备年级开始普及,初二初三以社团形式运作,不少同学熟练掌握了麦秆画制作技术的精髓,希望他们毕业后能够有机会从事麦秆画行业,发挥一技之长,传承非遗文化,甚至能开设起自己的麦秆画制作坊,成为自身谋生的一门手艺。作为上海市非遗研习基地,每年暑期按照市教委要求进行开放,深受社区居民喜爱;并积极向周边学校辐射,目前已辐射带动区域4所中小学。

教育戏剧课程让学生在课程中学会合作,学会做人。通过课程强化学习,绝大多数的学生都能大胆自信的表演,并且还能够初步编写剧本,自编自导。随迁子女变得自信、阳光,自身的审美能力、艺术修养得到了提高,也使得他们更加自信、阳光地融入上海。

(4) 基于民族文化认同的生命教育关照

《生存宝典》课程,即通过生命化的课程内容和体验性的课程形态,支持、促进每一个进城务工人员随迁子女顺利融入新的生活和学习环境,并获得积极的都市生存体验、健康快乐地成长,努力学会在新的生活环境和新的生命历程中积极适应和愉悦发展。帮助学生清晰认识自我,认识当前学习和未来人生发展的关系,激发学生学习兴趣与动力,并结合自身优劣势树立人生目标,明确长短期学习规划,解决学生学习动力不足的问题,使随迁子女学生们认识到融入新阶段、新生活的必要性,了解并掌握切实可行的大都市生存技能,促使他们的身心、人格得到良好的健康的发展。通过课程的开设,学生已逐步从自卑走向自信,从阴霾走向阳光,乐群向上正成为学生的主体性格。

作为区健康安全联盟校,为了促进随迁子女的健康安全意识,我们建造生命安全健康体验室,并逐步开发健康安全技能宝典课程。如消防安全体验课程,交通安全体验课程,居家安全体验课程以及红十字和民防教育课程。这些课程寓教于乐,引导学生树立生命健康安全意识,并通过学生影响父母,真正做到双管齐下,确保学生生命安全。

(5) 基于民族文化认同的理想信念培育

携手公益组织,精心设计走进大学城课程,通过开展"请进来,走出去"等一系列活动,引领学生精神成长。该课程问卷显示,74.3% 学生较了解微观层面的"职业生涯所需的能力和技能要求";72.8% 的学生表示"即便遇到挫折,仍然能够坚持职业目标";98% 的学生认可活动的开展,排名第一的原因是认为"视野得到了拓展";排名随后两位的原因是"尝试了更多的可能性"及"如何更好地沟通等职业软技能的提升"。

将民族传统中的尊敬师长、父母,关心他人等爱心教育责任感培养、理想信念教育相结合,开展具有我校"融入"特点的主题月教育活动课程。研发《东辽阳中学家园手册》,更好地记录学生成长的足迹,发掘其自身闪光点,不断进行总结和反思,并对学生主题月活动实践情况进行评价渗透,以此激发学生树立理想信念,争做社会合格人才。

学校还联合真爱梦想公益组织,建造真爱梦想教室,利用真爱梦想公益组织课程资源优势,开设了共创成长路系列课程,为随迁子女造就梦想,实现梦想。

四、基于民族文化认同的初中校本课程研发和实践的成果

1. 研究的突破性进展

一是在研究过程中,成就一专多能的融入教育特色教师群体,初步构建起"包容、合作、阳光、创新"的校园新型教师文化,有力助推学校骨干教师群体的形成,实现学校师资队伍的跨越式发展。

二是在课程研发基础上,系统设计生涯教育项目,协作联动,以区本课程《生存宝典》实施为突破口,帮助学生获得积极的都市生存体验、健康快乐地成长,努力学会在新的生活环境和新的生命历程中积极适应和愉悦发展;帮助学生清晰认识自我,认识当前学习和未来人生发展的关系,激发学生学习兴趣与动力,并结合自身优劣势树立人生目标,明确长短期学习规划,唤醒梦想,努力汇聚向上的力量。

三是将研究与中考新政进行有机对接,大力贯彻中考改革的综合素质评价机制与多元招生录取机制精神,在精心打造丰富适切的校本课程群基础上,探索评价跟进经验,改进学生综合素养评价。

2. 研究方法的主要特色与创新

主要采用教育行动研究法。该课题聚焦真实、自然的教育实践情景,即随迁子女学生群体自我认同感较为薄弱,民族文化认同缺失,城市和社会融入素养亟待提升,协作联动,探索校本课程群研发与实践经验策略,过程中综合运用多种研究方法与技术,针对教育实践问题提出改进计划,并在教育实践中实施、验证、动态调整、再实践。

3. 成果的学术价值和应用价值以及社会影响和效益

该成果具有较好的应用价值。作为杨浦区随迁子女教育协作组组长单位和区青少年融入教育指导基地,我们始终将"融入、和谐、自信"作为一种价值追求,全方位探索构筑一方师生喜爱的生命家园,努力实现师生共融共进、万卉争荣的美好愿景,争办学生喜爱、教师满意、家长放心的家门口好学校。定期举行区域协作组工作推进会,交流经验,智慧共享,辐射引领,在区域乃至上海具有一定的影响力。

该成果具有较好的学术价值。它极大丰富了义务教育的内涵,赋予"公平公正"新的注脚,也成为"新优质学校"的重要价值所在。它人性化地为每个孩子开启一扇心门,真正帮助他们从封闭、自卑的状态中走出来,逐步适应城市和学校的生活,从自我的认同上升到民族文化的认同,收获自信和勇气,有效提升其融入社会的核心素养,激发憧憬,勤于圆梦,夯实生涯基础。

2017年,学校先后举行区本课程《生存宝典》区级研讨和"融·育德之道"校本德育区级展示活动,2018年又成功举行区新优质展示暨区域教师教育创新核心校项目展示活动。麦秆画、管乐等社团课程成为学校国际交流的"友谊使者",也为学生打开通向世界的一扇窗户。学校现为上海市文明单位、上海市安全文明示范校、上海市行为规范示范校、上海市智力助残先进集体、上海市"模范教工小家",也是区首批"新优质学校"。

参考文献:

潘道浩.《在校本德育中探索融入教育新径》,《融教育的温度》.上海科技文献出版社,2015年

冯嬿.《融入教育凝塑学生自信之美》,《改革专刊》.改革与开放杂志社,2017年第7期

初中随迁子女融入社区实践研究

冯 嬿

一、课题研究的基本概况

1. 课题研究背景。随迁子女进入城市的数量不断增加,在社会融入方面存在诸多问题;学校随迁人员子女数量占比高达90%以上,绝大多数的孩子由于户口原因,如果不回户籍所在地参加中考,那么即将就读的是上海的中职校,将来很大程度会选择在上海谋生。

2. 课题研究目的。研究随迁子女社会融入存在的问题并且进行深入分析,针对问题研究提高教育水平,促进校内融入;充分利用和共享社会资源,推动社会各类群体的参与;重视随迁子女身心健康,提升社会融入的能力;为同类学校的随迁子女社会融入提供可供借鉴的经验,促进每个随迁子女真正意义上认可上海,最终达到文化认同,成为一名合格的新上海人。

3. 课题研究意义。一是实践意义,为相关部门出台相关政策提供建议,为同类学校提供可供借鉴的经验,为学校融入教育提供支持;二是理论意义,为学校随迁子女社会融入教育提供理论支撑。

二、课题研究的重点难点

1. 课题研究重点。一是按学校德育培养目标,结合优秀传统文化与社会主义核心价值观,研写各个年级《社会融入指导手册》,按年级分设不同的走进社区项目、社会体验活动;二是构建个人、学校、家庭、社区四位一体的融入教育渠道。

2. 课题研究难点。一是家庭、学校、同辈群体、社会文化等重要因素形成合力;二是要排除"融入教育"过程中的一般性经验,从中找到能够鉴定、评价学生前后变化的评价方法,形成具有区域推广价值的"社会融入教育"学生评价体系。

三、课题研究的亮点

1. 与华东师范大学专家团队合作。一方面基于融入教育实施开展访谈、问卷调研,提供该课题研究支撑和实施佐证;另一方面,着眼随迁子女群体,设计生涯教育研究调研。

2. 与社会公益组织联手。一方面共享实践活动所需资源；另一方面着力建构个人、学校、家庭、社区四位一体的教育渠道，让随迁子女深度了解上海、认同上海、融入上海。

四、课题研究的主要成果

分年级编纂《社会融入指导手册》。在实施过程中结合社区（场馆、企业、高校、街道等）资源和专家、志愿者力量，采取"社区体验""社区服务""社区实践"等途径和形式。

在社区体验中，结交了上海小伙伴，收获了友谊。采访上海居民，了解上海的饮食习惯、生活习惯、节日风俗等。走进居委会与所处街道，感受熟悉其功能，增强了对上海文化的了解和认同。在社区服务中，开展环保志愿者服务活动，培养学生的环保意思，开展交通安全志愿者服务活动，切实提高学生的交通安全意识，走进社区开展敬老爱老服务，培养学生的尊老意识，走进阳光志愿者活动，培养学生关爱弱势群体的意识等，在服务的过程中，增强自己的责任意识、感恩意识，更是学生对社会主义核心价值观的一种践行。在社会实践中，"走进大学城"让学生切实感受到了大学的文化氛围，激发了读书热情。"走进场馆，"深入了解上海的文化，了解上海的过去与现在，让学生亲近上海，热爱上海，"走进企业"，学生了解了企业创业历程与文化，通过现场面试，了解了用人单位的需求，学会初步规划职业生涯。

1. 整合区域大学资源，"走进大学城"活动，引领学生精神成长。精心设计走进大学城活动方案，通过开展"请进来，走出去"社会实践活动，为随迁子女搭建实践平台，拓展视野，培养社会责任感，更深刻了解社会，并且充分感受到来自社会的关爱与温暖，进而建立一个健康阳光的人生观。同时丰富随迁子女课余生活，帮助他们培养表达、倾听、合作、分享等中学生核心素养，激发他们对美好未来的憧憬，提升职业生涯软技能。活动邀请过上海财经大学一名来自安徽的学生王新月做了学习经验报告。她通过自己的努力，如今已经顺利地拿到了加拿大一所大学的录取通知书。王新月的报告结合两段教育意义深刻的视频和自身奋斗经历展开，在全体学生中引起了强烈反响。学生们表示，"今后会以王新月姐姐为榜样，通过读书改变自己的命运"等等。带领初二年级学生走进财经大学校园，举行换巾仪式、入团仪式及参观图书馆等。孩子们近距离了解大学生的校园生活，感受大学校园文化，感受颇深。在周记中，有一位基础较差的同学写道：我可能没有机会考进大学了，但我会努力的。在读书月活动中联手复旦大学外文学院大学生志愿者开展好书推荐活动，大学生志愿者们结合自己的求学经历，向同学们推荐一些适合中学生阅读的课外书籍，唤起同学们的读书意识，励志向上，传递文化，在学校掀起一股"书香满园"的读书浪潮。联手复旦大学外文学院研究生党支部举行"十年后的我与中国"绘画比赛。同学们用画笔勾画未来,描绘心目中十年后的祖国和自己。有的学生梦想自己是机械工程师,驾驶着超能机器人,畅游高度发达的祖国;有的梦想自己是园艺师,为美丽中国添砖加瓦;有的梦想自己是环保达人,让中国的山更青、水更清、天更蓝等等。此次绘画比赛,同学们树立了自己的理想,对未来生活和祖国充满希望,同学们也表示会将这种梦想的力量化作实际行动,努力成为优秀的中学生,做一个对社会有用的人。走进大学城活动,激发了学生的学习热情。今年我校参加随迁考的孩子中有一半同学顺利考上了中高职贯通学校,多名回老家参加中考的同学也考上重点中学等。

2. 整合社区人才资源,"社团"建设,提升学生自信品质。结合随迁子女的实际,积极结合社区人才资源,邀请他们成为社团指导教师,先后成立将棋、管乐、麦秆画、水墨吹画、抖空竹、风筝、拉丁舞、教育戏剧、书法等社团,并进行相关课程的开发与实践。既陶冶了学生情操,培养了学生的一技之长,也提升了学生的自信品质。行进管乐课程对我们的学生来说是一门高大上的艺术课程,学生零基础、无乐器,从一无所知,到现在能够完整演奏曲目,学生在此过程中,不断提高了自己的艺术修养,更在学习过程养成了不怕苦,不怕累,团结协作的好品质,在多次的展示过程中,提升了自信。受邀在今年和去年连续两年参加在上海举行的"中华号角——上海之春国际音乐节管乐艺术节"中,获评"中华杯"示范乐团和优秀乐团荣誉称号。将棋社团,不仅让学生学到了棋艺,而且还有国际礼仪,为孩子们打开了一扇通往世界的窗户,能够有机会参加国际交流。近年来,我校先后多次接待日本将棋联盟访问活动,学生将棋比赛获市级奖项近百余项。学校也成为上海市沪东地区将棋活动中心。麦秆画社团,经过几年探索,取得了较为丰硕的成果。学校目前已经是上海市非遗传习十佳基地。《新民晚报》等报刊多次进行报道,学生作品多次在市、区、街道展示,获得好评。如今学校的楼道和墙面上挂上着学生的麦秆画作品,那一张张生动逼真、惟妙惟肖的作品形成了独特的楼道文化。

3. 整合家长资源,"稼园"种植园,训练学生劳动技能。我们通过调研发现随迁子女对土地已产生了陌生感,渐渐变得四体不勤五谷不分。如何提升劳动热情,培养认真负责、不怕困难的劳动态度,养成珍惜劳动成果的好习惯? 根据实际情况,因地制宜,在学校后操场开辟了4块土地,作为种植园——"稼园"。充分结合家长资源,聘请家长为指导教师,指导学生种植。我们欣喜地看到,自"稼园"种植园开园以来,学生们的精神面貌也发生了巨大的变化。"我动手、我实践、我成长"的快乐理念深入人心,校园里爱绿护绿的同学多了,食堂里"光盘"现象成为常态。学生的劳动习惯、责任心得到了有效培养,许多家长反映孩子懂事了,知道为父母承担家务,一些家长惊喜地发现孩子掌握了一些劳动技能和自我管理能力。去年学校又携手上海交通大学农科院专家团队开辟了"跬园"——无土栽培果蔬园。如今,"跬园"已成为校园里最美丽的一角,成了学生学习生活的乐园。

4. 整合公益组织资源,"拓展"活动,培养学生职业素养。职业软技能培训营:一是**团队建设**——同学们在教练的引导下选出组长、画队旗、想口号,充分发挥自主性和想象力,每个队名都包含着每组的不同风格,教练和同学们一起喊口号、一起加油,团队迅速凝聚!二是**鸡蛋撞地球**——融入团队,培养团队合作意识。乍看之下任务难以完成,是接受挑战还是选择放弃?一轮、二轮、三轮,难度系数越来越高,失败次数越来越多,每个团队越挫越勇,游戏背后,是团队每个成员的投入与配合;三是**疯狂动物城**——认识自我。与人相处,是融入社会的关键一步。引导同学通过 PDP 测试,让大家找到了自己的性格类型,开始了解自己是怎样一个人、有怎样的做事风格,同时也了解到如何与不同性格类型的人相处,深入了解自己和理解他人;四是**伟大航路**——承担角色。同学们化身英勇的水手,每位船员有各自不同的分工,寻找海贼王留下的宝藏。探险的路上有风雨阻碍,需要大家献计献策。所有人的投入程度都非常高,他们为每一次的胜利欢呼,为每一次的失败反省;五是**梦想起航**——实现梦想。画下自己的梦想,勇敢地站出来分享展示,为每一个有勇气站起来的同伴鼓掌,尊重自己的梦想,也尊重他人的梦想。课上的坚持也让每个人明白,实现梦想总是伴随着巨大的痛苦,但是在坚持的路上,不止你一人,请抱着一颗感恩的心,感谢身边每一个陪伴自己走下去的人。

5. 探索学校社会融入教育的实践。一是影像培训工作坊。同学们通过分享自己拍照时的故事,了解不同的人以及不同的职业生涯。职场对于同学们而言是陌生的但又并不遥远,体会不同职业特征,对同学们而言,不失为提前了解职场的上佳选择。从校园到职场,这条路上也会有很多意想不到的崎岖,如何迈过这些坎,则成了这次分享会的另一个意义。在小组分享完毕后,各个公益组织的志愿者们也分享了他们各自的职业生涯的体会。有驰骋多年的 HR 经验,有在银行打拼数载毅然投身公益圈的热爱,也有在校生们分享的有关于实习、有关于选择的感悟;二是演讲与表达——"YAN"说有道。引导同学们重新认识"说话"这件事,从"无处不在"引出说话、沟通的重要性,同时也明确说话需做到"有个性、有价值、有力量"。让学生按要求写出一个词语,把整个组所有的词语,编成一个生动有趣、逻辑严谨的故事。每组派出一位代表上台讲述他们小组创作的故事,同学们的故事千奇百怪,充满想象力。最后,开展"我与上海的故事"主题演讲,学生们首先分享自己家乡醉人的玩乐地图与美食攻略,来自祖国五湖四海的同学们介绍了完全不同风格的风土人情,让人感叹祖国实在地大物博、人杰地灵。同学们从不同的省份来到上海,对于上海的印象、上海的美食、上海的旅游有着他们各自独到的见解。有人喜欢上海的小笼包、有人喜欢上海的旗袍、有人喜欢上海的东方明珠、有人则更倾心于有着水乡风貌的七宝古镇。每个团队都分享了各组与上海的故事,在最后的环节,同学们在印有上海特色的明信片上写下了各自对未来的期许与祝福;三是一对一职业人采访。学生们去往巴黎春天进行一对一的职业人采访。通过采访花店店员、导购员、保安、商场保洁员等一系列职业人,了解这些职业背后不为人知的辛酸,也感受到了平凡职业人的对生活的憧憬和梦想。也许未来的每一步都不好走,但谁又能知道,生活在哪个拐角会给你别样的惊喜呢。四是组织企业参观活动。公益组织带领同学们来到雅思达工厂,对车间进行了参观,了解了软管的制作过程,也近距离看到了工人们是如何辛勤地工作。雅思达的管理人员还为同学们介绍了工厂的历史,并鼓励大家好好学习,努力追逐自己的职业梦想。

五、研究思考

课题研究与实践并行,尤其是融入社区实践课程群实施过程中,要加强教师指导,同时要加强对过程的精心化管理,努力探索文化体验类课程校本化运作经验,早日实现区域成果交流与辐射共享。

图书在版编目（CIP）数据

容　融　荣：融教育探索新征程/吴鸿春主编 . —上海：上海科学技术文献出版社，2019
　ISBN 978-7-5439-7918-5

Ⅰ.①容… Ⅱ.①吴… Ⅲ.①初中—中学教育—教育改革—上海—文集　Ⅳ.① G632.0-53

中国版本图书馆 CIP 数据核字（2019）第 123006 号

责任编辑：王　珺　詹顺婉
封面设计：方　明

容　融　荣——融教育探索新征程
RONG RONG RONG: RONG JIAOYU TANSUO XINZHENGCHENG
吴鸿春　主编
出版发行：上海科学技术文献出版社
地　　址：上海市长乐路 746 号
邮政编码：200040
经　　销：全国新华书店
印　　刷：常熟市人民印刷有限公司
开　　本：720×1000　1/16
印　　张：20.25
字　　数：370 000
版　　次：2019 年 9 月第 1 版　2019 年 9 月第 1 次印刷
书　　号：ISBN 978-7-5439-7918-5
定　　价：68.00 元
http://www.sstlp.com